曹信邦◎著

中国失能老人长期护理保险制度研究

基于财务均衡的视角

RESEARCH ON CHINA'S DISABILITY ELDERLY
LONG-TERM CARE INSURANCE SYSTEM
—Based on the Perspective of
Financial Equilibrium

社会科学文献出版社
SOCIAL SCIENCES ACADEMIC PRESS (CHINA)

　　本书是江苏高校现代服务业协同创新中心、江苏高校人文社会科学校外基地"江苏现代服务业研究院"、江苏高校优势学科建设工程资助项目（PAPD）和国家社会科学基金项目"长期护理保险制度的财务规划理论与方法研究"（项目编号：12BGL086）的研究成果。

前　言

人口老龄化成为世界人口发展的一个趋势，中国已经进入人口老龄化、高龄化社会。平均余命延长、生育率降低导致的人口老龄化带来一系列社会问题，其中未来失能老人将持续增加，失能老人长期护理财务负担越来越重。然而由于老龄化而产生的失能老人的长期护理财务风险还没有引起整个社会足够的重视，也没有形成一套理性的化解失能老人长期护理财务风险的制度。本书运用定量分析和定性分析相结合的方法，围绕失能老人长期护理财务需求与财务供给的均衡，从财务供需数量均衡和制度供给均衡两个维度进行研究，探寻中国长期护理保险制度财务均衡的制度安排。

（1）本书运用马斯洛需求层次理论，拓展了最低生理需求的内容。认为人类最低层次的生理需求不仅包括物质需求，还包括生存服务需求，从理论上为政府介入失能老人长期护理财务供给提供了理论支撑。在福利多元理论的基础上，提出了长期护理财务供给多元主体的架构，并根据风险承担理论，通过多元主体的比较分析，提出建立以"政府公共长期护理保险制度为主导，私人长期护理保险和个人储蓄为补充，政府财政救助为托底的多元财务供给体系"。突出政府主导地位以及公共长期护理保险制度的载体功能，以实现主体之间功能互补、相互融合和协调的作用，具有可操作性。在多元主体的比较中，体现公共长期护理保险制度在整个体系中的地位，论证公共长期护理保险制度建立的必要性、紧迫性和可行性。本书正是在这个理论体系的架构下研究中国失能老人长期护理保险制度的财务均衡。

（2）在对中国 2015～2050 年失能老人长期护理财务需求量化分析中发现，中国失能老人长期护理财务潜在需求随着时间推移呈线性上升趋势，表现为失能老人数量和长期护理财务费用上升，验证了人口老龄化将引发失能老人长期护理财务负担不断加重的命题。

（3）研究发现，2015～2050 年，中国失能老人长期护理保险制度财务供给负担能力呈现阶段性特征，财务供需从制度内在均衡过渡到制度内在非均衡，而 2030 年是拐点年。以个人或家庭、私人护理保险、公共长期护理保险和政府财政为单一主体的财务供给，无法满足失能老人长期护理财务需求，需要多主体共担风险。

（4）研究发现，虽然 2030 年以后，公共长期护理保险制度财务供给负担较重，但是通过政府财政补贴可以实现财务均衡，政府财政也有能力承担。研究表明在政府公共长期护理保险制度为主导，其他主体功能互补时，失能老人长期护理保险制度的财务均衡可以得到实现。

（5）本书提出了实现中国失能老人长期护理财务均衡的路径，提出公共长期护理保险财务供需均衡的渐进式路径和"三步走"战略。即制度创建期的目标是制度诱导；制度完善期的目标是长期护理保险制度独立，财务内在均衡；制度成熟期的目标是制度从财务均衡向财务非均衡过渡，需要政府财政和国有资产补贴。笔者认为，政府应该建立多主体参与的政策引导机制，建立政府财政储备基金，建立完善的长期护理服务输送机制和政府长期护理财务均衡执行效果评估机制，这将有助于长期护理财务均衡目标的实现。

通过研究发现，中国失能老人长期护理保险制度在多元主体中具有不可或缺的作用，是多元主体的核心和主导者；同时建立公共长期护理保险制度在财务上具有可行性。

目　录

第一章　绪论 ··· 001

第一节　研究背景 ··· 001

第二节　问题界定 ··· 010

第三节　概念界定 ··· 012

第四节　研究意义 ··· 024

第五节　研究设计 ··· 025

第六节　章节安排 ··· 034

第二章　文献述评 ··· 037

第一节　失能老人长期护理财务需求的相关理论 ············· 037

第二节　失能老人长期护理财务供给的相关理论 ············· 041

第三节　失能老人长期护理财务需求的研究成果 ············· 050

第四节　失能老人长期护理财务供给的研究成果 ············· 056

第五节　失能老人长期护理保险制度财务均衡的

研究成果 ··· 061

第六节　国内外研究的评价 ··· 069

本章小结 ··· 072

第三章 中国失能老人长期护理财务均衡的分析框架 ············ 074

　　第一节 失能老人长期护理财务均衡分析的理论基础 ········· 074

　　第二节 失能老人长期护理财务均衡的分析工具 ············· 083

　　第三节 公共长期护理保险制度财务均衡的机理 ············· 086

　　第四节 失能老人长期护理财务均衡的分析框架 ············· 102

　　本章小结 ··· 105

第四章 中国失能老人长期护理财务需求分析 ················ 106

　　第一节 长期护理财务需求变量及模型 ····················· 106

　　第二节 2015～2050 年老年人口预测 ······················ 107

　　第三节 2015～2050 年老年人失能率及失能老人规模 ········ 109

　　第四节 失能老人对不同护理方式的使用比例 ··············· 119

　　第五节 失能老人长期护理成本分析 ······················· 122

　　第六节 2015～2050 年失能老人长期护理财务需求 ········· 126

　　本章小结 ··· 129

第五章 中国失能老人长期护理财务供给分析 ················ 130

　　第一节 中国长期护理财务供给责任主体的现状 ············· 130

　　第二节 个人或家庭长期护理财务供给能力分析 ············· 139

　　第三节 私人护理保险财务供给能力分析 ··················· 143

　　第四节 政府财政普惠型财务供给能力分析 ················· 148

　　本章小结 ··· 150

第六章 实现失能老人长期护理财务均衡的制度选择 ·········· 151

　　第一节 主要国家失能老人长期护理财务均衡的比较 ········· 151

第二节　公共长期护理保险制度为主导的财务供给体系的

构建 …………………………………………………… 163

第三节　公共长期护理保险制度设计与财务供给

能力分析 ……………………………………………… 174

第四节　财务供给主体之间的融合 ………………………… 203

本章小结 …………………………………………………… 204

第七章　中国失能老人长期护理保险制度构建的路径与

政策建议 …………………………………………………… 206

第一节　多主体推进的路径 ………………………………… 206

第二节　失能老人长期护理保险制度财务均衡的

政策建议 ……………………………………………… 216

本章小结 …………………………………………………… 221

第八章　基本结论和研究展望 ………………………………… 222

第一节　基本结论 …………………………………………… 222

第二节　本书的创新点 ……………………………………… 224

第三节　研究不足 …………………………………………… 226

第四节　研究展望 …………………………………………… 227

参考文献 ………………………………………………………… 229

附录1　关于长期护理保险的问卷调查 ………………………… 238

附录2　预期寿命、生育率、性别比、城镇化率参数设置 ……… 247

附录3　2015～2050年中国分城乡、分年龄人口构成 ………… 250

后　记 …………………………………………………………… 267

第一章　绪论

中国已经进入人口老龄化、高龄化社会。与世界其他国家相比，中国人口老龄化、高龄化呈现出老年人口规模大、老龄化进展速度快、地区间发展不平衡、女性老年人口数量高于男性老年人口数量等显著特征。在人口老龄化、高龄化进程中失能老人数量的持续增加及其对长期护理（Long-term Care，LTC）需求的不断增长，已经引起中国政府、理论工作者、社会有识之士的关注。处于发展阶段的社会养老保险制度、社会医疗保险制度以及社会救助制度也对失能老人的照料、护理给予了相当的关照。但是，由于中国失能老人这一特殊人口群体在老龄化进程中的数量庞大、需求复杂，加之传统家庭结构的解体、劳动年龄人口绝对量与相对量的不断减少，失能老人长期护理问题已经成为中国老龄化进程中最具挑战性的关键问题。失能老人长期护理保险（Long-term Care Insurance，LTCI）制度将是应对人口老龄化、从根本上解决失能老人长期护理问题的制度安排。本书通过分析中国失能老人长期护理的财务需求、财务供给及其均衡，探讨在中国建立失能老人长期护理保险制度的必要性、迫切性、可行性，探索中国失能老人长期护理保险制度的框架、参数与路径。

第一节　研究背景

一　现实背景

（一）中国人口老龄化的趋势加快

按照国际上通行的标准，一个国家 60 岁及以上或者 65 岁及以上的老人在人口总量中所占比重分别达到 10% 或者 7%，这个国家就进入老龄化社会。中国人口老龄化速度快，老年人口数量大，国家第五次人口普查数据显示，2000 年中国 60 岁以上人口 1.3 亿，占人口总量的比重已经达到 10.46%[1]，表明中国已经开始步入老龄化国家的行列。2005 年 60 岁以上人口 1.67 亿，占人口总量的比重已经达到 13%。[2] 2010 年国家第六次人口普查数据显示，中国 60 岁以上人口 1.78 亿，占人口总量的 13.32%（见表 1-1）。[3] 2006 年全国老龄工作委员会办公室发布《中国人口老龄化发展趋势预测研究报告》，预测 2050 年中国老年人口将达到 4 亿，占人口总量的 30% 以上。

表 1-1　2000～2010 年中国人口老龄化情况

单位：万人，%

	2000 年		2005 年		2010 年	
	人数	比例	人数	比例	人数	比例
人口总量	124261	100.00	128194	100.00	133281	100.00
0～59 岁	111263	89.54	111520	87.00	115525	86.68
60 岁及以上	12998	10.46	16674	13.00	17756	13.32
其中：						
80 岁及以上	1199	0.97	1750	1.37	2095	1.57

数据来源：《中国统计年鉴》（2002～2006），《中国 2010 年人口普查资料》，第五次人口普查数据（2000 年）。

高龄老人在人口中的比重也呈现上升的趋势。我们以 80 岁及以上老人为例，2000 年 80 岁及以上老人 0.13 亿，占人口总量的 0.97%，2005 年 80 岁及以上老人近 0.18 亿，占人口总量的 1.37%，2010 年 80 岁及以上老人近 0.21 亿，占人口总量的 1.57%，预计

[1]　中华人民共和国国家统计局：《中国统计年鉴（2001）》，中国统计出版社，2001。
[2]　中华人民共和国国家统计局：《中国统计年鉴（2006）》，中国统计出版社，2006。
[3]　国务院人口普查办公室等：《中国 2010 年人口普查资料》，中国统计出版社，2012。

2020 年 80 岁及以上老人将达到 0.29 亿，占人口总量的 1.93%，2050 年 80 岁及以上老人将达到 0.94 亿，占人口总量的 7.08%。

可以用图 1-1 反映中国人口老龄化发展变化的趋势。

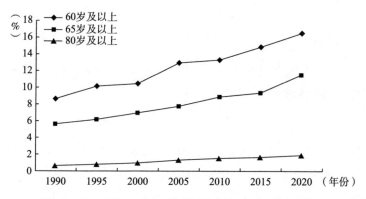

图 1-1　1990～2020 年我国老年人口占比变化

数据来源：2010 年前（含 2010 年）的数据由《中国统计年鉴》、中国人口普查数据计算得出，2015 年和 2020 年的数据根据联合国经济和社会事务部 *World Population Prospects：The 2012 Revision* 数据计算得出。

人口老龄化不仅仅是一个劳动适龄人口的比重下降、老年人口比重不断上升的社会现象，其背后更是反映了整个社会的经济资源如何在不同年龄人口间合理配置的要求。老年人会随着年龄的增长而发生身心功能退化现象，其器官功能衰退，机体抗病能力明显减弱，患有慢性病或多种复杂的并发症的可能性增大，特别是高龄老人身心功能退化现象更为严重。① 即使假设老年人口失能率不因为高龄老人在老年人口结构中比重上升而发生变化②，人口老龄化也会导致失能老人的总量不断增加，老年人特别是高龄老人常常需要大量的长期护理服务以及医疗费用和护理费用的支出。全国第六次人口普查结果显示，

① Cambios, E. , *An International Comparison of Trends in Disability-free Life Expectancy*, Economic Issues and Policy Solutions, 1996.

② "失能率"可以表示为失能老人的数量占老年人口的比重，也可以表示为失能老人的数量占所有人口的比重。这里的"失能率"是指失能老人的数量在老年人口中的比重。当然，对于失能概念的界定是一个较为复杂的问题，在以后章节中将会讨论。

中国 2010 年有 60 岁及以上老人 1.77 亿人，其中生活不能自理的老人 520.22 万人，占老年人口总量的 2.95%，占全部人口总量的 0.39%。[①] 失能老人规模大，并且会随着高龄老人的比例不断上升而上升。而目前，我国人均收入较低，社会保障体系不健全，大量的护理费用支出给需要护理服务的家庭带来了沉重的经济和精神负担，成为一个不可忽视的共同的财务风险。

（二） 家庭结构与居住模式变迁

中国家庭结构在不到 30 年的时间里已经发生巨大的变化，从一个传统的金字塔形状的家庭结构演变为倒金字塔形状的家庭结构，"四二一"成为这个社会最主要的家庭结构形态。另外，家庭成员居住模式也发生了颠覆性的变化，根据表 1 - 2 可以看出，中国家庭 1 人户和 2 人户在家庭户中所占比重基本呈现逐年上升态势，其中 1 人户家庭从 1995 年的 5.89% 上升到 2012 年的 14.08%，2 人户家庭从 1995 年的 13.73% 上升到 2012 年的 26.42%，3 人户家庭所占比重较为稳定，基本维持在 26.87% 与 29.95% 之间。[②] 相反，4 人及以上家庭户在整个家庭户中所占比重基本呈现下降趋势，并且下降幅度比较大，说明中国家庭户规模趋于核心化、小型化，子女与老人共居比例下降。

表 1 - 2　1995 ~ 2012 年中国家庭户规模比重情况

单位：%

年份	1995	2000	2005	2010	2011	2012
1 人户	5.89	8.30	10.73	14.53	14.01	14.08
2 人户	13.73	17.04	24.49	24.37	26.00	26.42

---

① 国务院人口普查办公室等：《中国 2010 年人口普查资料》，中国统计出版社，2012。
② 中华人民共和国国家统计局：《中国统计年鉴（1996）》，中国统计出版社，1996。

年份	1995	2000	2005	2010	2011	2012
3 人户	28.42	29.95	29.83	26.87	27.70	27.58
4 人户	26.58	22.97	19.18	17.56	16.91	16.79
5 + 人户	25.38	21.74	15.77	16.67	15.38	15.13

数据来源：《中国统计年鉴》（1996～2013），《中国 2010 年人口普查资料》，第五次人口普查数据（2000 年）。

可以用图 1 - 2 反映中国家庭户规模的变化趋势。

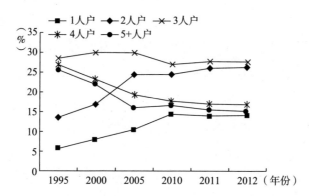

图 1 - 2 1995～2012 年中国家庭户规模比重变化

由于年轻人观念的变化，无论是否独生子女，2/3 的年轻人在婚后都与父母分开居住[①]；加上工业化和城镇化的发展，越来越多的年轻人选择外出务工和就业，家庭居住模式也发生了巨大变化。通过对 2000 年全国第五次人口普查数据和 2010 年第六次人口普查数据对比发现，在 10 年时间内，中国一代户家庭所占的比例从 2000 年的 21.70% 上升到 2010 年的 34.18%，而二代户家庭所占的比例从 2000 年的 59.32% 下降到 2010 年的 47.83%，三代户、四代及以上家庭户所占比例下降幅度不显著，表明中国老年空巢家庭比例越来越高，与

---

① 风笑天：《第一代独生子女婚后居住方式：一项 12 城市的调查分析》，《人口研究》2006 年第 5 期。

子女共同居住的老年人比例越来越低，老年人居住在核心家庭中的比例呈现逐年降低的趋势。老年人居住方式对家庭整体结构影响很大，老年人独居现象增多，成为小家庭增长的重要推动力量（见表1-3）。① 另外，人口的流动也加剧了老年人独居的状况，2010年第六次人口普查数据显示，全国有2.21亿流动人口。子女的外出务工和就业导致空巢老人越来越多。2000年第五次人口普查时，65岁及以上老年人的空巢率为22.83%，到2010年第六次全国人口普查时，这一比例已增加到31.77%。人口流动使核心家庭、直系家庭出现"缺损"，增加了单人户、"空巢"家庭、隔代家庭的比例。② 由于这些老年人没有和子女住在一起，当他们失能而需要长期护理时往往得不到子女的及时照料。家庭结构和家庭居住模式的变迁，使老年人依靠家庭成员之间生活照顾的传统方式发生了根本变化，减少了家庭护理可利用的资源，增加了家庭成员提供护理的机会成本。

表1-3 2000年、2010年中国家庭户居住模式变动情况

单位：户，%

	2000年		2010年	
	户数	比例	户数	比例
家庭总户数	340491197	100.00	401934196	100.00
一代户	73892669	21.70	137363112	34.18
二代户	201964085	59.32	192237846	47.83
三代户	62122440	18.24	69562135	17.30
四代及以上户	2512003	0.73	2771103	0.69

数据来源：第五次人口普查数据（2000年），《中国2010年人口普查资料》。

---

① 王跃生：《中国城乡家庭结构变动分析——基于2010年人口普查数据》，《中国社会科学》2013年第12期。

② 周福林：《我国留守家庭研究》，中国农业大学出版社，2006，第124~125页。

（三）　老年人长期护理财务负担能力有限

老年人如果失能，其自身应对失能长期护理的财务风险的能力如何？如果失能老人长期护理财务风险承受能力很强，那么他们可以通过自身的能力化解长期护理的财务风险。如果失能老人长期护理财务风险承受能力很弱，则无力承担可能出现的长期护理的财务成本，就会陷入生活的困境之中，影响其生活品质，加重家庭其他成员的生活负担。2010年第六次全国人口普查数据显示，60岁及以上老年人中，40.72%的老年人生活来源是家庭其他成员供养，29.07%的老年人依靠劳动收入生活，24.11%的老年人依靠离退休金生活，3.90%的老年人依靠最低生活保障金生活。其中，60岁及以上生活不能自理的老年人中，70.38%的老年人生活来源是家庭其他成员供养，16.35%的老年人依靠离退休金生活，9.81%的老年人依靠最低生活保障金生活（见表1-4）。[①] 这表明中国老年人的抗财务风险的能力极其有限。面对未来可能出现的失能长期护理的成本费用，老年人仅依靠个人的负担能力是明显不够的。如果没有一个制度化的化解机制，或会导致家庭成员负担加重，或会导致失能老人得不到合理的护理，影响失能老人的生活品质。

表1-4　2010年中国60岁及以上老年人主要生活来源构成

单位：万人，%

主要生活来源	60岁及以上人口		健康人口		不健康但生活能自理		生活不能自理	
	小计	比例	小计	比例	小计	比例	小计	比例
总计	17659	100	14683	100	2455	100	520	100
劳动收入	5134	29.07	4965	33.81	163	6.64	6	1.15

---

① 国务院人口普查办公室等：《中国2010年人口普查资料》，中国统计出版社，2012。

续表

主要生活来源	60 岁及以上人口		健康人口		不健康但生活能自理		生活不能自理	
	小计	比例	小计	比例	小计	比例	小计	比例
离退休金收入	4258	24.11	3865	26.32	309	12.59	85	16.35
最低生活保障金	688	3.90	394	2.68	242	9.86	51	9.81
财产性收入	65	0.37	57	0.39	7	0.29	1	0.19
家庭其他成员供养	7191	40.72	5152	35.09	1672	68.11	366	70.38
其他	323	1.83	250	1.70	62	2.53	11	2.12

数据来源：《中国 2010 年人口普查资料》。

二 理论背景

从国内外研究成果看，目前失能老人长期护理的财务风险问题已经越来越引起政府和社会各界的关注。一些学者研究探索了失能老人长期护理财务风险形成的原因，认为老年人失能的现象自古以来都存在，但是目前成为一个突出的社会问题主要是因为人口寿命不断延长，老年人失能的期限不断延长，加重了个人或家庭为满足失能老人长期护理的基本需求的财务负担。另外，学者们认为家庭人口结构和家庭居住模式的变迁，使家庭成员之间能够提供失能老人长期护理的财务能力受到约束，家庭保障功能越来越弱。失能老人长期护理财务需求增长与家庭财务供给能力弱化，使失能老人长期护理财务风险逐步演变为社会所面临的共同风险。[1][2]

一些学者运用统计预测手段对失能老人长期护理所产生的财务风

---

[1] 戴卫东：《中国长期护理保险制度构建研究》，人民出版社，2012，第62~68页。
[2] 顾大男、曾毅：《1992~2002年中国老年人生活自理能力变化研究》，《人口与经济》2006年第4期。

险进行估算和预测。研究发现，一方面失能老人数量增加、失能老人护理成本上升等原因使失能老人长期护理财务需求呈现不断上升的趋势；另一方面劳动人口减少和社会保险负担加大等原因使社会对失能老人长期护理的负担能力呈现不断下降的趋势，在职人口负担越来越重，长期护理财务供需面临着失衡风险。[1][2]

针对失能老人长期护理财务供需均衡的研究呈现百花齐放的景象，各种观点层出不穷。一些学者认为可以通过政府社会救助制度来化解风险。基本的学理是长期护理的风险首先由个人或家庭通过个人或家庭的收入和财产等来化解，在个人或家庭陷入贫困而无力化解失能老人长期护理风险时，由政府通过家计调查确定长期护理受助人的资格和受助力度，即个人或家庭为主，政府作为最后托底人。这是一种典型的残补模式。[3][4] 一些学者认为可以建立保险机制来化解失能老人长期护理的财务风险。基本的学理是长期护理风险具有样本数量大、有一定的发生概率、风险损失可以预估、风险不会具有灾难性的"可保"四要素，但是，是采用私人保险还是采用社会保险就存在分歧。[5][6] 一些学者认为可以采用政府补贴方式化解失能老人长期护理财务风险。基本学理是长期护理财务需求是所有失能老人共同的需求，从公平角度看，失能老人有权利平等地享有政府所提供的公共福

---

① R. Wittenberg, A. Comas-Herrera, D. King, et al. , "Future Demand for Long-term Care, 2002 to 2041: Projections of Demand for Long-term Care for Older People in England", PSSRU Discussion Paper 2330, 2006: 1 – 32.

② 朱铭来、贾清显：《我国老年长期护理需求测算及保障模式选择》，《中国卫生政策研究》2009 年第 7 期。

③ 辛怡、王学志：《美国、日本长期护理救助制度及其对中国的借鉴》，《南方论刊》2011 年第 2 期。

④ 蔡慧：《浅议老龄化背景下中国护理社会救助的建设与发展》，《经济研究导刊》2013 年第 15 期。

⑤ 荆涛：《建立适合中国国情的长期护理保险制度模式》，《保险研究》2010 年第 4 期。

⑥ 曹信邦：《中国失能老人公共长期护理保险制度的构建》，《中国行政管理》2015 年第 7 期。

利，但是补贴力度上多少存在着分歧。①②

总之，国内外研究表明，失能老人长期护理财务风险已经为社会和学界所关注，然而由于对问题认识的差别以及研究的视角不同，现有的研究还不能从宏观视角为失能老人长期护理的财务风险的化解提出一个总体的可行的思路，也没有提出一个实现长期护理财务供需均衡的整体方案。

本书在对现有失能老人长期护理的财务需求理论和供给理论进行比较和评述的基础上，构建中国失能老人长期护理的财务均衡理论分析框架，研究建立中国失能老人公共长期护理保险制度的必要性、紧迫性和可行性。

第二节　问题界定

在传统的家庭人口结构和家庭居住模式下，失能老人长期护理财务需求承担的责任主体主要是个人或家庭，这个时期的家庭人口结构和家庭居住模式为失能老人长期护理财务需求承担提供了基础。但是目前，一方面，人口老龄化使中国面临数量庞大的失能老人，并且失能老人的数量还将随着人口老龄化、高龄化的趋势而不断增加；另一方面，家庭规模小型化、核心化以及家庭居住模式变迁，使传统的失能老人长期护理服务和长期护理经济风险财务补偿机制遇到了前所未有的挑战，家庭保障出现了"失灵"现象。

虽然传统的家庭人口结构和家庭居住模式发生了巨大的变化，但是失能老人长期护理财务风险补偿机制仍然沿袭了由个人或家庭作为

---

① 唐钧：《失能老人护理补贴制度研究》，《江苏社会科学》2014 年第 2 期。
② 石人炳：《我国农村老年照料问题及对策建议——兼论老年照料的基本类型》，《人口学刊》2012 年第 1 期。

承担主体的传统制度，并没有形成一种制度化的方式来化解传统制度在新环境下可能产生的社会风险。目前，中国失能老人长期护理财务供需存在着非均衡问题。

（1）失能老人长期护理潜在财务需求大，而长期护理财务供给不足，长期护理财务供需存在非均衡问题。中国人口老龄化趋势越来越严重，人口老龄化促使高龄人口越来越多，由于老年人身体机能衰退、慢性疾病（chronic illness）增加，高龄老人失能概率较大，因而未来中国将面临数量越来越多的失能老人，失能老人长期护理潜在的财务需求越来越大。另外，目前中国失能老人长期护理的财务风险主要由个人或家庭承担。个人或家庭仍然是中国失能老人长期护理财务需求承担的主体，政府是失能老人长期护理在个人或家庭责任"失灵"时的补缺，主体单一且财务风险没有形成社会共担机制。这种在传统的自给自足的自然经济时期所形成的失能老人长期护理财务风险的个人或家庭分担机制，并没有因人口结构和家庭居住模式的变化而变化。随着人口老龄化，失能老人总量增加，护理成本不断提高，个人或家庭已经难以承担家庭老人失能所产生的财务风险，需要一种新的机制来化解社会所面临的共同风险。而政府财政是失能老人生活救助的主体，是失能老人长期护理在个人或家庭责任"失灵"时的补缺。也就是说，个人或家庭承担失能老人长期护理财务风险，当财力有限导致失能老人长期护理需求得不到适度满足，并使失能老人陷入生活贫困的境地时，政府财政给予失能老人生活救助，以满足失能老人基本生存的需要，从救助内容上界定，这实质上属于生活救助的范畴。长期护理财务供需非均衡导致失能老人个人或家庭财务负担重，失能老人生活品质得不到保证。

（2）中国还没有建立起制度化的失能老人长期护理财务风险化解体系，缺少财务风险损失共担机制，长期护理财务供需呈现非均衡状态。无论是个人或家庭作为失能老人长期护理需求财务承担主体的制度，还是政府财政对失能老人生活救助的补缺型制度，都存在着风险共担机制缺失的缺陷。完全依靠个人或家庭来承担风险，政府仅起到生活救助作用，使社会缺少制度化的风险化解机制。

（3）为化解中国失能老人长期护理财务风险，需要政府建立中国失能老人长期护理保险制度，用制度化方式化解失能老人长期护理财务风险。需要研究建立失能老人长期护理保险制度的必要性、紧迫性和可行性。需要研究失能老人长期护理的财务需求规模及其未来变动趋势，失能老人长期护理保险财务供给的主体、财务模式和供给主体负担能力。包括以下四个方面。

第一，需要研究失能老人长期护理财务需求风险的性质，这种风险是不是一种社会成员所面临的共同风险，应通过什么样的方法来转移风险。

第二，需要研究中国失能老人长期护理财务需求现状、财务需求预测方法、财务需求的长期变动趋势。

第三，需要研究失能老人长期护理财务保险制度财务供给设计，包括筹资责任主体、财务模式和均衡费率厘定。

第四，需要研究中国失能老人长期护理保险制度财务供需均衡实现方式，包括个人和政府财政责任、多元主体的财务供给体系的构建。

第三节　概念界定

一　失能老人

失能老人是潜在的长期护理需要人口，失能的定义范围将影响长期护理的财务供需均衡，影响长期护理的政策法律和服务体制。国际上通常将失能（Disability）定义为一个人因年迈虚弱、残疾、生病、智障等而丧失或限制日常生活中的主要活动能力或生活能力，它是个体健康测量的重要指标。失能是一种或一种以上功能丧失或者损害的状态，失能者可能不止一种失能，同一失能症状在不同个体的表现程度也有差别，这就给失能程度评估带来了一定的难度。对失能状况的评估需要从基本概念量化到明确的测量指标，并且对不同失能个体各项指标严重性程度进行量化界定。为了确保评估的可操作性、可信性，对其测量内容的界定至关重要，它是长期护理费用、成本确定的基础。

从量上具体来评估失能状况的方法较多，一些文献或者实践通常从生理、心理和社会三个层面来评估失能状况，评估的工具主要分为功能性评估和认知评估两种。功能性评估主要有基础性日常生活活动（Activities of Daily Living，ADLs）和工具性日常生活活动（Instrumental Activities of Daily Living，IADLs）两种，其中 ADLs 慢性功能障碍表示基本自我照顾能力受限，需要他人提供个人照顾（Personal care）服务的协助，由于此类功能障碍来自慢性疾病的后遗症，其和"护理（Nursing）服务"的需要有很强的关联性，所以常以护理服务的需要表示，评估的工具主要有柯氏量表（Katz Index）、巴氏量表（Barthel Index）等。柯氏量表由 Katz 在 1959 年提出并于 1976 年修订，评估失能者日常生活中独立完成穿衣、吃饭、洗澡、上厕所、室内走动、上下床 6 项活动受限程度。巴氏量表被美国巴尔的摩市州立医院物理治疗师巴希尔（Barthel）1955 年应用于测量住院中复健病患的进展状况，1965 年被公开发表在医学文献上，自此巴氏量表就被广泛应用。它主要从进食、轮椅与床位间的移动、个人卫生、上厕所、洗澡、行走于平地上、上下楼梯、穿脱衣服、大便控制和小便控制 10 项活动评估失能者受限程度并加以量化，巴氏量表共分为 5 个等级，0~20 分属完全依赖，21~60 分属严重依赖，61~90 分属中度依赖，91~99 分属轻度依赖，100 分属完全独立（见表 1-5）。

表 1-5 巴氏量表评估项目及分值量化标准

项目	分数	内容
进食	10	□自己在合理的时间内（约十秒钟吃一口），可用餐具取眼前的食物，若需使用进食辅具，会自行取用穿脱，不需协助
	5	□需别人协助取用或切好食物或穿脱进食辅具
	0	□无法自行取食
轮椅与床位间的移动	15	□可独立完成，包括轮椅的刹车及移开脚踏板
	10	□需要稍微协助（例如予以轻扶以保持平衡）或需要口头指导
	5	□可自行从床上坐起来，但移位时仍需别人帮忙
	0	□需别人帮忙方可坐起来或需别人帮忙方可移位
个人卫生	5	□可独立完成洗脸、洗手、刷牙及梳头发
	0	□需要别人帮忙
上厕所	10	□可自行进出厕所，不会弄脏衣物，并能穿好衣服。使用便盆者，可自行清理便盆
	5	□需帮忙保持姿势的平衡，整理衣物或使用卫生纸。使用便盆者，可自行取放便盆，但需仰赖他人清理
	0	□需他人帮忙
洗澡	5	□可独立完成（无论是盆浴还是沐浴）
	0	□需别人帮忙
行走于平地上	15	□使用或不使用辅具皆可独立行走 50 米以上
	10	□需要稍微扶持或口头指导方可行走 50 米以上
	5	□虽无法行走，但可独立操纵轮椅（包括转弯、进门及接近桌子、床沿）并可推行轮椅 50 米以上
	0	□需别人帮忙
上下楼梯	10	□可自行上下楼梯（允许抓扶手、用拐杖）
	5	□需要稍微帮忙或口头指导
	0	□无法上下楼梯
穿脱衣服	10	□可自行穿脱衣服、鞋子及辅具
	5	□在别人帮忙下可自行完成一半以上的动作
	0	□需别人帮忙
大便控制	10	□不会失禁，并可自行使用塞剂
	5	□偶尔失禁（每周不超过一次）或使用塞剂时需人帮助
	0	□需别人处理（挖大便）

续表

项目	分数	内容
小便控制	10 5 0	□日夜皆不会尿失禁，并可自行使用塞剂 □偶尔会尿失禁（每周不超过一次）或尿急（无法等待便盆或无法及时赶到厕所）或需别人帮忙处理 □需别人处理
总分		

　　IADLs 功能障碍表示日常生活必需的家务活动受限，需要给予社会服务（social services）方面的生活照顾，其评估工具有 Lawton-IADLs、OARS-IADLs 等，其评估的内容主要包括上街购物、外出活动、食物烹调、家务维持、洗衣服、使用电话的能力、服用药物和处理财务的能力 8 项并以分值量化，各项分值 2 分到 4 分不等，总分 24分，分值越低则代表失能程度越严重（见表 1-6）。ADLs、IADLs 这两类指标是目前最常用的长期护理保险对象确认和评估的指标。一般情况下，完成 IADLs 要比完成 ADLs 困难，IADLs 的要求远高于ADLs。

表 1-6　工具性日常生活活动评估项目及分值量化

项目	分数	内容
上街购物	3 2 1 0	□独立完成所有购物需求 □独立购买日常生活用品 □每一次上街购物都需要有人陪 □完全不会上街购物
外出活动	4 3 2 1 0	□能够自己开车、骑车 □能够自己搭乘大众运输工具 □能够自己搭乘出租车但不会搭乘大众运输工具 □当有人陪同可搭乘出租车或大众运输工具 □完全不能出门
食物烹调	3 2 1 0	□能独立计划、烹煮和摆设一顿适当的饭菜 □如果准备好一切佐料，会做一顿适当的饭菜 □会将已做好的饭菜加热 □需要别人把饭菜煮好、摆好

续表

项目	分数	内容
家务维持	4	□能做较繁重的家事或偶尔需要家事协助（如搬动沙发、擦地板、洗窗户）
	3	□能做较简单的家事，如洗碗、铺床、叠被
	2	□能做家事，但不能达到可被接受的整洁程度
	1	□所有的家事都需要别人协助
	0	□完全不会做家事
洗衣服	2	□自己清洗所有衣物
	1	□只清洗小件衣物
	0	□完全依赖他人
使用电话的能力	3	□独立使用电话，含查电话簿、拨号等
	2	□仅可拨熟悉的电话号码
	1	□仅会接电话，不会拨电话
	0	□完全不会使用电话
服用药物	3	□能自己负责在正确的时间用正确的药物
	2	□需要提醒或少许协助
	1	□如果事先准备好服用的药物分量，可自行服用
	0	□不能自己服用药物
处理财务的能力	2	□可以独立处理财务
	1	□可以处理日常的购买，但需要别人协助与银行往来或大宗买卖
	0	□不能处理钱财
总分		

随着失智人口的持续增加，认知评估量表的发展也越来越受到重视，目前简短操作心智状态问卷（SPMSQ）与简易心智状态量表（MMSE）最为常用。

对于功能障碍和认知障碍（cognitive impairment）而形成的失能老人是否都是长期护理的对象，目前争议较大。本书的失能界定为功能障碍，而功能障碍以ADLs中最为常见的、最核心的独立完成穿衣、吃饭、洗澡、上厕所、室内走动、上下床6项活动受限程度作为评估失能程度的依据，这个指标能够很好地描述失能者的功能损失情况。对于一些不必每天做，但对一个人独立生活很重要的活动，例如，洗衣、做饭、理财、户外活动等日常工具性生活活动能力功能障碍，本书未列入功能障碍的考量范围，主要考虑到这两方面原因。第一，这些活动是个人用以应付环境的一些适应性活动，并不一定是生活必需的活动；第二，长期护理制度在中国的推进还有很大的阻力和障碍，因而可以采取先易后难的策略，实行分步实施战略，优先解决生活中最常见、最基本的生活功能风险损失的财务赔付问题，待条件成熟后再筹划将工具性日常生活活动和认知障碍风险损失财务赔付纳入制度范围内。

理论上讲，处于所有年龄组的人口都有失能的可能性，失能并不是老年人所特有的风险，然而老年人由于身体器官的老化、衰竭，易得慢性病及意外伤残等，失能的概率要高于年轻人，因而本书的对象主要界定为风险发生概率较大的老年人口。当然，各国对"老人"概念的界定也有差别，"老人"是一个年龄定义，有的国家把65岁以上的人口界定为老人，也有的国家把60岁以上的人口界定为老人。本书根据国际上的习惯，把65岁以上的人口界定为老人，以适应中国延迟退休年龄制度的要求，也便于在国际比较时口径一致。

二　长期护理

国内对LTC的翻译和解释不尽相同，目前较常见的有"长期护理""长期照料""长期照顾""长期照护"等，似乎"长期护理"偏向于医疗疾病护理，"长期照料""长期照顾""长期照护"偏向于日常生活的照料，而日本则翻译为"长期介护"一词，其实，这些翻译仅仅是基于语言表述习惯，并没有实际意义上的差别。

当然，在学界以及一些专业的权威机构中，对长期护理概念的范围界定是有差别的。

美国健康保险学会（Health Insurance Association of America，HIAA）从护理服务的对象、护理服务的内容、护理服务的提供者、护理服务的地点等角度对长期护理进行了界定。HIAA 认为长期护理是指在一个较长的时期内，持续地为患有慢性疾病（譬如早老性痴呆等认知障碍）或处于伤残状态下（即功能性损伤，functional impairment）的人提供的护理。这种护理包括医疗服务、社会服务、居家服务、运送服务或其他支持性的服务。服务的提供者可以由不需付钱的家庭成员或朋友等非正规护理人员（informal caregivers）提供，即非正规护理，也可以由受过专业培训并持有执照的专业正规医护人员（formal caregivers）提供，即正规护理。护理可以在家中提供，也可以在社区或专业机构环境中提供。长期护理与传统健康护理在目标上有显著的区别，传统健康护理的主要目标是治愈疾病或保全生命，而长期护理的目标是针对慢性疾病或丧失日常生活活动能力进行功能恢复和修补，并使不利最小化。①

美国纽约州保险部（New York State Insurance Department）将长期护理定义为"那些由于意外、疾病及衰弱而在一个较长的时间里丧失从事基本日常生活活动能力的人需要的较宽泛的医疗、个人及社会服务。当一个人不再能独立完成日常生活活动而必须接受他人的辅助，即需要长期护理"。②

世界卫生组织将长期护理定义为"由非正规照料者（家庭、朋友或邻居）和专业人员（卫生和社会服务）进行的照料活动体系，以保证那些不具备完全自我照料能力的人能继续得到其个人喜欢的以及较高的生活质量，获得最大可能的独立生活程度，以及人格尊严"。

Gary V. Engelhardt 与 Nadia Greenhalgh-Stanley 认为长期护理可以界定为在日常活动中至少有一项需要他人帮助，如洗澡、吃饭、穿

---

① 荆涛：《长期护理保险研究》，对外经济贸易大学博士学位论文，2005。
② Coy, Jacquelyn S., Pau, J. Winn, "Long-term Care: A Vital Product in an Evolving Environment", *Journal of the American Society of CLU & ChFC*, 2007, 51 (5): 68.

衣、在室内行走、上下床；或者在使用日常工具时需要他人辅助，如打电话、服药、理财、购物和做饭等。[①]

Cha 认为长期护理是"为那些因衰老、慢性病或身体、精神功能障碍而丧失部分自我照顾能力的老年人提供的个人看护服务、健康服务以及社会支持性服务"。[②] 国内也有学者把长期护理界定为"个体由于意外、疾病或衰弱而身体或精神受损，进而致使日常生活不能自理，在一个相对较长的时期里，需要他人在医疗、日常生活或社会活动中给予广泛帮助"。[③] 把"社会支持""社会活动"也纳入长期护理范围，使长期护理内涵更加宽泛。

综上，国内外关于长期护理的内涵有广义和狭义之分，广义长期护理的内涵既包括对失能老人的生理、心理需求的日常护理、医疗护理，也包括社会服务支持和其他支持性服务。而狭义的长期护理主要指日常生活活动护理和医疗护理。本书将长期护理主要界定为一种狭义的内涵，认为长期护理是为了维系因衰老、慢性病或身体功能障碍而丧失日常自我生活能力的老人的生命，而由家庭、社区或专业机构提供的日常生活护理和医疗护理服务，即护理范围仅包括对失能老人吃饭、穿衣、洗澡、上厕所、室内运动、控制大小便等的日常生活活动护理和医疗护理，不包括对工具性日常生活能力和认知障碍护理，当然，这种护理既可以由非正规护理人员（包括家庭）提供，也可以由正规专业人员提供；可以在家庭提供，也可以在社区或者专业机构提供。

---

① Gary V. Engelhardt, Nadia Greenhalgh-Stanley, "Public Long-term Care Insurance and the Housing and Living Arrangements of the Elderly", *Evidence from Medicare Home Health Benefits*, CRR WP, 2008: 15.

② Cha, H. B., *A Study Family Care Gives Preference and its Determinants for the Long-term Care Service Use for the Impaired Elderly*, Chungang University, 1998.

③ 荆涛、谢远涛：《我国长期护理保险制度运行模式的微观分析》，《保险研究》2014 年第 5 期。

三　长期护理保险

关于长期护理保险概念，国内外虽然在语言表述上存在一些差异，但是对其内涵的界定基本一致。

美国健康保险协会（HIAA）认为"长期护理保险是为消费者设计的，对其在发生长期护理时发生的潜在巨额护理费用支出提供保障"。[①] 美国人寿管理协会（Life Office Management Association, Inc., LOMA）认为"长期护理保单是为那些受年老或严重疾病或意外伤害的影响需在家（care at home）或护理机构（nursing facility）得到稳定护理的被保险人支付的医疗及其他服务费用进行补偿的一种保险"。[②] Black、Harold 认为"长期护理保险是被保险人需要住在安养院（nursing home）或雇用护理人员到家中所产生的各种费用的一种保障"。[③]

荆涛认为"长期护理保险是指对被保险人因为年老、严重或慢性疾病、意外伤残等身体上的某些功能全部或者部分丧失，生活无法自理，需要入住安养院接受长期的康复和支持护理或在家中接受他人护理时政府给予的各种费用补偿的一种健康保险"。[④] 曾卓、李良军认为"长期看护保险指以因意外伤害、疾病失去自理能力而需要看护为给付保险金条件的保险"。[⑤] 刘子操、陶阳认为"长期护理保险是针对那些身体衰弱不能自理或不能完全自理、需要他人辅助全部或部分日常生活的被保险人（基本是老年人），提供经济保障或护理服

[①] Health Insurance Association of America, *Long-term Care: Knowing the Risk, Paying the Price*, 1997: 49.

[②] Jones, Harriett E., Dani, L. Long, *Principles of Insurance: Life, Health and Annuities*, Life Office Management Association, Inc., 1997: 346.

[③] Black, Kenneth Jr., Harold, D. Skipper Jr., *Life Insurance*, Prentice-Hall, Inc., 1994: 483.

[④] 荆涛：《长期护理保险研究》，对外经济贸易大学博士学位论文，2005，第 9～10 页。

[⑤] 曾卓、李良军：《商业健康保险的定义及分类研究》，《保险研究》2003 年第 4 期。

务的一种保险"。[1] 徐为山、刘沫嘉认为"长期护理保险是保障被保险人住进安养中心等护理机构或家庭护理而发生的费用的津贴型险种"[2]。

综上所述，国内外长期护理保险概念的界定都是以因长期护理而发生的财务损失补偿为核心，运用保险的基本原理来化解长期护理财务风险的一种机制。保险是一种风险集中和风险分散的机制，其基本的原理就是少数人的风险损失由集合体成员共担。因而本书将长期护理保险界定为运用保险的风险共担原理对因衰老、疾病、意外或身体器官衰弱而日常生活不能自理的失能老人提供护理所发生的长期的、高额的护理费用提供经济补偿的一种财务制度。

四　长期护理的财务需求、财务供给与财务均衡

长期护理的财务需求、财务供给和财务均衡在不同情境中有不同的内涵。

经济学意义上的长期护理的财务需求是指长期护理的消费者在一定的价格水平下所购买的长期护理的数量，这个数量可以用长期护理的价格与长期护理的消费量的乘积表示，即消费者购买长期护理所支付的货币量是失能老人的一种财务损失或财务成本。长期护理的财务供给是指长期护理的供给方在一定的价格水平下愿意提供且有能力提供给失能老人长期护理财务损失的赔付额。因而市场条件下的长期护理财务需求和财务供给都是基于一定市场价格条件下的需求和供给的。当长期护理的消费者因长期护理而发生的财务损失与长期护理的供给者愿意提供的赔付额相等时，失能老人长期护理的需求量和供给量相等，达到了长期护理的财务需求和财务供给均衡的状态，这时的

---

[1] 刘子操、陶阳：《健康保险》，中国金融出版社，2001，第98页。
[2] 徐为山、刘沫嘉：《长期护理保险介绍及开发建议》，《中国保险管理干部学院学报》2000年第5期。

供需均衡的数量就是长期护理的财务均衡数量。因而,长期护理财务均衡是需求方和供给方的力量相互作用下所达到的一种相对静止的状态,且是一种瞬时状态。[①]

(1) 长期护理的财务需求。失能老人长期护理的财务需求与市场上一般商品的需求有差别。消费者在认为市场上某一商品的价格过高时会减少甚至放弃对这种商品的消费,因而在一定长期护理价格水平下,会有一部分失能老人放弃长期护理的购买,这些老人长期护理的财务需求就得不到满足。而失能老人长期护理需求是保证失能老人最低生活品质的需要,因而是一种刚性需求,即无论市场价格如何,失能老人都必须消费才能维系其基本生存需要。显然,市场条件下的长期护理的财务需求与失能老人长期护理的现实需求还存在内涵上的差别和数量上的差别,这是因为还有一部分需要长期护理的失能老人出于经济承受能力低等原因不愿意接受由市场所提供的长期护理的价格,而自愿放弃市场所提供的长期护理,因而市场所提供的并且失能老人愿意购买的长期护理的财务需求与失能老人长期护理的现实需求之间有缺口,后者大于前者。缺口的存在意味着一部分失能老人将丧失被长期护理的权利和机会,丧失最基本生活品质的保证。通过以上分析可以发现,失能老人长期护理财务供给不能完全依靠市场供需机制来自发调节和供给。

本书把失能老人长期护理的财务需求界定为失能老人为了保证最基本生活品质需要购买日常生活护理和医疗护理可能发生的财务损失的数量,即潜在需求,所要即所需,并不考虑失能老人对长期护理的购买能力。因而,长期护理的财务需求的另一个含义就是长期护理的潜在需求,即失能老人长期护理的所有财务成本就是长期护理的财务

---

① 〔美〕保罗·克鲁格曼、罗宾·韦尔斯:《微观经济学》,黄卫平等译,中国人民大学出版社,2009,第87~93页。

需求。这个成本既包括失能老人所购买的社区护理服务和机构护理服务，也包括失能老人家庭所提供的服务按照市场价格所计算的成本，因为家庭成员提供的长期护理具有机会成本。这里的财务成本包括长期护理的人力成本、材料成本、设备成本、管理成本和教育培训成本，不包括长期护理过程中发生的失能老人医疗费用、床位费和伙食费用等，医疗费用应由医疗保险制度支付，床位费和伙食费用是每个老人无论在什么情况下都必需的正常开支的费用。

（2）长期护理的财务供给。市场的供给是供给方根据市场的价格来确定市场的供给量，这样市场的供给量无法保证所有失能老人能够购买到长期护理服务。这会导致市场的供给小于失能老人长期护理的潜在需求，出现供给缺口。财务供给就是要解决失能老人长期护理的财务需求如何得到满足的问题，因而在本书中，长期护理的财务供给一方面是长期护理的供给方根据失能老人长期护理的财务需求所提供的经济损失赔付，另一方面是失能老人长期护理的制度供给。制度供给包括长期护理财务供给体系、筹资责任主体、财务筹资模式、覆盖对象、待遇水平和缴费率等。这里的重点是供给主体是谁，在确定供给主体的前提下，才能探讨财务筹资模式、覆盖对象和待遇水平。

（3）长期护理的财务均衡。失能老人长期护理的财务均衡表面上是指在一定期限内社会为了满足失能老人长期护理的财务需求而提供相等的长期护理的财务供给，即长期护理财务供给等于长期护理财务需求。但是，失能老人长期护理财务风险损失是一个社会性风险，每个人未来都有遇到这个风险的可能性，而为了防范长期护理财务风险损失的发生，政府可以建立长期护理保险、私人保险、个人储蓄和政府救助等财务供给制度，对长期护理财务供给的实施主体、筹资模式、覆盖对象和待遇水平进行规划以满足失能老人长期护理财务的适度需求。因而长期护理的财务均衡就是政府通过长期护理财务供给制度的设计以达到适度满足失能老人长期护理财务风险损失需求目标的制度设计。

第四节　研究意义

研究失能老人长期护理的财务均衡，具有以下几点意义。

一　为失能老人长期护理提供财务风险化解的制度化途径

失能老人长期护理是老人个人及其家庭沉重的经济负担，已经成为社会共同的风险，完全依靠个人或家庭的储蓄来支付年老时失能护理的费用将会受到很多不可预测的变量的影响。为了使失能老人能够有体面、有尊严地生存，有必要建立风险预防机制，通过制度化方式解决失能老人长期护理财务风险的后顾之忧。

二　为失能老人长期护理保险制度化运行的可行性提供财务依据

无论失能老人长期护理运行的筹资主体是谁、采取什么样的筹资模式，一个重要的基础条件就是制度要有一个稳定的、持续的财务来源。研究失能老人长期护理的财务均衡，就是要研究长期护理财务均衡的财务筹资主体、筹资模式、财务均衡点及其一般规律，寻找适合失能老人长期护理的最优的财务规划，从财务均衡的角度为失能老人长期护理保险制度的可行性提供依据。

三　为中国失能老人长期护理保险制度的有效运行提供决策原理和路径

根据中国的国情，构建本土化的失能老人长期护理保险财务均衡制度，对长期护理保险制度财务均衡的财务筹资主体、筹资模式、缴费机制、待遇支付范围、待遇水平及待遇调节机制等进行系统研究，使研究成果能够为失能老人长期护理保险制度的构建提供路径选择，为政府决策机构提供参考。

第五节　研究设计

一　研究目标

研究中国失能老人长期护理财务均衡的目标就是要运用马斯洛需求层次理论、福利多元理论、风险承担理论等，从失能老人长期护理财务均衡的视角，在对现行的中国失能老人长期护理财务需求和财务供给制度进行分析的基础上，探寻未来中国失能老人长期护理潜在的财务需求与财务供给之间的均衡点及其变动趋势，即失能老人长期护理潜在的财务需求如何通过长期护理财务供给制度的设计来得到适度满足，从财务均衡的视角为失能老人长期护理保险制度的构建提供可行性依据，以此为失能老人长期护理风险的化解提供财务保证。具体目标包括以下4点。

（1）在对需求理论和供给理论进行评述和比较的基础上，结合中国情境，构建适合于中国失能老人长期护理财务需求和财务供给的理论研究分析框架。

（2）中国失能老人长期护理财务需求的研究。运用一些权威社会调查的数据库，分城乡、年龄组对中国失能老人失能率、失能等级和失能护理成本进行研究，并对2015～2050年的失能老人长期护理财务需求规模进行预测，揭示中国失能老人长期护理财务需求变化的规律性。

（3）中国失能老人长期护理财务供给的研究。运用福利多元理论、风险理论和市场失灵理论，在对失能老人长期护理风险特征和性质分析的基础上，从制度和财务负担能力等角度对个人或家庭承担模式、私人保险模式、公共长期护理保险模式和普惠福利模式进行分析，得出单一供给主体存在的问题。提出建立中国失能老人长期护理财务供给主体明确、责任明晰的制度供给体系，即建立公共长期护理保险制度为主导的长期护理财务供给体系。

（4）中国失能老人长期护理保险的制度安排与优化。提出中国失能老人长期护理保险制度、私人护理保险和政府财政护理救助制度推进的路径和政策建议。

二　研究内容

本书以保障失能老人适度长期护理服务提供、化解失能老人长期护理的财务风险为价值导向。在研究人口老龄化与失能人口基本关系的基础上，揭示中国失能老人长期护理财务需求影响变量、财务需求的长期发展趋势。在科学界定失能老人长期护理财务需求性质、化解失能老人长期护理风险的路径选择、失能老人长期护理财务供给的筹资责任主体、筹资模式等基础上，揭示长期护理财务需求与财务供给之间的均衡关系及影响机理，探讨长期护理财务供需的均衡策略与路径。因而研究内容主要概括为以下三个方面。

（一）　中国失能老人长期护理的财务需求规模

以需求理论为基础，运用总体仿真模型来研究中国失能老人长期护理财务需求，将重点从以下四个方面的变量展开研究。

（1）失能率。失能率是一个国家或地区失能老人数量占老年人数量的比重，它反映的是这个国家或地区失能老人的相对量状况。研究一个国家或地区的老年人失能率一方面可以了解失能老人总体数量，另一方面也可以预测和判断失能老人数量的长期发展趋势。本书主要借鉴 Eric Stallard 对老年人失能等级的划分标准[1]，运用北京大学"中

---

[1]　Eric Stallard, "Estimates of the Incidence, Prevalence, Duration, Intensity and Cost of Chronic Disability among the U.S. Elderly", *Society of Actuaries*, 2008, 1: 7-9.

国老年健康影响因素跟踪调查"（CLHLS）[①]的调查数据库来测算中国老年人不同年龄组的失能率。

（2）失能老人总量。在假设中国老年人不同年龄组失能率不发生变化的前提下，预测 2015～2050 年中国老年人失能人口总量和不同年龄组的失能老人分布，并在此基础上测算中国不同年龄组失能老人在不同失能等级上的分布情况，为预测 2015～2050 年中国失能老人长期护理财务需求的发展趋势提供基础。

（3）失能老人长期护理利用率。不同失能等级的老人对长期护理的需求是有差别的，主要体现在护理时间的利用上。失能程度与护理服务提供的时间正相关，失能程度越高的老人需要提供的护理服务时间越长，长期护理利用率越高，而失能程度越低的老人需要提供的护理服务时间越短，长期护理利用率越低。

（4）不同护理等级的人均护理费用。根据不同失能等级的失能老人长期护理利用率，运用统计等技术预测失能老人在不同失能等级的人均护理费用的长期的、动态的发展趋势。

（二） 失能老人长期护理的多元财务供给体系

基于福利多元理论和风险理论，主要从长期护理财务供给的筹资主体、筹资模式、待遇给付水平和财务负担能力等要素出发，对个人或家庭财务供给模式、普惠制财务供给模式、私人保险财务供给和公共长期护理保险财务供给模式进行分析，提出政府公共长期护理保险制度是失能老人长期护理财务供给的主要载体。

（1）失能老人长期护理财务供给的主体。在分析失能老人长期护理个人或家庭、完全政府普惠、私人保险供给主体的基础上，探寻最佳供给主体的选择，得出单一供给主体财务负担能力有限的结论，提

[①] CLHLS 数据来自北京大学老龄健康与家庭研究中心组织管理的"中国老年人口健康状况调查研究"纵向调查项目。该项目得到美国国家老龄研究院、杜克大学、联合国人口基金、中国国家社会科学基金和国家自然科学基金、北京大学及其他机构的配套投入。

出建立适应中国国情的中国失能老人长期护理财务供给主体明确、责任明晰的制度供给体系，即建立以"政府公共长期护理保险制度为主导，以私人护理保险和个人储蓄为补充，政府财政救助为托底"的长期护理财务供给体系。而由政府实施强制性公共长期护理保险制度是失能老人长期护理保险制度供给主体的最优选择，在整个财务供给体系中，政府公共长期护理保险制度是主导。

（2）失能老人长期护理财务供给的筹资模式。个人或家庭筹资模式是个人或家庭收入的代际转移和代内转移。政府财政的普惠制度是政府通过公共财政把所有失能老人长期护理的财务损失分给全体国民承担。而失能老人长期护理保险的财务筹资模式有事先积累制（pre-funding）与现收现付制（pay as you go）两种。事先积累制是一种自我责任与事先储蓄，获得长期护理给付资格的条件是事先缴费，这种制度不能立即实施，存在风险不能共担的弊端，因而不是失能老人长期护理筹资模式的最优选择。而现收现付制无须事先积累资金，一旦制度实施，既可以对失能老人提供长期护理财务支持，也能体现风险共担的基本原理和基本要求，是长期护理的最优筹资模式。私人护理保险存在市场失灵、信息不对称等问题，特别是在财务上存在缴费压力，使得私人护理保险财务供给难以满足失能老人长期护理的财务需求。

（3）失能老人长期护理的待遇给付。待遇给付涉及给付资格的确定、失能等级的评估、待遇给付的方式和给付的内容等。

（三）长期护理财务供需均衡点的确定

失能老人长期护理财务供需均衡的确定包含两个方面的含义。一是制度内在的均衡，即由失能老人的长期护理财务需求来决定长期护理财务供给主体筹资水平，由需求来决定供给。二是在确定失能老人长期护理财务供给主体一定筹资水平的前提下，在制度外部筹资主体介入下失能老人长期护理的财务均衡，即在确定失能老人长期护理财务供给的核心主体前提下，其他供给主体为了维系失能老人长期护理财务均衡的筹资能力。本书在对 2015～2050 年长期护理保险缴费率进行预测的基础上，提出实现制度财务均衡的政府财政补贴的时间点。

三　研究方法

（一）　方法论

经验研究与理论研究相结合。在借鉴国内外已有的研究成果的同时，针对中国失能老人长期护理现实情况进行实证调查和分析，验证与修正长期护理财务均衡理论。通过大量的数据、现象分析，得出一般性规律。

（二）　方法

本书采用定量分析和定性分析相结合的方法。定量分析有问卷调查法、Logistic 模型分析法、社会保险精算法、统计分析法等；定性分析法有文献分析法、社会调查法、制度认知等。

（1）文献分析法。文献分析法主要是搜集、鉴别、整理失能老人长期护理财务均衡的相关文献，并通过对文献的分析，形成对失能老人长期护理财务均衡理论和方法的认识。本书在研究过程中，利用中国知网、中国台湾智库、中外经济学网站、国际经济组织等数据库搜集有关失能老人长期护理财务均衡的相关文献资料，对文献资料进行梳理，撰写文献综述，全面地了解国内外关于失能老人长期护理财务均衡研究的现状、研究的基本内容和理论发展的趋势，归纳总结已有理论研究的优势与缺陷等，从而形成关于失能老人长期护理财务均衡理论与方法研究的思路，为本书的研究奠定理论基础。

（2）社会调查法。社会调查法是有计划、有目的地系统搜集研究对象社会现实状况或历史状况材料的方法。本书在研究过程中，运用社会调查法对失能老人长期护理保险制度参保意愿影响因素进行了解和分析。为了研究失能老人长期护理财务均衡问题，2013 年 2 月由南京财经大学与重庆大学共同组成的"失能老人长期护理保险需求"课题调研组对全国 27 个省份进行调查问卷。问卷包含基本情况、生活形态及长期护理保险财务需求三大方面，共 46 个小题。本次调查的对象为 18 周岁以上人群，因为长期护理保险的需求对象主要为老年人。我们规定，调查员在被调查人员的选择上，尽可能使 60 岁以上的老年人占总调查对象的 60%，60 岁以下的占总调查对象的 40%。60 岁以上的老年人可以在居于家和养老院（护理院）的老人中各选取 50% 进行调查。问卷总共发出 3900 份，回收 3625 份，回收率为 92.95%，经过真实性和规范性的甄别，共录入有效问卷 2790 份，有效率为 76.97%。运用 Logistic 模型对该调查问卷数据库进行分析，得出失能老人长期护理保险制度参保意愿、财务需求的影响因素多，个体表现出影响因素多元化的特点。该调查数据分析结果充分说明，作为失能老人长期护理保险制度财务供给主体，政府要优于私人。

（3）制度认知法。运用需求层次理论和福利多元理论分析失能老人长期护理财务需求和财务供给在中国情境下特殊性，提出中国失能老人长期护理财务供给主体的"主导论"。运用经济学、管理学中一些基本理论对失能老人长期护理财务风险的特征、性质和风险形成的机理进行分析，提出失能老人长期护理财务风险具有社会风险的特征，以比较分析法得出保险是失能老人长期护理财务风险转移的首要选择，以制度分析的方法得出强制性公共长期护理保险制度是化解失能老人长期护理财务风险的最优选择。

（三）技术

本书为了从量上对失能老人长期护理财务需求和财务供给的均衡进行分析，采用了一些定量分析常用的保险精算法和统计分析法进行研究分析。

（1）保险精算法。保险精算法是指运用数学、统计、精算学等知识，对未来不可预测的社会风险进行量化估算，从而为化解所面临的社会风险提供决策建议和解决方案。

（2）统计分析法。本书基于社会调查资料运用描述性统计分析、SPSS 统计分析方法，分析失能老人长期护理财务需求和财务供给。

（3）均衡分析法。本书中所使用的均衡分析法，一种是宽泛意义上的制度均衡，即失能老人长期护理财务需求应该通过什么样的制度供给来满足。另一种是数量均衡。本研究主要将曼联方法与国际劳工组织（International Labour Office，ILO）、国际社会保障协会（International Social Security Association，ISSA）向全世界卫生保健领域推广的卫生筹资的建模思路（ILO 筹资模式）结合①，采用基金平衡法构建失能老人长期护理保险制度财务需求和财务供给精算模型，以此推算2015～2050 年中国长期护理保险财务均衡的费率和费率变动的长期趋势。即根据当年失能老人长期护理保险的潜在财务需求来预测当年长期护理保险基金需求量，通过财务供给制度设计来确定财务供给的主体、财务筹资模式和待遇确定，以此确定当年要实现的财务供需均衡的均衡点——均衡费率。

四 数据来源

为了使研究具有说服力，本书所采用的数据来源于四个方面。

（1）公开数据。公开的数据包括国家统计局公开发行的各年的统计年鉴和《中国人口和就业统计年鉴》，2000 年国家第五次人口普查

---

① ILO 筹资模式的核心就是遵循基金总体平衡原则，认为某一特定时期内社会健康保险计划的支出现值应该等于这一时期内健康保险计划的收入现值。因而影响社会健康保险保费最直接的因素主要是医疗费用损失或基金支出的频率和支出额，而医疗费用损失主要与特定损失额发生的概率、每年的平均损失等参数有关。

数据，2010 年国家第六次人口普查数据，联合国经济和社会事务部 *World Population Prospects：The 2012 Revision*。这些数据主要用于分析中国老年人状态，包括老年人口年龄结构、老年人总量和失能老人数量等。

（2）专项调研数据库数据。主要使用了 2011 年北京大学"中国老年健康影响因素跟踪调查"（CLHLS）的样本数据来测算中国老年人的失能率和不同年龄组失能老人失能等级分布。

（3）运用中国人口与发展研究中心研制开发的人口宏观管理与决策信息系统（PADIS）在考虑了一些相关变量后对中国未来分年龄、分城乡的人口数据进行预测的数据。

（4）调查问卷。主要使用了 2013 年 2 月由南京财经大学与重庆大学共同组成的"失能老人长期护理保险需求"课题调研组对全国 27 个省份的 2790 份调查问卷数据，运用 Logistic 模型分析法分析失能老人长期护理保险制度参保影响因素，说明自愿性私人长期护理保险存在"失灵"现象。

五 研究框架

（1）问题提出。通过访谈、调研等社会现实的认知和相关文献研读，提出中国失能老人长期护理财务供需失衡已经成为社会所面临的共同风险，个人或家庭承担失能老人长期护理财务风险的传统制度已经不能化解这个风险，需要建立中国失能老人长期护理财务风险化解机制。失能老人长期护理保险财务供给制度是失能老人长期护理的财务供给的主要制度选择，因而需要对失能老人长期护理保险的财务需求和财务供给进行规划，以实现财务供需均衡，并确定本书的视角和基点。

（2）理论基础。失能老人长期护理财务均衡研究的理论基础是需求层次理论、福利多元理论和风险理论。运用需求层次理论分析中国失能老人长期护理财务需求是社会的最低层次的需求，也是社会所面临的共同需求。运用福利多元理论分析失能老人长期护理财务供给的多主体承担体系，但需要建立一个核心主体，该体系要主体明确、责任清晰，以此来实现失能老人长期护理财务均衡目标。运用风险理论分析失能老人长期护理财务风险转移机制，提出公共长期护理保险制度是失能老人长期护理财务均衡的主要载体。

（3）现状分析。老龄化使中国老龄人口不断增加，老龄人口包括健康老人和失能老人两部分。对于健康老人，只要解决养老经费问题和提供较好的社会环境，他们通过自我、配偶照料，基本可以度过老龄阶段。而失能老人，除了需要养老经费，还需要解决长期护理经费。如果长期护理财务供给问题解决不了，中国失能老人的生存体面、生命尊严等价值底线必将受到挑战。目前中国没有建立失能老人长期护理财务供给制度，失能老人长期护理的财务供给主体主要是个人和家庭。

（4）均衡关系研究。收集中国老年人口、老年人失能率、失能老人数量、不同等级失能老人长期护理人均费用等相关数据，并在此基础上对相关数据进行技术分析，以此来预测中国 2015～2050 年失能老人长期护理财务需求的规模。在对私人护理保险、个人或家庭和政府财政财务供给规模和能力分析的基础上，提出中国失能老人公共长期护理保险制度财务均衡的制度设计。

（5）结论分析。对中国失能老人长期护理财务需求和财务供给相关研究结论进行总结，分析这些结论形成的原因，并探讨以政府公共长期护理保险制度为主导的多元主体财务供给体系下，财务均衡实现的可行性。

（6）管理策略。提出中国失能老人长期护理财务需求和财务供给均衡策略和均衡路径选择。本书的基本思路和基本框架如图 1-3。

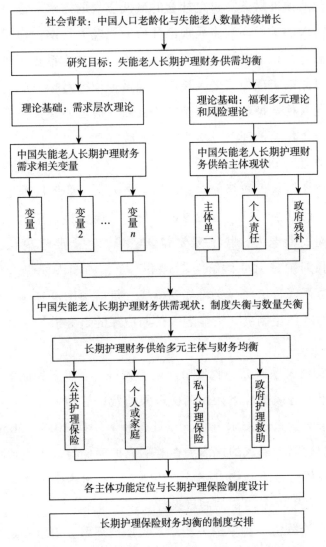

图1-3　中国失能老人长期护理财务均衡研究框架

第六节　章节安排

根据上述研究内容和研究框架，本书共分八章，各章研究内容具体安排如下。

第一章，绪论。为本研究的整体设计部分，主要介绍本书的现实背景和理论背景，明确选题的意义。在对相关概念界定的基础上，提出研究目标、研究内容、研究方法和分析框架。

第二章，文献评述。首先在对市场需求理论、马斯洛需求层次理论、个人或家庭责任理论、私人护理保险责任理论、税收制责任理论、公共护理保险责任理论和私人与公共混合责任理论进行阐述和分析的基础上，总结和分析失能老人长期护理财务需求和财务供给相关研究成果，为本书做出铺垫，提出本书的空间。

第三章，中国失能老人长期护理财务均衡的分析框架。主要介绍本研究财务均衡的分析工具、财务均衡的理论基础、长期护理保险制度财务均衡的机理，提出本研究主要采用多元主体分析法，即把公共长期护理保险制度置于多元主体之中进行分析，论证公共长期护理保险制度建立的必要性、紧迫性和可行性。运用财务供需数量均衡和制度供给均衡相结合的研究方法，对失能老人长期护理财务需求规模进行量化处理，对长期护理财务供给从制度供给和数量均衡两个维度进行研究，研究长期护理财务均衡的实现路径。

第四章，中国失能老人长期护理财务需求分析。在分析失能老人长期护理财务需求相关影响变量的基础上，对2015～2050年中国老年人失能率、失能老人规模、失能等级、各失能等级护理成本分城乡与分年龄组进行预测，以此预测2015～2050年中国失能老人长期护理财务需求规模和变动趋势。

第五章，中国失能老人长期护理财务供给分析。对中国现行失能老人长期护理财务供给制度进行分析，分析目前中国失能老人长期护理财务供给主体单一情况下仅依靠个人或家庭供给对维系失能老人长期护理的财务需求的影响。在对个人或家庭、私人长期护理保险和政府财政供给能力进行分析的基础上，提出单一主体不能满足失能老人长期护理财务需求。

第六章，实现失能老人长期护理财务均衡的制度选择。在对国外主要国家失能老人长期护理财务均衡述评的基础上，认为要借鉴国外一些国家成熟的经验，建立多元主体的长期护理财务供给体系。提出多元供给主体的架构，分析以政府公共长期护理保险制度为主导的供给体系的原因，并对失能老人公共长期护理保险财务供给制度进行了设计，分析其负担能力。通过各主体之间功能融合的制度设计，确立公共长期护理保险制度的地位，论证长期护理保险制度的必要性、紧迫性和可行性。

第七章，中国失能老人长期护理保险制度构建的路径与政策建议。提出推进公共长期护理保险制度、私人护理保险和政府护理救助制度建设的路径。建立多主体参与的政策引导机制，建立财政储备基金，建立长期护理服务输送机制和财务供给效果评价机制。

第八章，结论和展望。总结本书的研究，提炼结论和主要创新点，提出本书研究的不足和研究展望。

第二章　文献述评

由于平均余命延长、生育率降低所导致的人口老龄化，失能老人将持续增加，而家庭照顾的功能逐步弱化，失能老人长期护理财务需求风险已成为重大社会风险，需建立一个制度化的方式——失能老人长期护理财务供给多元主体体系，来化解长期护理的财务风险，因而需要对失能老人长期护理财务需求和财务供给进行规划设计，在适度满足失能老人长期护理财务需求的目标下，实现制度财务需求和财务供给的均衡。本章主要目的在于回顾和总结已有研究成果，分析已有研究成果的贡献和不足，在此基础上确定本研究的方向。首先，本章系统回顾和比较了需求理论和供给理论，作为本书的理论基础。其次，总结国内外学者对失能老人长期护理财务需求和财务供给的研究成果。最后，对已有的研究成果进行评述，指出本书的研究空间。

第一节　失能老人长期护理财务需求的相关理论

市场需求理论和马斯洛需求层次理论是与失能老人长期护理财务需求相关的主要理论。市场需求理论强调失能老人长期护理财务需求可以通过市场的资源配置来实现，私人即个人或家庭作为失能老人长期护理财务供给的主要主体来满足失能老人长期护理财务需求。马斯洛需求层次理论强调了人的需求具有一定的层次，生理需求是人的最低层次的需求，失能老人长期护理的需求随着人口老龄化而成为人的生理需求的一部分，成为一种社会共同需求。

一　市场需求理论

市场需求理论是从经济学意义上对需求的一种阐述。市场的需求总是与市场价格、人们的消费偏好、消费文化、产品的性质等因素相关，主要的影响变量通常是商品的价格。因而长期护理的财务需求是指在一定的长期护理价格水平下，消费者愿意而且能够购买的长期护理的数量，这个数量可以用长期护理需求方所支付的货币额来衡量。这个含义实际上是从市场化角度来阐述长期护理财务需求的内涵，即在某一价格水平下，失能老人愿意购买的长期护理的数量。但是，市场上长期护理的价格不是由需求方单独决定的，还要取决于市场长期护理的供给方，即市场供给量。经济学意义上的长期护理财务供给是指在一定的长期护理价格水平下，长期护理供给方愿意提供且有能力提供的长期护理的数量，这个供给数量也可以通过长期护理供给的货币额来衡量。因而市场条件下的长期护理财务需求和财务供给都是基于一定市场价格的需求和供给。当长期护理的消费者和供给者都愿意接受某一价格水平时，市场需求量和供给量相等，达到了长期护理财务需求和财务供给均衡的状态，这时的供需均衡的数量就是长期护理财务供需均衡，所形成的均衡价格才是市场价格。而这时所决定的长期护理价格才是失能老人到市场上能够购买到的某数量的长期护理服务所要支付的价格。

市场需求理论的核心就是按照市场价格购买长期护理服务。市场需求理论解释失能老人长期护理需求的实现有两个假设前提，一是每个失能老人都是用自己的收入按照市场价格购买市场所提供的长期护理，二是市场长期护理供给的数量和结构符合失能老人长期护理的需求。其实这两个假设并不一定存在。

市场需求理论在失能老人长期护理研究中，较多地运用在私人护理保险中，认为个人或家庭可以在市场上购买保险公司提供的私人保险来防范未来可能出现的老年人失能的长期护理财务需求的风险[①②]，把私人长期护理保险财务供给者作为满足失能老人长期护理财务需求的主要供给者。很多学者沿着这个思路进行了一系列的实证研究，对私人长期护理保险的定价水平进行预测。[③]

但是市场需求理论需要回答以下三个问题。一是长期护理的价格能不能被社会公众所能承受，长期护理的价格过高会不会导致一部分人放弃购买长期护理。特别是在私人保险领域，过高的私人护理保险价格可能会把很多投保人排除在被保险人之外，使一部分有长期护理财务需求的人得不到保险的赔付。[④] 二是私人长期护理保险会不会产生个人短视行为问题[⑤⑥]，私人长期护理保险市场失灵弊端怎么消除，会不会产生道德风险和逆向选择问题。[⑦⑧⑨] 三是没有能力购买长期护理的失能老人怎么维系其最基本的生活品质，这些失能老人长期护理的需求怎么得到满足。这些问题经常成为是由私人来提供还是由公共来提供长期护理制度的争论焦点。

二 马斯洛需求层次理论

1943 年美国心理学家亚伯拉罕·马斯洛在其论文《人类激励理论》中提出了需求层次理论。马斯洛将人类的需求像阶梯一样从低到

---

① 荆涛：《建立适合中国国情的长期护理保险制度模式》，《保险研究》2010 年第 4 期。

② 魏华林、何玉东：《中国长期护理保险市场潜力研究》，《保险研究》2012 年第 7 期。

③ 宋占军、朱铭来：《我国长期护理保险需求测算与发展战略》，2012 年保险与风险管理国际论坛会议论文，青岛，2012 年 7 月。

④ 王新军、郑超：《老年人健康与长期护理的实证分析》，《山东大学学报》（哲学社会科学版）2014 年第 3 期。

⑤ Mark V. Pauly, "The Rational Nonpurchase of Long-term Care Insurance", *Journal of Political Economy*, 1990, 98 (1): 153 – 168.

⑥ Peter Zweifel, Wolfram Struiwe, "Long-term Care Insurance in a Two Generation Model", *The Journal of Risk and Insurance* 1998, 65 (1): 13 – 32.

⑦ 国锋、孙林岩：《健康保险中道德风险影响研究》，《经济科学》2003 年第 6 期。

⑧ 郑秉文：《信息不对称与医疗保险》，《经济社会体制比较》2002 年第 6 期。

⑨ 〔英〕大卫·休谟：《人性论》，关文运译，商务印书馆，1980。

高分为五个层次，即生理需求（physiological needs）、安全需求（safety needs）、社交需求（love and belonging）、尊重需求（esteem needs）和自我实现需求（self-actualization needs）。马斯洛认为，人的需求有一个从低级向高级发展的过程，每个人在每个时期都有一种需求占主导地位，其他需求处于从属地位，其中，生理需求是人类生存最低层次的需要，主要包括食物、空气、水、呼吸、性欲和健康等，只有满足生理需求，人类才能让自己活下去。

基于马斯洛需求层次理论，最低层次的生理需求是人类最基本的需求。失能是一种非健康状态，这种非健康状态引致失能老人吃饭、穿衣、洗澡、上厕所、上下床、室内走动等日常基本生活自我照顾能力丧失，如果没有外界介入和提供护理服务，失能老人就可能丧失生存的机会，因为即使拥有食物、空气、水等基本生活物资，失能老人也会丧失消费这些物资的能力，因而失能老人长期护理的需求是失能老人维系生命所必需的需求，甚至有些学者把这种需求看成是社会面临的共同需求[1]，因为每个人年老后都面临失能风险。但是，学界对老年人失能护理的范围存在着争议，OECD 认为长期护理是对身心功能障碍的人口提供包括健康、个人与社会等服务[2]，长期护理范围就包含了工具性生活活动能力方面，例如洗衣、做饭、理财、户外活动等日常工具性生活活动能力（IADLs）功能障碍。马斯洛需求层次理论实际上回答了这个争论，即这种工具性生活活动能力功能障碍影响失能老人的生活，但并不影响失能老人的最低生活需要[3]，不一定必须纳入长期护理制度供给的范围。

基于马斯洛需求层次理论，每个失能老人个体特征有一定的差

---

① 郑文辉：《长照保险法制财务机制及财源筹措之评估》，台湾"行政院经济建设委员会"，2009，第7页。

② OECD, *Long-term Care for Older People*, OECD Publishing, 2005.

③ Coy, Jacquelyn S., Pau, J. Winn, "Long-term Care-A Vital Product in an Evolving Environment", *Journal of the American Society of CLU & ChFC*, 2007, 51 (5): 68.

别，长期护理的财务需求就有差别。每个老人在不同的时间情境下，最低生理需求的内容构成会有差异。失能持续的时间、失能程度、失能护理成本等会因不同的个体而发生差异，因而需要对失能老人长期护理财务需求既做静态分析，也做动态的长期预测分析，寻找失能老人长期护理财务需求的一般运行规律。[①]

对于失能老人长期护理财务需求的研究，马斯洛需求层次理论的最大贡献在于为政府介入失能老人长期护理财务需求的供给提供了理论上的依据，为建立一个完善且覆盖所有失能老人的长期护理制度奠定了理论基础。既然失能老人长期护理是老年人的最低生理需求，在老年人个人或家庭没有能力满足长期护理财务需求时，失能老人的生命受到威胁，社会会出现不稳定，需要政府介入并干预。

第二节　失能老人长期护理财务供给的相关理论

失能老人长期护理财务供给的核心是供给主体和供给主体的责任，而供给主体的选择是社会意识形态影响的结果。供给主体经常介于个人主义与国家主义之间，越靠近个人主义，个人或家庭的责任就越大，越靠近国家主义，国家的责任就越大。Cowen 的研究表明，早期影响英国长期护理的意识形态主要是自由主义、费边主义以及新右派，而现在主要是福利多元主义理论。[②]

Anttonen，Sipila 从福利多元化[③]视角对长期护理财务筹资方式进

---

① 海龙：《我国高龄老人长期护理需求测度及保障模式选择》，《西北人口》2014 年第 2 期。

② Cowen, H., *Community Care: Ideology and Social Policy*, London: Prentice Hall Europe, 1999: 27 – 28.

③ 福利多元化是在福利国家危机的大背景下产生的，福利多元理论针对现实中存在的"政府失灵""市场失灵"问题，提出福利供给的主体不应该仅仅是国家，而应该由国家、社区、家庭、非营利组织等多个主体共同承担并构成一个多元化福利供给的网络体系。福利多元化的实质是希望通过福利供给主体多元化而减轻福利国家的财政负担。

行了划分，把长期护理筹资与供给划分为 8 种模式：（1）家庭主义（Familialism），即家庭成员提供长期护理的财务支持，通常由家庭成年女性护理家庭失能老人；（2）志愿主义，即由慈善家将资金捐赠给志愿组织，志愿组织利用志愿者帮助有护理需求的人；（3）商业主义（Commercialism），即有经济能力的家庭为家庭失能老人向私人公司购买护理服务；（4）灰色市场，即富有家庭向私人付费以护理家庭有需求的失能老人；（5）社会保险，即个人或家庭向政府社会保险机构购买公共长期护理保险，一旦家庭成员失能则由社会保险机构承担失能老人长期护理的财务风险；（6）公共的边际主义（Public Marginalism），即政府利用国家财政资金雇佣护理人员为没有经济能力支付护理费用的失能老人提供护理服务；（7）普遍主义，即政府利用国家财政资金为所有需要提供护理服务的失能老人提供护理服务，不需要考虑被护理者的个人或家庭经济支付能力；（8）政府为护理付费，即政府利用国家财政资金为提供护理服务的家庭成员提供一定经济支持，以鼓励非正式护理者提供护理服务（见表 2 - 1）。[1]

表 2 - 1 长期护理的筹资与供给方式

护理筹资方法	最终的筹资者	筹资的形式	护理提供者	护理的给予者
家庭主义	家庭	工作	家庭	不付费的家庭
志愿主义	慈善家	捐赠	志愿组织	志愿者
商业主义	上层经济	全额付费	公司	雇员
灰色市场	中产阶级	直接付费	家务	付费的工人
社会保险	被保险人	保险费	有合同的组织	雇员
公共的边际主义	纳税人	税收	地方政府	雇员
普遍主义	纳税人	税收	地方政府	雇员
政府为护理付费	纳税人	税收	家庭	半付费的家庭

---

[1] Abrahamson, P., Boje, T. P. and Greve, B., *Welfare and Families in Europe*, Aldershot: Ashgate, 2005: 20.

　　在国家没有建立失能老人长期护理制度之前，失能老人长期护理主要是个人或家庭成员通过家庭人力或财力共同分担失能老人长期护理财务需要，即一种自我责任模式。自我责任型的长期护理模式建立在家庭人力富余或家庭购买护理服务财力充分的基础之上，对于单人户或家庭人口数量少、年龄结构不合理的家庭，且家庭无力向市场购买护理服务，失能老人护理需要就难以得到满足。20世纪70年代，一些发达的工业化国家，特别是法国、德国、荷兰、日本、意大利，相继进入老龄化社会，家庭人口结构老化、家庭的组成结构改变、子女数量减少、居住方式变化、家庭女性劳动参与率提高、平均预期寿命延长、长期护理费用增长等多种因素共同影响，导致传统的家庭无力自行承担日益高涨的长期护理费用，自我责任模式遭受沉重的财务压力，传统长期护理财务模式出现危机。正是在这种背景下，一些国家开始将国家干预制度化，建立风险分担、互助共济的长期护理财务风险的化解机制，以此来协助遭遇长期护理事故的个人和家庭，满足其财务方面的基本需要。依照国家、家庭与市场的长期护理责任的分担界限、风险分担程度、所得再分配程度的不同，长期护理财务供给主要有五种不同筹资责任主体可供选择，即个人或家庭、私人保险计划、社会保险计划、国家税收保障计划、公共和私人混合供给计划，形成以下五种理论。

一　个人或家庭责任理论

　　个人或家庭责任理论的基础是自由放任理论。该理论主要来自亚当·斯密，即认为"自由"要成为资本主义制度发展中的主要原则，强调自利选择原则，主张政府不作为，主张自由放任原则。在福利领域，这种理论认为不应该为民众提供国家层面的福利，因为这样会干涉市场经济的自由，福利的接受者会侵蚀劳动者的财富，认为市场是满足人们需要的最佳方式。但是政府的自由放任会导致社会公平的丧失，社会财富分配差距加大；社会冲突会导致社会福利最大化难以实现，引发一系列社会问题。

在有长期护理制度化体系之前，传统上家庭被视为长期护理责任者，即主要由家庭提供护理服务，或由个人或家庭负担因失能老人长期护理需求而衍生的财务支出。个人或家庭为主的筹资模式主要包括代际间护理、私人储蓄和房屋资产抵押等。

虽然由个人或家庭成员提供的无偿护理服务难以估算其成本费用，但仍然是有机会成本的，也是非制度化护理体系下长期护理的主要财务来源。个人或家庭护理、私人储蓄主要是通过家庭连带或投资工具将资源在个人生命周期进行转移[1]，但是资源无法在风险程度高低者之间、需要程度高低者之间合理转移，因而这种筹资模式缺乏风险共担的机制，在家庭人力缺乏和家庭财务不足时，大量失能老人因没有私人储蓄而得不到基本的护理服务。促使德国开展公共长期护理保险制度的原因之一就是个人或家庭私人储蓄极其有限，大量失能老人因没有私人储蓄而需依靠政府社会救助，增加了政府财政负担。

随着人口老龄化程度的提高、社会结构变迁、家庭人口结构的变化、女性劳动参与率提高而生育率下降，个人或家庭长期护理的功能越来越弱，长期护理的财务需求压力与个人或家庭的财务负担能力不匹配，单一地由个人或家庭承担长期护理的成本费用的模式已无法适应社会需要，迫切需要一种制度化体系来分担长期护理风险损失。

二　私人护理保险责任理论

保险的实质是风险集中和风险分散的一个过程。长期护理私人保险就是以商业性保险公司作为主体对长期失能老人所发生的护理费用

---

[1] Brown, Jeffrey R., Finkelstein, Amy, "Supply or Demand: Why is the Market for Long-term Care Insurance So Small?", NBER Working Paper No. 10782, http://www.nber.org/papers/w10782.

成本损失提供经济补偿的一种运营机制。

私人保险优于私人储蓄和家庭代际互助，其基本的理由是风险共担，即由所有长期护理保险参保者共担少数人因发生失能风险而产生的经济损失。长期护理私人保险的自愿购买比个人储蓄更有效率，因为保险可以把资源从护理需求低的人重新分配给护理需求高的人，同时私人护理保险也可以体现选择权、自主权和个人的尊严。

但私人长期护理保险并没有成为护理保险主流，其原因是受到供给面和需求面等多种因素影响。长期护理私人保险供给不足主要是由于行政成本高、信息不对称、逆向选择、道德风险和聚集风险。另外，长期护理需求的发生率与给付成本估算困难也给私人长期护理保险的供给带来了风险。[①] 由于风险认知程度低、偏好目前消费而忽视未来消费、偏好家庭护理、私人长期护理保单给付水平和给付范围有限、家庭购买私人护理保险经济能力等多方面影响，个人购买私人长期护理保险意愿偏低。从公平性看，私人长期护理保险需求的满足缺乏公平性，高额保费导致购买能力不足的人无力购买保险，违反了同等需要获得同等护理的公平原则，也是私人护理保险受到质疑的地方。

三　税收制责任理论

税收制责任理论也经常被称为国家责任理论，利用国家一般税收支出为长期护理需求者提供长期护理服务或补助。根据国家介入程度，长期护理税收制筹资模式可以分为两种类型。

一种是国家完全责任制筹资模式。这种筹资模式强调普惠性，无须对国民家计进行调查，人人享有平等的权利，就是以税收为财源，

---

① Brown, Jeffrey R., Finkelstein, Amy, "Supply or Demand: Why is the Market for Long-term Care Insurance So Small?", NBER Working Paper No. 10782, http://www.nber.org/papers/w10782.

由政府公共部门保障长期护理需求者的护理费用和人力，国家是税收筹资模式的责任主体，也是制度的运营者，供给与需求由国家垄断，其实质是所有的纳税人共同为少数失能老人负担护理服务成本费用。国家通过强力介入并以国家税收为财源来干预长期护理供需，解决长期护理资源提供与国民需求不均衡问题。2001～2002 年澳大利亚政府确定了老年长期家庭护理计划，长期护理的经费全部由政府筹措，政府、志愿团体和商业性机构共同提供服务。① 1993 年奥地利通过《联邦长期护理补贴法案》，规定长期护理补贴是失能者应有的权益，与被补贴者的收入、财产等无关联，资金来源于国家税收；丹麦失能老人的长期护理完全由国家财政提供资金；加拿大长期护理的费用由省或行政区政府财政负担。

还有一种是国家有限责任制筹资模式。国家有限责任制筹资模式可以通过两种方式来体现。一种方式是国家税收直接对有长期护理需求而无力负担长期护理费用的人或家庭提供财务补贴，它是建立在家庭收入调查基础上的残补型的筹资模式，也称为选择性护理筹资模式，即家庭经济承担能力有限，国家需要为陷入贫困的失能老人提供护理成本。而富人或者有经济能力的人则通过私人储蓄或购买私人保险来满足自身的需要。这种筹资模式一般是在既有的社会救助制度体系中，美国的医疗救助制度（medicaid）就是这种制度的典型代表。另一种方式是长期护理风险主要依靠市场机制来化解，而国家通过税收优惠或者财政补贴的方式降低私人长期护理保险的成本、价格，以鼓励个人或家庭购买私人长期护理保险，防范未来风险。国家有限责任制筹资模式中，国家介入程度是由家庭承担能力、风险规模和税收补贴政策决定的，大部分长期护理费用来源于个人或家庭、保险市

---

① Shaman, E., Healy, JLB, "Health System Review: Australian", Copenhagen: WHO Regional Office for Europe on Behalf of the European Observatory on Health Systems and Policies, 2006: 105 – 107.

场，而不是来自于税收。

四　公共护理保险责任理论

社会保险责任理论就是通过强制参保机制建立风险分担集合体，参保人因失能而发生的长期护理费用成本由社会保险费支付。公共长期护理保险是具有社会政策特征的保险制度，因而从财务安排角度，一方面具有保险互助互济、风险分担的财务机制安排，以筹集足够的资金，提供适当的保障，以化解长期护理财务风险；另一方面基于社会性，公共长期护理保险制度的目标强调满足失能老人长期护理基本需要，因而个人或家庭与国家、政府具有连带责任，各方共担机制使被保险人的财务负担小于私人长期护理保险制度下被保险人的财务负担。

公共长期护理保险具有强制性，强制性长期护理保险制度使任何人不能根据自身的风险预期选择是否参保。所有参保人风险发生的整体概率相对稳定，有利于制度根据过去的风险状况计算出整体所需的护理费用，并确定全体投保人的缴费率。公共长期护理保险制度消除了私人保险逆向选择的倾向，制度可持续性强。

国家完全责任制的税收筹资模式与社会保险制筹资模式最大的差异并不在于风险共担，以税收制融通长期护理资金的模式最符合风险共担的精神，它是全体纳税人共担少数失能风险人口的长期护理财务风险，所得再分配的效果更为显著。两者的差别在于，保险制强调事先投保才具有申请给付的资格条件，一旦风险发生，符合给付条件，被保险人即可以申请给付，而不需要证明其资产或所得匮乏程度，这是透过保险而产生的权利，而税收制主要基于权利。

社会保险制筹资模式财务稳定性、风险共担公平性越来越受到一些国家的重视，正因如此，德国、日本、韩国等一些国家的长期护理选择了公共长期护理保险制度。

五 私人与公共混合责任理论

自 20 世纪 50 年代福利国家产生以来，福利国家的理论就一直受到学者的批评，20 世纪 70 年代西方经济危机使福利国家危机重重，出现了以哈耶克、弗里德曼和熊彼特为代表的新右派，对福利国家提出了彻底的批评，形成了自由主义福利观，认为市场是满足人们需要的最佳方式，国家应该成为规则的制定者和监督者。与右派相同，以高夫、欧菲为代表的左派也反对福利国家制度，认为福利国家仅是资本主义合法化的工具，福利国家内部的资本主义矛盾是福利国家无法解决的。正是在这种左右学派的争论中，有关社会福利构建主体出现了多元化的趋势，即福利国家是由国家提供还是由市场提供好，思考国家和市场在福利供给中如何合作的问题。蒂特玛斯在 1968 年提出福利应当是社会的产物。① 罗宾逊在 1976 年提出福利的供给应该由社会而非国家承担②，开始探讨利用非国家的力量来弥补国家在福利供给中的不足。20 世纪 80 年代中期，罗斯、以瓦斯等学者开始探讨福利组合，提出应该依靠国家、市场和家庭三方组合来提供社会福利。1988 年以瓦斯提出著名的"福利三角"（Welfare Triangle）理论，即充分调动国家、市场和家庭各个福利主体的力量，形成福利的合力。③ 1999 年，约翰逊继承了罗斯和以瓦斯的思想，提出了福利四维度观点，即提供直接或间接福利的国家福利、提供职工福利或营利性福利

---

① Titmuss, R., "Welfare State and Welfare Society", *Nursing Mirror and Midwives Journal* 1968, 10: 25 – 29.

② Robson A., *Welfare State and Welfare Society: Illusion and Reality*, George Allen and Unwin, 1976: 1 – 2.

③ Rose, R., *Common Goals but Different Roles: The State's Contribution to the Welfare Mix*, Oxford: Oxford University Press, 1986: 1 – 20. Ever, A., *Shifts in Welfare Mix: Introducing a New Approach for the Study of Transformations in Welfare and Social Policy*, Vienna: Eurosocial, 1988: 23.

的市场福利、家庭和邻里提供的非正规福利、自助或互助组织提供的志愿组织福利，发展了福利供给多元理论。[①]

因而单一的个人或家庭制筹资模式、私人保险制筹资模式、税收制筹资模式和社会保险制筹资模式仅是理论分析的需要，各国在选择长期护理筹资制度时，除了考虑各国政治、经济、社会、文化以及社会保障制度因素以外，也会对不同筹资模式理念、权利义务安排与制度的利用行为加以考虑，因而一些国家选择了长期护理公共筹资与私人筹资相结合的混合制模式，以形成不同筹资模式优劣互补的效应。长期护理筹资可供选择的责任主体模式用图 2 - 1 表示。

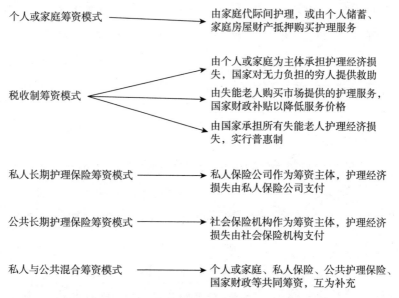

图 2 - 1　长期护理筹资可供选择的责任主体模式

（1）私人长期护理保险与社会救助相结合的混合筹资模式，强调市场的作用，但为穷人和可能因支付高额护理费用而陷入贫困的人提供最低安全保障制度。

---

① Johnson, N., *Mixed Economies of Welfare: A Comparative Perspective*, Prentice Hall Europe, 1999: 31 - 37.

（2）私人长期护理保险与国家税收补贴相结合，由公共部门提供税收补贴支持私人保险，以减少投保人的成本，增加人们对私人长期护理保险的需求，从而使私人长期护理保险更有效率。

（3）公共长期护理保险与私人保险相结合的筹资模式。国家提供公共长期护理保险满足基本护理财务需求，有条件或有更高需求的人还可以通过私人保险满足其不同的财务需求。

在私人保险、社会保险、国家税收筹资模式中个人或家庭并没有游离于制度之外，承担着一定的财务责任。各筹资主体共同筹资，互为补充，达到补偿失能老人长期护理财务风险损失的目标。

从上述分析可以看出，单一的筹资责任主体模式从制度对象、制度责任主体负担能力和制度实施效果等方面存在着一定的缺陷；公共和私人混合责任模式应该是失能老人长期护理财务供给主体的理性选择，它有助于主体之间功能互补，充分发挥各主体的优势。

第三节 失能老人长期护理财务需求的研究成果

随着人口老龄化的趋势不断加强，有必要关注老年人口生活自理能力的变化情况。在 20 世纪 60 年代国外学者就研究出日常生活活动能力量表（ADLs），通过对人的几项基本生活活动的自理程度来衡量老年人的生活自理能力，这些基本生活活动包括吃饭、穿衣、上厕所、上下床、洗澡和室内走动，任何一项活动有障碍都表明需要依赖别人的护理和照料，如果有一项到两项不能独立完成可定义为中度失能，三项及以上不能独立完成可定义为重度失能。

一 老年人失能程度严重

Kenney 的研究发现，被调查的 65 岁及以上美国老人中，近 85%

的老人至少患有一种慢性病，1/5 的老人需要提供洗澡、穿衣、吃饭等日常生活护理，1/5 的老人需要提供做饭、理财等工具性日常生活护理。[①] Zedlewski，McBride 运用实证方法论证，到 2030 年美国老年人的数量将会增加 25%，同时对长期护理的需求也将会增加 3 倍。[②] Rivlin，Winener 的研究发现，越来越多的美国人年龄不断超过 75 岁、85 岁，甚至 95 岁，老年人不仅要承担由于疾病而需要支付的住院费用和医生护理费用，还要承担由于慢性病导致的失能而需要在家或安养院接受长期护理的费用，因而他们认为美国人面临着怎样为失能老人的长期护理费用进行筹资补偿和用什么方式组织补偿的严重风险问题。[③] 美国国会预算办公室（Congressional Budget Office，CBO）预测结果表明，美国需要长期护理的老人数量将从 1996 年的 720 万人上升到 2020 年的 1000 万人。[④] Alan Madge 测算，2006 年美国失能老人长期护理费用大约为 1350 亿美元。发达国家已经较早进入人口老龄化，失能老人长期护理费用较高，一般占 GDP 的 1% 左右。[⑤]

Wittenberg，Comas-Herrera，King 等运用 PSSRU 模型（Personal Social Services Research Unit's Long-Term Care Financing Model）对英国长期护理服务需求规模进行了预测，发现从 2002 年到 2041 年，英国所有 IADL 存在困难或至少有一项 ADLs 存在困难的老年人数量将增

① Kenney, J. M., "Home Care", *Encyclopedia of Gerontology*, Academic Press, 1996: 667 – 678.

② Sheila Rafferty Zedlewski, Timothy D. McBride, "The Changing Profile of the Elderly: Effects on Future Long-term Care Needs and Financing", *The Milbank Quarterly*, 1992, 2: 247 – 275.

③ Rivlin, Alice M., Winener, Joshua M., "Who should Pay for Long-term Care for the Elderly"? *The Brookings Review*, 1998, 6 (3): 1.

④ Congressional Budget Office, "Financing Long-term Care for the Elderly", Washington D. C.: CBO, 2004.

⑤ Alan Madge, "Long Term Aged Care: Expenditure Trends and Projection", Canberra Productivity Commission, 2000: 53.

长 100%，而有一项及以上 ADLs 存在困难的老年人数量将增长 105%。[①]

中国学者黄匡时、陆杰华利用北京大学"中国老年健康影响因素跟踪调查"（CLHLS）数据[②]，运用 Sullivan 方法和多状态生命表法来编制中国老年人日常生活护理生命表，分析中国老年人日常生活护理的平均预期时间，为中国长期护理财务风险通过保险方式来化解奠定了技术基础。研究发现，中国 65～67 岁男性老人预期需要护理时间为 4.9 年，女性老人预期需要护理时间为 7.4 年，而 68～70 岁分别为 4.6 年和 7.0 年，71～73 岁分别为 4.4 年和 6.7 年，74～76 岁分别为 4.0 年和 6.2 年，77～79 岁分别为 3.6 年和 5.6 年，80～82 岁分别为 3.3 和 4.8 年，83～85 岁分别为 3.0 年和 4.3 年。他们认为随着人口老龄化，老年人需要护理的时间长，个人或家庭负担重，政府应该建立长期护理保险制度来化解失能老人长期护理的风险。2000 年 12 月"中国城乡老年人口状况一次性抽样调查"活动对全国 20 个省份的 20225 名 60 岁及以上老年人日常生活自理能力（包括老年人的吃饭、穿衣、上厕所、上下床、洗澡、室内走动）进行调查，调查结果表明城市和农村老年人中至少有一项生活自理能力丧失的比例分别为 5.2% 和 8.9%。[③] 2004 年国家统计局的全国人口抽样调查专门针对中国老年人的生活自理能力进行调查，共调查 152055 名 60 岁及以上老年人口的生活自理能力。杜鹏、武超运用该项抽样调查的数据对中国老年人口失能率进行了分析，得出 2004 年中国 60 岁及以上老年人口平均失能率为 8.9%，其中男性老人失能率为 7.7%，女性老人失

---

① Wittenberg, R., Comas-Herrera, A. and King, D. et al., "Future Demand for Long-term Care, 2002 to 2041: Projections of Demand for Long-Term Care for Older People in England", PSSRU Discussion Paper 2330, 2006: 1－32.

② 黄匡时、陆杰华：《中国老年人平均预期照料时间研究》，《中国人口科学》2014 年第 4 期。

③ 中国老龄科学研究中心：《中国城乡老年人口状况一次性抽样调查数据分析》，中国标准出版社，2003。

能率为 10.2%，全国失能老人总量已经超过 1200 万人；同时发现，中国老年人口平均失能率在 1994~2004 年呈现一个上升的态势，从 1994 年的 7.5% 逐步上升到 2004 年的 8.9%，认为这将加大中国未来老年人护理需求的总量和增加护理费用支出，对独生子女家庭形成沉重的护理压力，政府和社会应该对需要护理的失能老年人问题予以足够的重视，适时建立长期护理保险制度。[①] 2010 年全国老龄办、中国老龄科学研究中心在全国进行了城乡老年人状况调查，对全国 60 岁及以上老人日常生活自理能力进行了抽样调查，预测结果为 2010 年末全国城乡部分失能和完全失能老人总量为 3300 万人，占老年人口的 19.0%，其中完全失能老人 1080 万人，占老年人口的 6.23%，并预测到 2015 年部分失能和完全失能老人将达 4000 万人，占老年人口的 19.5%，其中完全失能老人 1240 万人，占老年人口的 6.05%。

老年人失能率的变化。顾大男、曾毅的研究表明，1992~2002 年这 10 年间，中国 65 岁以上老人失能率下降率为 1%，其中城镇老人失能率下降了 2.1 个百分点。[②] Crimmins 的研究发现，20 世纪 80~90 年代美国老人失能率每年下降 1~1.5 个百分点，90 年代中后期 70 岁以上失能率下降率为平均每年 1~2.5 个百分点。[③] Manton 的研究表明，到 2005 年，美国老年人失能率下降率保持在每年 2.2 个百分点左右。[④] 但是 Gruenberg，Ernest 的研究表明，老年人失能率并没有发

①　杜鹏、武超：《中国老年人的生活自理能力状况与变化》，《人口研究》2006 年第 1 期。

②　顾大男、曾毅：《1992~2002 年中国老年人生活自理能力变化研究》，《人口与经济》2006 年第 4 期。

③　Crimmins, E. M., Saito, Y. and Reynolds, S. L., "Further Evidence on Recent Trends in the Prevalence and Incidence of Disability among Older Americans from Two Sources: the LSOA and the NHIS", *The Journals of Gerontology*, *Series B*, *Psychological Sciences and Social Sciences*, 1997, 52 (2): 59 - 71.

④　Manton, K. G., Gu, X. and Lamb, V. L., "Change in Chronic Disability form 1982 to 2004/2005 as Measured by Long-term Changes in Function and Health in the U. S. Elderly Population", *Proceedings of the National Academy of Sciences*, 2006, 103 (48): 18374 - 18379.

生变化，而是处于一个相对均衡的状态。[①]

二 失能老人长期护理的财务需求规模

朱铭来、贾清显利用 2004 年国家统计局的全国人口抽样调查数据估算，在借鉴美国、德国、日本等国的失能老人长期护理方式不同使用状况基础数据的基础上，得出 2010 年中国 60 岁及以上失能老人长期护理总费用在不同工资增长率下，低估算为 905 亿元，高估算为 1508 亿元，而到 2050 年，中国失能老人长期护理总费用低估算为 8018 亿元，高估算为 13364 亿元。[②] 宋占军、朱铭来利用联合国经济和社会事务部人口司（United Nations, Department of Economic and Social Affairs, Population Division）发布的 *World Population Prospects*：*The 2012 Revision* 的中国人口数据预测，对中国 60 岁及以上失能老人长期护理需求进行研究，得出 2011 年中国需要长期护理服务的 60 岁及以上老年人总量为 3330 万人，其中部分失能老人为 2222 万人，完全失能老人为 1108 万人，长期护理费用为 3541 亿元；到 2015 年中国需要长期护理服务的老人为 3869 万人，其中部分失能老人为 2586 万人，完全失能老人为 1282 万人，长期护理费用为 4806 亿元；到 2050 年中国需要长期护理服务的老人为 10747 万人，其中部分失能老人为 6938 万人，完全失能老人为 3809 万人，长期护理费用为 38497 亿元。[③] 杜鹏、武超利用国家统计局 1994 年人口抽样调查数据分析，发现中国老年人晚年生活收入来源主要靠子女或亲属承担，老年人的护理费用

① Gruenberg, Ernest, "The Failure of Success", *The Milbank Memorial Quarterly*, 1977, 55：3 – 24.

② 朱铭来、贾清显：《我国老年长期护理需求测算及保障模式选择》，《中国卫生政策研究》2009 年第 7 期。

③ 宋占军、朱铭来：《我国长期护理保险需求测算与发展战略》，2012 年保险与风险管理国际论坛会议论文，青岛，2012 年 7 月。

主要靠子女承担[①]；顾大男、曾毅的研究也发现，中国失能老人长期护理的费用来源较单一，主要来自于个人或家庭，其中95%护理费用由个人或家庭承担，其他途径不到5%。[②]

三　失能老人长期护理财务需求的影响变量

长期护理财务需求的相关变量是影响财务平衡的重要因素。郑文辉、郑清霞等认为该变量包括社会经济变量（人口结构、失能率、家庭结构、女性劳动参与率、经济增长率）和制度变量（给付的资格、方式、内容与水平，给付上限），长期护理因为具有"满足基本照护需求""劳动力密集""照护需求高度集中于老年时期"等特点，费用支出的形式及金额相当程度上会受到社会经济因素的影响。社会经济因素主要包括人口结构、功能障碍盛行率（失能率）、家庭结构、女性劳动参与率和经济增长率等。根据人口结构和失能率可以计算出潜在的服务需要总人数和结构，而后者与家庭使用正式照护和非正式照护有关。研究表明女性劳动参与率与正式护理使用率正相关，即女性劳动参与率越高，则正式照护的使用会越高。[③]

Pickard 认为长期护理财务需求的影响变量主要是长期护理需要率、使用率和人均费用。[④] Wanless 的研究表明人口老龄化程度影响老年人失能率，是长期护理费用上升的主要影响变量。[⑤] 而郑文辉等在

---

①　杜鹏、武超：《中国老年人的主要经济来源分析》，《人口研究》1998 年第 4 期。

②　顾大男、曾毅：《1992～2002 年中国老年人生活自理能力变化研究》，《人口与经济》2006 年第 4 期。

③　郑文辉、郑清霞等：《我国未来长期照护费用之推估及相关因素之影响分析——2001～2046》，《长期照护财务规划》，台湾"国家卫生研究院"论坛，2004，第 111～154 页。

④　Pickard, L., Comas-Herrera, A., Costa-Font, J., Gori, C., Maio, A., Patzxot, C., et al., "Modelling an Entitlement to Long-term Care Services for Older People in Europe: Projections for Long-term Care Expenditures to 2050", *Journal of European Social Policy*, 2007, 17 (1): 33–48.

⑤　Wanless, D., "Securing Good Care for Older People: Taking a Long-term View", http://www.kingsfund.org.uk/publications/Securing-good-care-older-people.

对台湾长期照护费用进行推测过程中发现，假设台湾 ADLs 功能障碍盛行率 2011 年上升 5 个百分点，2016 年再上升 5 个百分点，2021 年以后不变，则台湾长期照护费用较基本模式增加 0.8% ~ 2.8%，失能率变动对长期照护费用影响不大。[①]

平均寿命延长的趋势，会不会导致老年人失能率上升？不少文献研究显示，老年人失能率有下降趋势或维持现状而看不出有上升的趋势。Jacobzone 等的研究发现，法国、比利时、中国台湾、意大利、荷兰、瑞士老年人失能率有下降趋势，而澳洲、加拿大、英国虽然没有实质性的下降，但也没有发现上升的趋势。[②]

Wittenberg 等人认为，未来长期护理费用绝对金额意义并不大，其重要的内涵在于相对于 GDP 的比重所反映的整个社会经济的负担。影响长期护理保险费用占 GDP 的比重的因素很多，如人口老龄化程度与服务的利用率，但就相对单位成本而言，关键在于护理的单位成本增长率与 GDP 增长率之间的关系，如果两者增长率相同，则长期护理成本费用的相对单位成本不变。[③]

第四节　失能老人长期护理财务供给的研究成果

一　失能老人长期护理财务供给的目标

对于失能老人长期护理财务供给的目标，不同学者有着不同的观点，学术界基本上有三种观点，即生活护理需要论、财务风险补偿

---

① 郑文辉、李美玲：《台中市居家服务成本分析及计价合理性之研究》，台中市政府委托研究项目，2005。

② Jacobzone, S., Cambois, E. and Robine, J., "Is the Health of Older Persons in OECD Countries Improving Fast Enough to Compensate for Population Ageing?", *OECD Economic Studies*, 2000, 30: 149 – 190.

③ Wittenberg, R., Sandhu, B. and Knapp, M., "Funding Long-term Care: the Private and Public Options", in Mossialos, E., Figueras, J. and Dixon, A. (eds), *Funding Health Care: Options in Europe*, Buckingham: Open University Press, 2002: 226 – 248.

论、雇主雇员双赢论，从不同层面对长期护理财务供给的目标进行了界定。

（一） 生活护理需要论

Rivlin，Winener 认为人口老龄化导致老年人生活需求呈现多元化态势，老年人不仅需要医生来治疗疾病，还需要长期护理来解决因失能所产生的生活不能自理的问题；需要通过长期护理财务供给，来满足老年人基本生活护理和疾病护理的需要。[①] 中国台湾学者林志鸿则从更高的层面对失能老人长期护理财务供给的目标进行了界定，认为长期护理财务供给不仅仅能够满足失能老人生活护理和疾病护理的需要，还可以维持和改善失能者的身体机能，提升失能者独立自主的正常生活能力。[②] 陈晶莹认为长期护理财务供给的目标是对失能者或失智者提供不同程度的照顾措施，保持其自主独立的生活，从而保障失能者享有生活质量。[③] 林志鸿、陈晶莹等学者对长期护理财务供给目标的认识已经从基本生活需要层面上升到促进失能者正常生活能力的提升和身体机能康复等更高的层面。

（二） 财务风险补偿论

美国健康保险学会（HIAA）对长期护理保险的定义为"长期护理保险是为消费者设计的，对其在发生长期护理保险时发生的潜在的巨额护理费用支出提供保障"。提出长期护理保险的目标是消除被保险人长期护理的财务损失的风险。[④] Jones 介绍了美国人寿管理协会（Life Office Management Association，Inc.，LOMA）对长期护理保险的

---

① Rivlin，Alice M.，Winener，Joshua M.，"Who should Pay for Long-term Care for the Elderly?"，*The Brookings Review*，1998，6（3）：1.

② 林志鸿：《德国长期照护保险照护需求性概念及其制度意涵》，《小区发展季刊》2000 年第 92 期。

③ 陈晶莹：《老年人之长期照护》，《台湾医学会杂志》2003 年第 3 期。

④ Health Insurance Association of America，*Long-term Care：Knowing the Risk，Paying the Price*，1997：49.

定义，认为长期护理保险是对那些由于严重疾病和意外需要在家（care at home）或者护理机构（nursing facility）接受护理服务所花费的医疗及服务费用的一种补偿机制的保险种类。[1] 通过该定义可以看出，美国人寿管理协会也把长期护理保险的目标也界定为长期护理财务风险损失的补偿。Schnepper 也从财务风险化解机制的视角对失能老人长期护理保险制度财务供给的目标进行了界定，认为长期护理保险能够提供相应的资金，避免家庭陷入财务危机。[2] 徐为山、刘沫嘉认为长期护理是为老年人因慢性病、失能等提供长时间的康复等支持性服务，其与医疗护理的最大区别在于，长期护理是以辅助的方式维持老年人的正常生活，而不仅仅是提供医疗服务；长期护理保险是对投保人因家庭护理或机构护理而发生的费用的一种财务费用的补偿。[3] 荆涛认为长期护理保险是对投保人因为年老、意外或者疾病而身体或者精神受损，以至于日常生活不能自理，需要在家中或者进入安养院等护理机构接受长期的康复护理所需的各种费用进行补偿的一种制度。[4]

（三）雇主雇员双赢论

Gordon 从雇主和雇员角度来分析长期护理保险制度目标，认为这个险种能够使雇主和雇员同时收益，因为通过保险费国家税收的优惠，雇主可以以较低的成本吸引和留住员工，增加员工待遇的市场竞争力；而雇员通过长期护理保险能够在他们需要失能长期护理时得到保险机构提供的护理费用损失的补偿，即保险金，从而保全自己的资

---

[1] Jones, Harriett E., Dani, L. Long, *Principles of Insurance: Life, Health and Annuities*, Life Office Management Association, 1997: 346.

[2] Schnepper, Jeff A., "Can You Afford Long-term Care?", *USA Today Magazine*, 2001, 130 (2678): 25.

[3] 徐为山、刘沫嘉：《长期护理保险介绍及开发建议》，《中国保险管理干部学院学报》2000 年第 5 期。

[4] 荆涛：《长期护理保险研究》，对外经济贸易大学博士学位论文，2005。

产，避免高额的护理费用所带来的个人或家庭财务危机。[①]

二　失能老人长期护理财务供给的主体

（一）　公共长期护理保险财务供给

Walack 认为长期护理风险发生率低，不具有恢复性，通常持续到生命终点并且护理费用高，适合用保险的方式来应对风险。[②] Schulte 认为可以通过长期护理社会保险模式由被保险人事先缴纳保险费，在发生长期护理风险时由社会保险支付护理津贴。[③] 王杰、戴卫东认为应该在中国城市建立居家长期护理保险，而在农村建立以政府为主体的老年护理救助体制。[④] 黎建飞、侯海军认为近期中国失能老人长期护理财务风险化解机制可以建立为以社会保险为主，私人保险为辅的模式，一方面国家通过立法对护理保险的类型、模式及其运营做出原则性规定，强制社会成员参加统一的公共长期护理保险制度；另一方面，政府应该鼓励一些经济发达地区和收入水平较高的人群参加私人长期护理保险，以提高失能老人长期护理风险弥补能力，减少风险损失。[⑤]

（二）　私人长期护理保险财务供给

余涛认为在我国目前经济发展水平等条件下，私人长期护理保险公司经营模式是长期护理保险发展的趋势，但是还不能一步到位，需要经过三个阶段来实施私人长期护理保险。第一阶段是把长期护理保

[①] Gordon, Murray, "A Guide to Understanding Long-term Care Insurance", *Employee Benefits Journal*, 2001, 26（3）: 2.

[②] Walack, S., "Recent Trends in Financing Long-Term Care", *Health Care Financing Review Annual Supplement*, 1988: 97-102.

[③] Schulte, B., "Social Long-term Care Insurance in Germany", in Eisen, R. A. and Sloan, F. A. （eds）, *Long-term Care: Economic Issues and Policy Solutions*, Kluwer Academic Publishers, 1996.

[④] 王杰、戴卫东：《长期护理保险在中国的选择》，《市场与人口分析》2007 年第 4 期。

[⑤] 黎建飞、侯海军：《构建我国老年护理保险制度研究》，《保险研究》2009 年第 11 期。

险作为健康险的附加险推出；第二阶段是设计、推行兼顾重大疾病和长期护理的健康险产品或者家庭综合保险；第三阶段是在第一阶段和第二阶段实施成功后，推行实际意义上的私人长期护理保险。[①] 蒋虹提出由私人长期护理保险向社会保险过渡的方案，优先发展私人长期护理保险，在条件成熟时再将私人长期护理保险纳入社会保险的范畴。[②] 荆涛认为发展我国长期护理保险应该采取三个步骤，即从发展私人护理保险开始，到私人护理保险与公共护理保险结合，当条件成熟时实施强制性公共护理保险。[③]

（三） 福利多元化长期护理财务供给

针对失能老人长期护理财务风险化解机制，Anttonen，Sipila 从福利多元化视角对长期护理财务化解机制进行了全面的、系统的划分，把长期护理财务风险化解机制划分为八种方式：家庭主义、志愿主义、商业主义、灰色市场、社会保险、公共的边际主义、普遍主义和政府为护理付费。[④]

根据提供护理主体的不同，一般将老年人长期护理分为正式护理和非正式护理。OECD 认为非正式护理一般由配偶、子女或其他家庭成员提供，这些护理一般无须支付报酬，正式护理是由持证或无证的家庭以外的人员在正式护理体系下提供的有报酬的服务。[⑤] Denton 早期的研究认为两者是替代的关系[⑥]，但是包括 Sloan 在内的越来越多的学者提出两者之间是相互补充的关系，认为虽然在刚获得正式护理时

---

① 余涛：《我国开展长期护理保险的研究》，西南财经大学硕士学位论文，2005。
② 蒋虹：《论发展我国长期护理保险》，《保险研究》2006 年第 10 期。
③ 荆涛：《长期护理保险研究》，对外经济贸易大学博士学位论文，2005。
④ Abrahamson, P., Boje, T. P., Greve, B., *Welfare and Families in Europe*, Aldershot: Ashgate, 2005: 20.
⑤ OECD, *Caring for Frail Elderly People: Policies in Evolution*, Paris: OECD, 1996: 261 – 278.
⑥ Denton, M., "The Linkages between Informal and Formal Care of the Elderly", *Canadian Journal of Aging*, 1997, 16 (1): 17 – 37.

非正式护理的提供会减少，但过一段时间这种减少就会停止。综上所述可以看出，福利多元主义的福利供给主体之间是相互影响且功能互补的。

European Commission 认为长期护理需要已经被视为重大社会风险，有必要纳入社会保障体系中。[①] 但是，是采用政府财政补缺型救助模式、普遍福利模式化解长期护理风险，还是采用保险方式来化解长期护理风险，一直是理论界所争论的焦点。从国内外的理论和实践来看，以保险方式来化解失能老人长期护理财务风险成为理论的主流和政府实践的主流。而究竟是采用私人长期护理保险制度还是采用公共长期护理保险制度化解失能老人长期护理财务风险，理论界有不同看法。

第五节　失能老人长期护理保险制度财务均衡的研究成果

一　失能老人长期护理保险财务筹资主体

长期护理保险制度财务供给的筹资主体的争论焦点主要是由私人提供还是由政府公共提供。根据实施主体的不同，人们将长期护理保险制度分为两大类：一类是以商业公司为经营主体的私人长期护理保险，以美国为代表；另一类是以政府为管理主体的具有强制性的公共长期护理保险，以德国、日本为代表。针对两种长期护理模式，中外学者从不同视角进行了研究，取得了很多研究成果。

---

① European Commission, "Joint Report by the Commission and the Council on Supporting National Strategies for the Future of Health Care and Care for the Elderly", Brussels: Council of the European Union, 2003.

（一） 政府供给主体论

Zweifel，Struiwe 通过建立两代模型分析在发达国家私人长期护理保险难以取得成功的原因，认为父母购买长期护理保险会导致长期护理供给的减少，即降低子女在劳动力市场的工资收入水平，由于存在道德风险，父母会放弃购买长期护理保险。[①] Meier 通过工作模型和退休模型分析了在自愿性私人长期护理保险市场上，人们为什么推迟到退休才购买长期护理保险，认为这是由于被保险人的身体健康的不确定性，而保险费具有确定性，因此，在年轻时，特别是在退休前，人们往往对自己的身体健康状况非常自信，会推迟购买护理保险以避免保险费的损失；另外，护理保险是以生命存在作为给付前提条件，因而投保人推迟购买长期护理保险也可以避免因早逝而带来的损失。[②] Barr 则在分析长期护理保险供需双方的诸多因素的基础上，得出私人长期护理保险因受到道德风险、逆向选择等因素影响而无法顺利发展的结论，因而主张由政府提供公共的长期护理保险制度。[③] Finkelstein，Mcgarry 认为根据不断重新分等级的风险来提供私人保险有很多困难，根源在于风险程度实际上是由购买保险的个体所估计的，当个体估计其风险概率、风险损失低于社会平均水平时，被保险人就有退出最初保险合同的动机，这种退保行为使个体在动态中不断根据供需双方信息来调整和选择，从而造成私人长期护理保险的 "市场失灵"。[④] Brown，Finkelstein 在对美国私人长期护理的研究中发现，美

---

① Peter Zweifel，Wolfram Struiwe， "Long-term Care Insurance in a Two-generation Model"，*The Journal of Risk and Insurance*，1998，65（1）：13 – 32.

② Meier，V.， "Why the Young do not Buy Long-term Care Insurance"，*Journal of Risk and Uncertainty*，1999，8：83 – 98.

③ Barr，N.， "Long-term Care：A Suitable Case for Social Insurance"，*Social Policy & Administration*，2010，44（4）：359 – 374.

④ Amy Finkelstein，Kathleen Mcgarry， "Dynamic Inefficiencies in Insurance Markets：Evidence form Long-term Care Insurance"，*The American Economic Review*，2005：224 – 228.

国老年人长期护理费用的 60% 是由医疗补助计划承担的，低收入群体所享受的医疗补助计划对私人长期护理保险产生了明显的"挤出效应"，也导致低收入群体长期护理费用长期依赖医疗补助计划。[①] Campbell，Ikegami 的研究显示，美国政府在长期护理上的开支额超过了德国，仅比日本少一点，但美国的制度受益面却远低于德国和日本，据此认为美国目前的商业性长期护理保险体系是无效率的。相反，Finkelstein 认为德国公共长期护理保险制度模式最大的贡献在于解除了对公共长期护理保险不堪重负的担忧，因为政府通过强制能扩大保险的覆盖面，从而通过集合体来有效地分散风险，降低投保人参保费率。[②] 戴卫东在对私人护理保险"全无忧长护险"保险险种的环境进行分析的基础上，认为阻碍私人长期护理保险发展的因素除了传统伦理观念束缚、中等收入者可支配收入低以及医疗保健的"挤占"效应等之外，私人长期护理保险的商业性质也使其不可能覆盖全体城乡居民，主张借鉴国外"护理保险随从医疗保险"模式，建立中国的失能老人公共长期护理保险制度。[③]

国内外一些学者试图从更深层次对长期护理保险制度的社会环境、文化环境和传统观念等进行分析，来发现不同国家选择私人长期护理模式或公共长期护理保险模式的深层次原因。Levande 从价值观的角度对美、韩两国的长期护理制度的差异进行比较分析，发现两个国家的家庭价值观不同导致了政府的长期护理计划、目的的不同。美国的家庭价值观鼓励进行机构护理，弱化了家庭的责任。[④] Aber 认为德

① Jeffrey R. Brown, Amy Finkelstein, "The Interaction of Public and Private Insurance: Medicaid and the Long-term Care Insurance Market", December 2004, http://www.nber.org/papers/w10989.

② John Greighton Campbell, "Naoki Ikegami, Lessons from Public Long-term Care Insurance in Germany and Japan", *Health Affairs*, 2010, 29（1）: 128–167.

③ 戴卫东:《中国长期护理保险制度构建研究》，人民出版社，2012，第173~174页。

④ Levande, D. I., "Elder Care in the United States and South Koreas Balancing Family and Community Support", *Journal of Family Issues*, 2000: 632–651.

国"社会市场经济"价值观推动了强制性长期护理保险制度的实施。[①]

而中国除了有"孝"文化，还有社会连带理念。社会连带理念也是中华民族的优秀传统文化之一。社会连带是指个体之间、个体与群体之间、群体与群体之间相互渗透、相互依存的状态。我国学者陈劲松根据社会连带产生的原因不同，将社会连带分为神性连带、伦理连带和契约连带。[②] 这种连带思想对我国社会保障模式的选择的影响首先体现在对其法理所产生的渗透作用上。董溯战认为社会连带理念使人们具有选择社会长期护理保险的倾向，社会连带理念也成为我国偏爱社会长期护理保险模式的原因之一。[③]

（二） 市场供给主体论

当然，也有一些学者主张建立中国私人长期护理保险制度。余涛在对长期护理保险的外部环境、产品风险、公众素质等分析的基础上，认为我国适合采取私人长期护理保险模式。[④] 而荆涛认为我国长期护理保险的发展需要经历三个步骤，即从发展私人护理保险开始，到私人护理保险与公共护理保险结合，当条件成熟时实施强制性的公共护理保险。[⑤] 理论研究层面认为应该由市场提供长期护理保险，而且美国的长期护理保险就是市场化提供的结果。

二 失能老人长期护理保险财务供给的筹资模式

长期护理保险制度财务供给的筹资模式主要有积累制和现收现付制。

积累制的精神在于被保险人的自我责任和事前收入的储备，通过

---

① Aber, J., "The Debate about Long-term Care in Germany", in Patrick Hennessy, *Caring for Frail Elderly People: Policies in Evolution*, Paris: OECD, 1996: 261–278.
② 陈劲松:《传统中国社会的社会关联形式及其功能》,《中国人民大学学报》1999年第3期。
③ 董溯战:《论作为社会保障法基础的社会连带》,《现代法学》2007年第1期。
④ 余涛:《我国开展长期护理保险的研究》,西南财经大学硕士学位论文,2005。
⑤ 荆涛:《长期护理保险研究》,对外经济贸易大学博士学位论文,2005。

事前储备一定的资金来应对老年时失能长期护理的财务损失。而获得失能护理津贴待遇的资格条件是事前缴费且达到缴费的规定年限。积累制有个人储蓄积累（individual savings accounts）和团体储蓄积累（group savings accounts）两种方式。Feldstein 认为个人储蓄积累是个人通过个人账户形式来积累资金，应对未来财务风险，其实质是个人收入在其生命周期内的平滑的分配，但是由于长期护理发生率低，风险发生时的损失时间长且费用大，因而采取个人储蓄积累不利于风险在不同个体之间的合理分担，资金使用效率低。他认为要发挥高低风险者之间的风险分担效应，应该采取团体储蓄方式。[1] 但是，无论是采用个人储蓄积累形式还是采用团体储蓄积累形式，Holdenrieder 认为这种需要事先储蓄积累的制度无法立即对现有失能老人长期护理费用损失进行补偿，而现在已经失能的老人的长期护理服务所需费用要么是由个人或家庭承担，要么就需要通过税收融通。这对当代在职人口是一个双重负担，既要负担已经失能的老人的护理费用，也要为自己规避将来的失能风险储备基金。另外，由于平均余命、长期护理成本等因素变动，积累制费率存在预估的困难。他认为就效率而言，积累制不见得比现收现付制优越，但就公平性而言，现收现付制优于积累制，因而主张实行现收现付制。[2] Rothgang，Arnold 认为积累制以自我负责为前提，理论上可以不受人口年龄结构、少子化的影响，但是人口结构、少子化会对经济整体状况会产生负面影响，也就不可避免地危及积累制的运营。[3]

---

[1] Feldstein, Martin, "Prefunding Medicare", *American Economic Review*, 1999, 89（2）: 222 - 227.

[2] Holdenrieder, J., "Equity and Efficiency in Funding Long-term Care from an EU Perspective", *Public Health*, 2006, 14: 139 - 147.

[3] Heinz Rothgang, Robert Arnold, "Financing Long-term Care Insurance Reconciling a Pay - AS - You - GO System with a Partly Funded System", paper presented at the 7th ESP Anet Conference 2009.

Heinick，Thomsen 认为现收现付制无须事先积累资金，已经失能的老人可以立即享有长期护理保险财务支付，制度可以立刻实施，具有政治上的优势，且没有基金管理运营的成本，没有积累制存在的通货膨胀和基金财务收支短期不平衡的危险，但由于人口结构的变化，护理支出增加，而收入减少，护理保险会出现财务危机。[1]

Sinn 认为婴儿潮世代因子女数减少而降低了这些人的抚育成本，所以应该预先积累提存医疗与长期护理的费用。[2] Rothgang，Arnold 认为现收现付制筹资模式存在着资源配置不合理、代内不公平、代际也不公平等问题，因而建议在现收现付制的基础上，辅以部分积累制度。[3] Fukui，Iwamoto（2006）在对日本医疗和长期介护费用进行推算时，发现如果采用现收现付制筹资模式，费率呈现不断上升的趋势，并且速度快，因而建议改现收现付制为事先储蓄积累制来应对这个风险。[4]

郑清霞、郑文辉认为两种筹资模式都可以使用，现收现付制源于代际互助，积累制源于自我责任与事先储备。在对台湾人口老龄化分析的基础上，发现台湾长期护理也有费率急剧上升的忧患，故建议采取部分积累预先储蓄制度，认为这是应对人口老龄化切实可行的财务处理方式。[5]

---

[1] Heinick，K.，Thomsen，L. S.，"The Social Long-term Care Insurance in Germany：Origin，Situation，Threats and Perspective"，Discussion Paper No. 10 – 12，Center of Economic Research，22 February，2010.

[2] Sinn，H. W.，"Why a Funded Pension System is Useful and Why it is not Useful?" NBER Working Papers No. 7592，2000.

[3] Heinz Rothgang，Robert Arnold，"Financing Long-term Care Insurance Reconciling a Pay – AS – You – GO System with a Partly Funded System"，paper represented at the 7th ESP Anet Conference 2009.

[4] Fukui，Tadashi，Iwamoto，Yasushi，"Policy Options for Financing the Future Health and Long-term Care Costs in Japan"，in Takatoshi Ito and Andrew Rose（eds），*Fiscal Policy and Management in East Asia*，Chicago：University of Chicago Press，2006.

[5] 郑清霞、郑文辉：《我国长期照顾制度的费用估算与财务处理之探讨》，《台大社会工作学刊》2007 年第 15 期。

三 失能老人长期护理保险制度财务均衡的费率厘定

（一） 长期护理保险费用估算模型

长期护理保险费用估算模型多应用于社会保险，分为个体仿真模型（micro-simulation models）及总体仿真模型（macro-simulation models）。个体仿真模型即以个人单位为数据源，来做整体制度运作结果的估算基础，总体仿真模型则运用经过分类加总的总体资料。个体仿真模型的优点在于避免加总所产生的偏误，但数据的取得相对耗力。总体仿真模型虽降低了资料取得的成本，但数据平均、加总易产生误差，且较难观察个别个体与制度间的互动关系。

Pickard 等人提出以总体仿真模型为主的费用估算模型，主要包括未来失能老人的人数、护理服务供给的预设、服务所需的费用估算三个部分内容。第一个部分除涉及人口结构之外，主要包括长期护理需要率，认为照顾需要者是制度的定义，不是绝对的定义，但通常包括 ADLs、IADLs、认知功能障碍。第二个部分是指未来失能人口针对各类服务的需要率与使用率，包括非正式照顾、社区的正式照顾、机构照顾等。第三个部分则正式进入费用估算。[①] 因而长期护理费用估算模型结构主要为：总费用 = 使用人数 × 人均费用。

（二） 长期护理保险定价模型

一些经济发达国家由于较早进入老龄化社会，因而针对失能老人的长期护理保险发展较成熟，对长期护理保险定价方法的研究比较深入且有大量的运用案例。长期护理保险定价方法通常采用曼联方法、减量表模型和多状态马尔科夫（Markov）模型三种方法。

---

① Pickard, L., Comas-Herrera, A., Costa-Font, J., Gori, C., Maio, A., Patzxot, C., et al., "Modelling an Entitlement to Long-term Care Services for Older People in Europe: Projections for Long-term Care Expenditures to 2050", *Journal of European Social Policy*, 2007, 17 (1): 33 – 48.

曼联方法最早应用于英国和德国。英国主要将其用于失能保险定价，德国主要将其用于计算附加长期护理责任的健康保险费率。曼联方法是通过大样本抽样调查得到失能者的年平均护理时间，以此推算失能者护理所需要的费用，作为长期护理保险定价的依据。这种方法计算简单，比较常用。在实际应用中，曼联方法计算保费存在的一个很大问题就是过于简单，也无法进行长期预测。长期护理保险的费用发放是依据失能等级划分的，曼联方法基于全体人口制定护理率表格，没有考虑到护理服务等级，由此计算出来的保费可能会由于护理服务人群分布不均匀而不准确。即使加入护理服务等级，曼联方法也没有考虑失能者失能转移的概率，因为被保险人在护理过程中发生失能状态转移就会改变需要提供护理服务的时间，改变长期护理保险的支付待遇。

与曼联方法相比，减量表模型将护理服务等级运用到模型之中，并假设随着时间推移，不同护理等级的人群存在相互转移概率。Haberman 介绍了如何测算不同健康状况的转移概率。与传统的寿险业务的生命表类似，减量表模型直观地反映了各状态人数的变化趋势，在此基础上做合理的假设即可以预估长期护理保险的费率。[①] 但是，减量表模型没有明确列出各状态之间人数变化量的组成，比如从护理状态转移到健康状态的人群中，在起始年龄时处于健康状态的人群比例以及处于护理状态的人群比例。

多状态马尔科夫模型是近期研究较多的一种方法，由于运用马尔科夫链过程而得名，与曼联方法不同，该方法是在研究确定转移概率的基础上计算长期护理保险费和保险准备金。这种方法在理论上比较先进，国外的研究成果也比较多。但是，首先，多状态马尔科夫模型

---

① Steven Haberman, "Decrement Tables and the Measurement of Morbidity", *Journal of the Institute of Actuaries*, 1983, 110: 361 – 381.

的运用需要一定的条件，必须要有大量的长期护理统计数据库，而目前中国还没有这方面相关数据的收集；其次，多状态马尔科夫模型计算比较复杂，要运用到矩阵相乘、迭代运算，不易实现。因而在中国运用多状态马尔科夫模型来确定长期护理保险定价较困难，缺乏研究的基础。

国内学者也尝试运用上述方法研究中国国内失能老人长期护理保险定价。何林广在对曼联方法、减量表模型和多状态马尔科夫模型三种方法进行解释和比较的基础上，运用实例对这三种方法的精确度和实际应用性做了比较和分析。并且尝试用美国 NLTCS 健康数据进行长期护理保险定价。[①] 与传统的方法不同，陈垦尝试运用基金平衡法测算长期护理保险费率，运用寿险精算技术建立了纵向平衡费率测算模型，依据选取的参数设计了八种测算保险费率的方案，测算参保人在不同年龄参保时的缴费水平。[②] 赵亚男运用横向平衡费率测算模型，在测算出参保人员在不同年龄参保的护理费用精算现值的基础上，通过纵向平衡模型，运用精算现值等值法计算雇主和个人的缴费费率。[③]

第六节　国内外研究的评价

国内外关于失能老人长期护理财务供需均衡的研究有大量值得借鉴的经验。

（1）国外学者的需求层次理论和福利供给多元理论为失能老人长期护理财务均衡提供了理论上的支撑。马斯洛需求层次理论表明，人的最低生理需求是人生存的基础，也是每个人的共同需求。没有长期护理，失能老人将失去生存的机会和生存的权利，长期护理是维系失

---

① 何林广：《长期护理保险定价研究》，西南财经大学硕士学位论文，2007。
② 陈垦：《长期护理保险费率研究》，浙江大学硕士学位论文，2010。
③ 赵亚男：《护理保险制度的财务可行性研究》，浙江大学硕士学位论文，2012。

能老人获得食物、水、呼吸、健康等最低生理需求的外在手段；没有长期护理，失能老人即使拥有食物、水、空气等，也无法使用这些满足生理需求的物质。因而随着社会的发展，随着人口老龄化，失能老人长期护理需求也已经成为社会共同的需求，失能老人长期护理需求已经成为老年人的最低生理需求。既然是社会所面临的共同需求，马斯洛作为需求层次理论的创始人，从心理学角度解释了这个现象，但没有提出如何实现人的最低生理需求，如果个人自身无法解决这一问题，政府是不是应该介入，因而为失能老人长期护理财务均衡的研究留下了空间。福利多元理论提出了福利国家不仅仅是国家责任，无论是福利供给主体的"二分法"、"三分法"，还是"四分法"，都表明福利供给主体可以多元，传统的责任主体从单一到多元，发展了福利供给理论。福利多元理论提倡福利供给主体多元，但是各主体之间的责任、边界是什么，各主体之间的层次关系并没有清晰地划分，因而为失能老人长期护理财务供给的研究提供了空间。

（2）失能老人长期护理财务风险的长期性、危险性和化解风险的必要性已经被中外学者所关注。国内外学者运用大量的数据并构建数理模型，从人口老龄化趋势、人口年龄结构特征以及人口生理特征等方面判断老年人失能态势、失能老人护理服务成本费用、个人或家庭对失能老人护理服务成本的财务承受能力等。通过这些研究来说明失能老人长期护理的财务风险是一个长期性风险，个人或家庭难以承受这个风险损失，老年人失能风险已经成为社会普遍存在的、社会成员面临的共同的社会风险。而正是这些研究成果推动了一些经济发达国家长期护理保险制度的建立，为失能老人长期护理财务风险的化解提供了制度化途径。而中国失能老人长期护理风险除具有各国的共性以外，还具有失能老人长期护理需求数量大并呈现逐年增长的趋势，也没有形成一个制度化的化解方式等特殊性，为本书提供了研究空间。

（3）失能老人长期护理的研究内容已经从制度层面向技术层面推

进。一些经济发达的西方国家在长期护理财务均衡层面的研究已经基本成熟，并且基本形成了一个相对完善的长期护理财务供给制度。这个制度就是由政府提供的公共长期护理保险制度，政府运作，采用现收现付制筹资模式，个人、雇主和国家三方缴费，符合条件的失能老人能够根据失能等级享有长期护理保险津贴待遇。在对公共长期护理保险制度普遍认同的背景下，一些学者从技术层面对长期护理保险制度进行更为深入的分析，运用经济学、人口学、统计学等学科专业知识对长期护理保险制度的一些变量（人口老龄化程度、失能率、长期护理使用率、人均护理费用），长期护理保险制度的现收现付制和积累制筹资模式，长期护理保险制度的费用估算模型和定价模型等进行系统、深入的研究和分析，为长期护理保险制度的进一步完善奠定了技术基础，也为长期护理保险制度财务均衡的可行性提供了技术支撑。中国长期护理保险制度财务均衡技术层面的研究还较缺乏。从中外学者已有的研究中可以看出，国外长期护理保险制度财务均衡的研究，无论是理论还是方法都比较成熟，而国内的理论研究和实践还处于起步阶段。中国长期护理保险制度的研究还存在着两个方面的缺陷，一是由于中国长期护理保险制度还没有建立，国内的长期护理保险制度的研究还处于一个制度呼唤期和制度等待期，因而其研究大部分还是局限于国外的制度介绍、制度必要性和可行性等方面。二是中国长期护理保险基础数据严重缺乏，导致国内学者更多的是注重制度构建方面的研究，国内长期护理保险制度技术层面的研究还较缺乏，例如中国人口健康状况的研究，中国老年人失能率变动概率的研究，中国失能老人长期护理方式选择的研究，参保人口筹资能力、均衡筹资费率等技术层面的研究缺乏，而这些制度要素影响着失能老人长期护理保险制度财务均衡，没有这些基础层面的数据挖掘和研究，中国失能老人长期护理保险制度的构建就缺乏技术支撑。

（4）中国失能老人长期护理财务供给主体的研究还缺乏宏观视

角。失能老人长期护理财务供给制度怎么来构建，顾名思义，单一的财务供给责任主体已经难以维系失能老人长期护理的基本需求，多元主体的思路设想逐渐为社会所接受。多元主体理论思路很宽泛，但是多元主体的责任和边界如果不清晰，一方面可能会形成"群龙治水"，形成福利"叠加"现象；另一方面也会导致各主体之间推卸责任，形成无主体格局。所以需要对福利多元理论在失能老人长期护理财务均衡中加以优化。

本章小结

首先，本章介绍了有关长期护理财务需求的市场需求理论和马斯洛需求层次理论。市场需求解释了失能老人长期护理的财务需求需要通过市场机制来解决的问题，但是无法解释在一些无法接受长期护理市场价格的失能老人长期护理服务的供给问题，同时私人长期护理保险市场需求存在着个人短视行为、市场失灵、道德风险和逆向选择等，导致市场机制难以保证失能老人长期护理财务需求的满足。马斯洛需求层次理论解释了人的需求从低层次到更高层次的一般规律，最低生理需求乃是人类生存的基础，但是现有的研究没有提出失能老人长期护理财务需求是失能老人最低生理需求的一部分，没有从理论上为失能老人长期护理财务需求制度化化解提供理论依据。

其次，本章介绍了失能老人长期护理财务供给的相关理论，按照主体来区分，可以划分为个人或家庭责任理论、私人长期护理保险责任理论、税收制责任理论、公共长期护理保险责任理论和私人与公共混合责任理论。认为单一的责任主体存在着各种弊端，多元主体存在着供给主体不明确、责任不清晰，缺乏主导的主体等问题。多元福利供给主体是最优选择，但是现有的研究没有提出在失能老人长期护理财务供给制度中，如何实现多元主体之间的相互融合，如何使各主体组合具有可操作性，需要本研究加以完善。

再次，通过对失能老人长期护理财务需求中外文献的梳理和分析，发现学者普遍认为人口老龄化所引发的失能老人数量大、比例高的现象是一个必然的结果，并且还将呈现一个不断增长的趋势。失能老人高昂的护理费用已经成为社会的负担，个人或家庭已经难以为继，中外学者已经关注到这个风险。社会普遍的风险怎么用货币计量呢？一些研究针对失能老人长期护理财务需求进行了预测，但是一些研究没有从时间和空间动态变化来研究失能老人长期护理的财务需求，需要本研究分时间、分年龄组、分城乡对失能老人长期护理财务需求进行预测。

最后，通过失能老人长期护理财务供给的目标、财务供给的主体和长期护理保险财务供给制度的中外文献的梳理和分析，发现学者认为失能老人长期护理财务供给的目标有着层次性，但满足失能老人长期护理生理需求是最基础、最基本的要求。失能老人长期护理的财务供给主体有公共长期护理保险、私人长期护理保险和多元主体之争，选择什么样的财务供给主体需要在本研究中加以分析。

第三章　中国失能老人长期护理
财务均衡的分析框架

本章提出，本书的理论基础是马斯洛需求层次理论、福利多元理论和风险承担理论。本章在对相关理论分析的基础上，对失能老人长期护理财务均衡分析的维度、工具进行设计，即基于多元财务供给主体，通过财务供需数量均衡和制度供给均衡来分析各主体的功能和财务供给能力，确立公共长期护理保险制度在整个财务供给主体中的地位，以此说明公共长期护理保险制度建立的必要性、紧迫性和可行性。

第一节　失能老人长期护理财务
均衡分析的理论基础

一　马斯洛需求层次理论与长期护理财务需求的合理性

马斯洛把人类对食物、水、空气、呼吸、健康等的需求看成是人类最低生理需求，只有满足了最低生理需求，人类才能追求更高层次的安全需求（Safety needs）、社交需求（Love and belonging）、尊重需求（Esteem needs）和自我实现需求（Self-actualization needs），满足了低层次的需求，才能追求更高层次的需求。马斯洛需求层次理论从心理学视角把人类需求从低到高进行了分类，科学地揭示了人类社会需求的一般规律，即满足了最低需求才会有更高的需求欲望，但是马斯洛需求层次理论没有解释需求实现方式和不同群体、不同情境下的需求差异性。但是马斯洛需求层次理论为以下四个方面的研究提供了理论支撑。

（1）最低生理需求可以细分。马斯洛最低生理需求的内涵是，维系人类社会生存的任何一项得不到满足，个人的生理机能就会停止正常运转，人类的生命就会受到威胁。马斯洛需求层次理论从物质和健康方面强调了最低生理需求的内容，这是人类普遍适用的规律，但是针对特殊群体的最低生理需求的内容应该有所差异，因而本书细分了最低生理需求，认为人在非健康状态下所获得的生存服务也是人类最低生理需求的一部分，即最低生理需求包括物质需求和生存服务需求。判断失能老人长期护理的需求是不是最低生理需求的基本标准就是，失能老人在长期护理缺失时是否还具备生存的能力。显然，如果没有外界提供护理活动，失能老人即使拥有食物、空气等，也无法自由满足基本需求，甚至会威胁到生命的延续，因而长期护理是失能老人生命延续的必要条件，失能老人长期护理成为失能老人最低生理需求的一部分。

（2）长期护理财务需求是人类的共同需求。长期护理财务需求风险是个体特定的风险还是社会面临的共同风险？人口结构变迁而导致的人口老龄化，家庭人口结构与家庭成员居住模式改变，医疗水平、生活质量的改善提高了人口的平均寿命并提高了高龄老人的比重，使需要护理的人口越来越多。由于长期护理财务需求事故一生可能仅发生一次，但风险可能持续到生命终结，财务需求具有持续性和长期性，这会造成个人或家庭沉重的财务压力和心理负担。在传统的个人家庭责任制度下，一旦家庭发生长期护理财务需求事故，也只能由个人或家庭承担长期护理服务和财务供给责任。财务负担沉重，而个人及家庭往往支持能力极其有限，会无法满足失能老人长期护理的财务需求，也会因家庭剩余人力供给困难从而失能老人得不到足够的护理。失能的财务需求风险成为每一个社会成员进入老龄人行列特别是高龄老人行列后所要面临的一个共同的风险。因此，长期护理财务需求事故随着社会环境的变化逐渐呈现出社会风险的性质，甚至被一些学者视为重大社会风险（major social risk）。[①]

（3）马斯洛需求层次理论表明政府干预的必要性。人类最低层次需求是人类生存的基本要求，马斯洛需求层次理论揭示这样一个规律，即最低层次需求是人类生存的基础，是更高层次需求的基石，最低层次需求难以得到满足会影响到人的生命延续，影响社会安全，因而最低层次需求的满足需要政府的干预，在个人或家庭无法保证最低层次需求的满足时，政府就要介入。既然失能老人长期护理财务需求是社会的共同需求，也是社会最低层次的需求，当个人或家庭面临这样的风险而无力化解时，政府需要介入并通过制度化方式来化解社会所面临的共同风险。

（4）马斯洛需求层次理论需要与中国特殊性结合。马斯洛需求层次理论具有较为宽泛的适用性，但是中国具有特殊的国情。中国面临着人口老龄化不断加剧的趋势，由于人口基数大，老龄人口总量大且增长速度快。另外，中国家庭人口结构和居住模式越来越小型化、核心化，家庭互助的功能越来越弱化。收入水平在地区间和社会群体间的差距大，各群体、各地区间负担能力差异大。老年人主要收入来源单一使得老年人的消费购买能力低，使得单一的依靠个人或家庭提供失能老人长期护理财务需求制度难以为继。要满足失能老人长期护理的财务需求，需要根据中国情境，探寻中国式的长期护理财务需求的满足方式。

二 福利多元理论与长期护理财务供给多元主体的融合

在工业社会的早期，福利的供给主要来自家庭、教会、慈善组织，政府责任极其有限，这种剩余型福利强调个人与市场的自由，反

[①] 郑文辉：《长照保险法制财务机制及财源筹措之评估》，台湾"行政院经济建设委员会"，2009，第7页。

对国家干预，认为社会所出现的各种问题是个人不负责任、懒惰的结果，市场竞争是最好的经济制度安排，依靠价格机制可以实现市场的均衡。20世纪50年代，福利国家思想出现，强调国家干预经济生活以解决市场失灵引发的各种社会问题，国家是社会福利的主要供给者。福利国家产生以来，福利国家的理论就一直受到学者的批判，出现了以哈耶克、弗里德曼和熊彼特为代表的新右派，他们对福利国家提出了彻底的批判，形成了自由主义福利观，认为市场是满足人们需要的最佳方式，国家应该成为规则的制定者和监督者。出现了以高夫、欧菲为代表的反对福利国家制度的左派，认为福利国家仅是资本主义合法化的工具，福利国家内部的资本主义矛盾是福利国家无法解决的。正是在这种左右学派的争论中，有关社会福利构建主体开始出现多元化的趋势，即福利国家是由国家提供还是由市场提供好，思考国家和市场在福利供给中如何合作的问题，开始探讨如何利用非国家的力量来弥补国家在福利供给中的不足。

"福利三分法"。20世纪80年代中期，罗斯、以瓦斯等学者开始探讨福利组合的研究，提出应该依靠国家、市场和家庭三方组合来提供社会福利[1]，1988年以瓦斯提出著名的"福利三角"（Welfare Triangle）理论[2]，即充分调动国家、市场和非正式组织等各个福利主体的力量，形成福利的合力。他们认为，国家在福利供给上扮演着重要角色，但不意味着对福利供给的垄断；福利是社会的产物，国家、市场和非正式组织都是福利的供给者，社会中的福利来源于三个部门，即国家、市场和非正式组织；由国家、市场和非正式组织中任何单独一方来提供福利都存在缺陷，只有国家、市场和非正式组织三个部门

---

[1]　Rose, R., *Common Goals but Different Roles：The State's Contribution to the Welfare Mix*, Oxford：Oxford University Press, 1986：1－20.

[2]　Ever, A., *Shifts in Welfare Mix：Introducing a New Approach for the Study of Transformations in Welfare and Social Policy*, Vienna：Eurosocial, 1988：23.

互动才会对行动者具有制约作用，对福利政策选择也会有深刻影响。三个部门只有相互协调，才能使福利供给得到有效整合，社会福利能够实现最大化。以瓦斯不但将福利主体进行了明确的确定，而且对其功能进行了具体的解释，认为三个主体的意义明显不同，国家主体代表公共的组织，其价值规范为平等与选择，集中反映行动者与国家的关系；市场主体代表了正式的组织，其价值为选择与自由，主要反映行动者与经济的关系；而非正式组织代表了私人组织，其价值体现为团结与共享，集中反映行动者与社会的关系。

"福利四分法"。1999 年，约翰逊在罗斯和以瓦斯的"福利三分法"基础上，提出了福利四分法观点，即提供直接或间接福利的国家福利、提供职工福利或营利性福利的市场福利、家庭和邻里提供的非正规福利、自助或互助组织提供的志愿组织福利，发展了福利供给多元理论。[①]

从现有的福利多元主义分析框架来看，市场、国家、社区和志愿组织被广泛视为福利来源的主体。福利多元主义理论也为失能老人长期护理的财务供给提供了新的思路，失能老人长期护理财务供给的主体可以多元化，可以通过个人或家庭在市场上购买，可以由社区提供，也可以由志愿组织提供，政府也可以提供，这些供给主体可以独立提供，也可以共同提供，个人或家庭不是唯一的主体，政府在失能老人长期护理财务供给中也应该起到一定的作用。但是失能老人长期护理的财务供给主体多元时，需要讨论和分析以下几个问题。

（1）失能老人长期护理财务供给多元主体之间的融合性。失能老人长期护理财务供给主体的多元性，预示着各主体之间应该是一种"平等、协商、合作、共赢"的关系，但是主体中没有一个是确定的

[①] Johnson, N., *Mixed Economies of Welfare: A Comparative Perspective*, Prentice Hall Europe, 1999: 31－37.

"主人"，或者是确定的"主导者"，这时各个主体所构成的长期护理财务供给体系之间缺乏合作性和融合性，主体之间各自供给，缺少沟通和合作，主体多元会导致主体之间责任推卸和责任边界模糊，另外也会导致财务供给无序竞争和福利叠加现象。这与多元主体责任分担、功能互补的思想产生了背离。图3-1中各主体之间用虚线连接，表示失能老人长期护理财务供给主体之间非合作、非融合的状态，而图3-2中各主体之间用实线连接，表示长期护理财务供给主体之间合作、融合的理想状态。

（2）失能老人长期护理财务供给主体组合方式，即操作性问题。1993年，以瓦斯和斯维特里在分析了"志愿组织""非正式组织""市场""国家"是福利供给的主体时，提出一个需要人们不断去深思的问题，他们认为"有关国家与市场的责任、公正与差异、公共计划与个人选择的福利多元组合是难以有精确定论的，而需要不同的国家根据不同的传统和问题设计"。[1] 这种福利组合难以精确，需要根据不同国家政治、文化传统等具体设计，需要根据具体问题来设计。失能老人长期护理财务供给多元主体是必然的选择，但是多元主体的组合方式是什么？多元主体组合理论在实践中还缺乏可操作性。

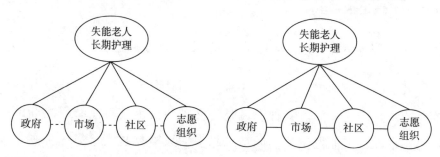

图3-1 多元供给主体无融合性　　图3-2 多元供给主体融合性

（3）失能老人长期护理财务供给主体组合最优的标准。衡量失能

① Ever, A., Svetlik, I., *Balancing Pluralism：New Welfare Mixes in Care for the Elderly*, London：Averbury, 1993：79 - 103.

老人长期护理财务供给主体组合最优标准不是单一以财务供给主体的参与数量、财务供给的数量来衡量的，而是以失能老人长期护理的财务需求最终得到满足，以最小成本获得最大的收益，以财务供给主体具有可持续性为标准来衡量的。

（4）中国的特殊性。中国失能老人长期护理财务供给设计，需要考虑中国的情境。一是中国的消费文化，中国人长期的勤俭持家的消费文化使中国家庭在老人失能时可能首选的是家庭成员之间提供护理的方式，这种消费文化影响市场、社区和志愿组织主体功能的发挥。二是中国老人的主要收入来源较为单一，主要依靠家庭成员供养的老人比例高达40.72%，而生活不能自理的老人中主要依靠家庭成员供养的比例高达70.38%，这种供养收入来源结构导致家庭供给负担过重，也会影响社区、市场等主体功能的发挥。三是中国社区、志愿组织，包括长期护理市场还不发达，这些主体从社会影响力、社会领导力和经济实力来看，缺乏社会主导作用的基础。

正因为如此，福利多元理论为失能老人长期护理财务供给主体的相互融合方式提供了研究空间，为失能老人长期护理保险制度作为主导提供了理论依据。

三　风险承担理论与长期护理保险制度的选择

风险承担理论中，风险（Risk）一词具有多种含义，其中有两种较为特殊并广为采用。一种把风险定义为随机事件可能结果之间的差异，就是说，可能发生的不同结果越多，风险就越大；另一种则把风险定义为可能发生损失的不确定性，平均期望损失的变化范围越大，风险就越大。[①]

---

① 〔美〕马克·多夫曼：《当代风险管理与保险教程》，齐瑞宗等译，清华大学出版社，2002，第7页。

　　风险是无法回避的，人类必须寻求相应的风险处理方式来化解风险，目前人类处理风险的方式主要有五种：一是风险回避，就是不从事某种可能带来风险的活动，但是这种风险处理方式比较消极，个人进步和社会经济发展都要求承担一定的风险，采用这种方式某种程度会阻碍社会进步，因而并不是一种理想的风险处理方式。二是风险自留，就是不采取任何措施，不采取积极行动以回避、减少或转移风险，风险发生时的损失可能性被自留。三是风险转移，风险可以从一部分人转移到另一部分更愿意承担风险的人身上。四是风险分担，就是由数量众多的个体组成一个集合体，共同分担某些成员的损失，保险就是风险的一种分担机制。五是风险减少，一种方法是预防和控制风险，预防是控制损失的严重程度，损失预防是最佳的风险处理方式，但仅有损失预防是不够的，要预防所有的损失是不可能的，在有些情况下，预防损失的成本可能高于损失本身；另一种方法是运用大数法则，集聚风险以减少风险，通过集合大量风险主体，运用概率的方式对集合体未来损失做出合理精确的估计，以此选择应对风险的措施。①

　　保险作为风险处理的方式已经被社会所接受，保险从本质来讲，就是把个人遭受经济损失的危险转移到集合体中的一个过程，在集聚同质风险的过程中，通过统计手段得到一个合理的损失概率的近似值，然后把损失以平等的方式分摊到每一个集合体成员身上。尽管从理论上讲，所有的损失都可能被承保，但是有些损失是无法在合理的价格上获得保险的。出于实际考虑，保险人并不愿意承担其他人转移过来的所有风险。要想成为保险的合适对象，必须具备四个前提条件。一是同质风险单位多，即必须要有足够多的同质风险单位，才能

---

① 〔美〕埃米特·J. 沃恩、特丽莎·M. 沃恩：《危险原理与保险》，张洪涛等译，中国人民大学出版社，2002，第 8~10 页。

够合理预测损失，保险运营是基于大数定理基础之上的，大量风险单位的存在可以使得未来损失的预测更加精确，从而有利于保险经营。二是风险造成的损失明确且可测量，即损失必须是较难伪造的，经济上可以衡量的，人们能够判断损失确实发生了，并可以对损失的程度做出价值判断。三是损失必须是偶然的，即损失必须是意外事故的结果，即它可能发生也可能不发生，而不能是必然发生的事件。四是损失不能是灾难性的，即集合体中，很大比例的风险单位不能同时遭受损失，因为保险的原则是建立在损失分担的基础上的，也就是说，在任何时候，集合体中只能有很小比例的风险单位遭受损失，否则风险发生后没有损失承担者。[①]

有些风险，特别是一些社会风险，由于受到风险概率的不确定性、精算不可靠、人口增长速度、人口老年化程度、通货膨胀率、逆向选择、道德困境以及政治因素等影响，精确的长期护理财务费用预测变得不可能，而商业保险公司出于其自身行为目标的考虑，也会对这些社会风险拒保，商业保险市场失灵。老年失能风险就属于这类风险，但是老年失能风险又是每个人将来可能要遇到的风险，直接关系到失能老人的生活质量和个人、家庭财务负担，关系到社会的稳定。在市场失灵时，需要由政府立法强制并由政府主导实施，采取社会保险的方式化解社会成员生活中普遍遇到的风险，以此来体现政府社会保险的责任。

风险承担理论提出了风险损失承担的途径，提出了保险是风险损失转移途径之一，但这种风险必须具备一定的前提条件。风险承担理论为失能老人长期护理财务需求风险损失化解提供了方法，也为失能老人公共长期护理保险制度选择提供了理论上的依据。

---

① 〔美〕埃米特·J. 沃恩、特丽莎·M. 沃恩：《危险原理与保险》，张洪涛等译，中国人民大学出版社，2002，第22页。

第二节　失能老人长期护理财务均衡的分析工具

一　长期护理财务均衡分析的维度

失能老人长期护理财务均衡概念的核心是"均衡"。物理学上的"均衡"是指同一物体同时受到几个方向不同的外力作用而合力为零时，该物体所处的静止或匀速运动的状态。英国经济学家马歇尔把这一概念引入经济学中，并把"均衡"分为"局部均衡"与"一般均衡"。局部均衡是假设其他外部条件不发生变化，某一时间、某一市场上的某种商品（或生产要素）在一定价格水平下的供给与需求达到均衡的状态。而一般均衡是在分析某种商品的价格决定时，考虑在各种商品（或生产要素）的供给、需求、价格的相互影响下，该商品（或生产要素）的供给和需求同时达到均衡时的价格如何决定。一般均衡分析整体经济的供给、需求和价格，涉及市场上方方面面，而这些因素瞬息万变，因而一般均衡是一个较为复杂的分析方法。本书中，把"财务均衡"定义为"在某一市场长期护理价格下，失能老人长期护理财务需求通过财务供给的制度设计而得到适度满足的过程"。因而长期护理财务均衡是从数量均衡与制度供给均衡两个维度来分析的，即失能老人长期护理财务均衡不仅仅是财务需求和财务供给的数量均衡过程，也是制度供给的不断调整的过程；即既是财务数量的均衡，也是制度供给的均衡，是这两者相互作用的结果，财务数量均衡是目标，制度供给的均衡是手段和措施。

但是本书在多维度均衡分析中引入了动态均衡和局部均衡分析方法。本书认为，失能老人长期护理财务均衡是一个动态调整过程，因为市场上长期护理的价格、被护理对象的数量等在不断发生变化，需要不断调整长期护理财务供给，因而"均衡"是瞬时状态、动态均衡，而不是静止状态。本书认为，失能老人长期护理财务均衡是局部均衡，而不是一般均衡，是假设外部的养老金制度、医疗保险制度、社会救助制度和收入分配制度等外部条件并不发生变化，一旦这些制度发生变化，失能老人长期护理局部财务均衡就会被打破，需要重新调整制度。

二 长期护理财务均衡的分析工具

现有的失能老人长期护理财务均衡的分析文献中，一般强调"均衡"主要采用单一维度，即用财务供需均衡数量分析方法。单一维度的分析方法可能更多地强调技术层面的分析而忽视了制度供给层面的分析，是在假设某一制度供给确定的前提下研究"均衡"。本书认为"财务均衡"包含了"供需数量均衡"和"制度供给均衡"两个方面的含义。制度供给是指为了规范人们的行为而提供的法律、伦理或间接的准则或规则。制度天生就具有正的外部性，因而制度安排也被认为是一种"公共品"的供给。失能老人长期护理财务需求从制度变迁的视角看，是政府人口政策、家庭人口结构、人均寿命延长等变化引发传统家庭供养功能弱化而形成的，因而需要政府的制度供给来化解由此而引发的财务风险。财务供需数量均衡需要通过政府的制度供给来实现。财务供需数量均衡是失能老人长期护理财务均衡的目标，而这个目标的实现需要以制度供给均衡为前提，没有制度供给均衡就不会实现财务供需数量的均衡。因而失能老人长期护理财务均衡采用数量分析和制度分析两种方法（见图3-3）。

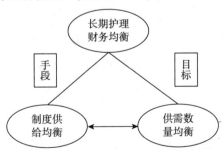

图3-3 长期护理财务均衡分析工具

（1）财务供需数量均衡分析。财务供需数量均衡就是要研究在外部其他条件确定情况下，失能老人长期护理的财务需求要得到满足，长期护理财务供给方需要提供的财务数量。财务供需数量均衡的研究主要分为以下三个方面。

第一，长期护理财务需求规模研究。涉及失能老人数量、失能率、各失能等级的护理成本、失能老人护理使用率等能够反映和预测长期护理财务需求规模的变量。

第二，长期护理财务供给规模研究。涉及在职人口数量、人均工资水平、居民可支配收入、政府财政收入等能够反映长期护理财务供给规模的变量。

第三，比较长期护理财务需求规模与长期护理财务供给规模，研究实现两者之间均衡的可行性，寻找财务供需数量均衡点——均衡费率。

本书中，财务均衡分析的工具主要采用两种方法，一种是负担能力分析方法，通过比较财务需求与供给主体的负担能力来分析供给主体的供给能力。另一种主要采用基金平衡法来研究失能老人长期护理保险制度的财务均衡。目前，国际上研究失能老人长期护理财务供需均衡的方法主要有曼联方法、减量表模型和多状态马尔科夫模型三种方法。曼联方法通过大样本抽样调查得到失能者的年平均护理时间，以此推算失能者护理所需要的费用和保险定价。减量表模型将护理服务等级运用到模型之中，并假设随着时间推移，不同护理等级的人群存在相互转移概率。多状态马尔科夫模型与曼联方法不同，该方法是在研究确定转移概率的基础上计算长期护理费用和保险准备金。这种方法在理论上比较先进，国外的研究成果也比较多。但是，首先，多状态马尔科夫模型的运用需要一定的条件，必须要有大量的长期护理统计数据库，而目前中国还没有这方面相关数据的收集；其次，多状态马尔科夫模型计算比较复杂，要运用到矩阵相乘、迭代运算，不易实现。因而在中国运用多状态马尔科夫模型来确定长期护理保险费用较困难，缺乏研究的基础。因而在本研究中主要将曼联方法与国际劳工组织（International Labour Office，ILO）、国际社会保障协会（International Social Security Association，ISSA）向全世界卫生保健领域推广的卫生筹资的建模思路（ILO 筹资模式）结合①，采用基金平衡法构建失能老人长期护理保险财务需求和财务供给精算模型，以此推算2015～2050 年中国长期护理财务均衡的长期趋势。即根据当年失能老人长期护理的潜在财务需求来预测当年长期护理基金需求量，通过财务供给制度设计来确定财务供给的主体、财务筹资模式和待遇确定，以此确定当年要实现的财务供需均衡的均衡费率。

（2）制度供给均衡分析。制度供给满足制度需求，是实现财务供需数量均衡的手段和措施，是政府新制度制定与设计的前提。因而制度供给均衡包括两个层次。

第一个层次是制度内在的设计如何满足失能老人长期护理财务需求，即制度供给的主体、制度供给的筹资模式、财务模式的设计。

第二个层次是制度之间的设计，包括制度供给主体之间责任和边界划分，制度供给主体之间的衔接等。因而制度供给均衡主要从制度层面分析实现失能老人长期护理财务均衡的制度设计。

第三节　公共长期护理保险制度财务均衡的机理

一　长期护理财务需求风险的性质与特征

长期护理财务需求风险是个体特定的风险还是社会面临的共同风

---

① ILO 筹资模式的核心就是遵循基金总体平衡原则，认为某一特定时期内社会健康保险计划的支出现值等于这一时期内健康保险计划的收入现值。因而影响社会健康保险保费最直接的因素主要是医疗费用损失或基金支出的频率和支出额，而医疗费用损失主要与特定损失额发生的概率、每年的平均损失等参数有关。

险？人口结构变迁而导致的人口老龄化，家庭人口结构与家庭成员居住模式改变，医疗水平、生活质量的变化提高了人口的平均寿命并提高了高龄老人的比重，使有护理需要的人口越来越多。

长期护理财务需求事故一生可能仅发生一次，但风险可能持续到生命终结，财务需求具有持续性和长期性，会造成个人或家庭沉重的财务压力和心理负担。在传统的个人家庭责任制度下，一旦家庭发生长期护理财务需求事故风险，也只能由个人或家庭承担长期护理需求服务和财务供给责任。对于沉重的财务负担，个人及家庭的支持能力极其有限，会无法满足失能老人长期护理的财务需求，也会因家庭剩余人力供给困难而无法给予失能老人足够的护理。失能的财务风险成为每一个社会成员进入老龄人行列特别是高龄老人行列后所要面临的一个共同的风险。因此，长期护理需求财务风险事故的性质随着社会环境的变化而逐渐呈现出社会风险的性质，甚至被一些学者视为重大社会风险（major social risk）。[①] 因而失能老人长期护理财务需求具有以下五个特征。

（1）长期护理财务需求不是因为疾病本身及其所需医疗费用，而是因为生活自理功能丧失，需要通过他人的协助才能维持其基本生活活动，并且失能常常不具有恢复性，形成了长期护理财务支付的风险。因而，长期护理财务均衡是期望通过制度化方式消除长期护理过程中他人护理而形成的成本费用财务风险，而不是解决其失能期间医疗费用损失和工资收入损失的赔付。

（2）长期护理财务需求风险事故与年龄高度相关，通常伴随着年龄的增长、慢性病的出现，长期护理财务需求风险发生的概率越大。老年人往往是这个风险的主要群体。

[①] 郑文辉：《长照保险法制财务机制及财源筹措之评估》，台湾"行政院经济建设委员会"，2009，第7页。

（3）同质风险单位多。每个社会成员都有可能因为年老而失能，因而一旦老年人失能，可能面临的是巨大的长期护理费用，给个人或家庭带来沉重的财务负担。从风险的角度看，社会成员面临失能财务风险，共同构成同质风险单位，为风险的化解提供了社会基础。

（4）风险发生率低，但可能持续到生命终结，个体平均费用高。每个社会成员都面临年老失能的风险，但并不是每个人都会失能。在这个同质风险单位中，相对于疾病等其他风险而言，风险发生的概率低，持续时间长，甚至伴随着一个人的一生，护理费用总额高。

（5）长期护理财务需求风险事故损失可以预测。可以通过长期护理花费的人力、物力等成本推估平均损失。

前两个特征反映了对老年人提供制度化长期护理财务需求风险化解机制的必要性，后三个特征反映了长期护理财务需求风险有一定规律可循，可以通过风险转移等机制来化解。

二 公共长期护理保险制度选择的学理与实证

选择什么样的长期护理财务供给主体，各国的做法是有差别的，但就目前一些主要国家的经验来看，通过保险方式来分摊长期护理费用风险损失是长期护理财务供给模式发展的趋势。强制性公共长期护理保险制度选择的基本学理主要是以下三个方面。

（一）长期护理风险的属性决定了保险是化解护理风险的有效手段

长期失能风险是社会普遍存在的风险，具有社会风险的属性，并且这个风险的发生有一定的规律可循。第一，发生失能风险的老年人数量大，这是由于老龄人身体器官功能退化和老年人疾病谱发生了重大变化，高血压、糖尿病、心脑血管病、恶性肿瘤等慢性非传染性疾病已取代急性传染病，成为危害老年人健康的主要疾病，会导致老年人失能、半失能。第二，失能老人长期护理风险的发生有一定的概率，概率的大小与人口老龄化程度正相关，老年人口的比重越高特别是高龄老人所占的比重越高，失能老人的比重就越高，数量就越大。虽然老年人失能风险发生比例高，风险具有一定的概率，但就全体社会成员而言，风险发生的概率较低，这就为失能风险采取经济手段处置提供了空间。第三，长期护理风险的经济损失是可以预测的，可以通过老年人失能率、失能等级、失能需要护理时间、护理人工成本等预测全社会失能老人护理经济损失。第四，失能风险的发生不具有普遍性，也就是说同一区域的老人不会同时失能，不会出现灾难性的失能现象。根据可保风险四要素原理，这样的风险通常可以采取保险经济手段来处置。

（二）私人长期护理保险市场失灵缺陷难以化解失能老人护理风险的经济损失

在处置风险时，私人保险优于个人或家庭代际互助的原因是私人保险具有风险集中和风险共担功能。由于信息不对称、逆向选择、道德风险、个人短视等，私人长期护理保险很难形成有效的风险共担机制，即私人长期护理保险市场会出现所谓的市场失灵现象。国外学者从潜在需求者个体行为、特征及偏好等方面对长期护理保险的影响因素进行了分析。Pauly 分析了只有少数富裕者购买长期护理保险的原因，是一部分人没有意识到未来长期护理财务风险的存在，一部分人有家庭其他成员提供长期护理服务而避免了护理费用支出。[1] Zweifel，Struiwe 通过分析委托代理模型发现，道德风险是长期护理保险需求的最主要影响因素，父母在购买长期护理保险时，不仅会考虑自己未来的财务风险，还会考虑子女对父母购买长期护理保险行为的反应，担心在自己购买了长期护理保险以后，长期护理费用由保险公

---

[1]　Mark V. Pauly, "The Rational Nonpurchase of Long-term Care Insurance", *Journal of Political Economy*, 1990, 98（1）: 153 – 168.

司支付，子女就会依赖医疗机构和护理院对父母提供的照顾，子女对父母的关心、接触就会减少，道德风险由此而产生，因而父母会放弃购买长期护理保险。[①] 这些分析都表明长期护理保险存在市场失灵的缺陷。

一是信息不对称导致私人护理保险市场失灵。信息不对称是指交易双方中一方信息充分，处于有利地位；而另一方信息不充分，处于不利地位。信息完全性是市场资源有效配置和持续健康发展的重要条件，但是在现实世界中，信息完全性是不存在的。在私人长期护理保险市场上，存在着投保人、保险人、护理提供者等多方主体，各主体之间存在着严重的信息不对称。在各方信息不对称的情况下，交易各方会充分利用自身的信息优势实现自身利益最大化，甚至一方可能会做出对其他参与主体不利的行为。根据这种行为发生的时间次序，信息不对称理论将其分为事前道德风险和事后道德风险。[②]

事前道德风险即逆向选择。在护理保险市场上，投保人投保意愿主要与投保人自身的健康状况相关。在信息不对称的长期护理保险市场上，高风险者会全力地隐瞒自身健康情况，保险公司一般很难了解投保人的真实身体状况。保险人无法对投保人进行有效的甄别，因此保险人提供的护理保险产品只能根据社会平均风险概率确定保险费率。低风险的投保人知道自身护理风险概率较低，于是为了实现自身利益最大化就会退出护理保险市场。这样保险市场上就只剩下失能概率大的高风险投保人，保险公司就会出现亏损。为了避免亏损，保险公司就会提高保险费，这样风险较低的一部分投保人又会退出保险市场，从而出现私人长期护理保险市场的高风险参保、低风险不参保的恶性循环现象。逆向选择是私人长期护理保险所面临的最大

---

① Peter Zweifel, Wolfram Struiwe, "Long-term Care Insurance in a Two Generation Model", *The Journal of Risk and Insurance*, 1998, 65（1）：13－32.

② 国锋、孙林岩：《健康保险中道德风险影响研究》，《经济科学》2003 年第 6 期。

挑战，会导致护理保险市场逐步萎缩，危害到私人长期护理保险市场的生存。

事后道德风险即我们通常所说的道德风险。在签订保险合同之后，保险人不可能一直观察或者监督被保险人和护理服务提供者的行为。为了实现自身利益最大化，被保险人和护理服务提供者可能会利用自己的信息优势做出不利于保险人的行为，即道德风险。私人长期护理保险市场中的道德风险主要是指投保人的恶意索赔或护理提供者的诱导需求，道德风险由被保险人和护理服务提供者的机会主义行为造成，而道德风险成本由保险公司承担。

购买长期护理保险产品后，当被保险人发生保险责任范围内的长期护理时，护理费用由保险人负担。由于无须自付护理费用，被保险人过度消费的心理普遍存在。[①]　当发生长期护理时，被保险人会倾向于消费比自付护理费用时更多、更好的护理服务。被保险人道德风险的存在提高了保险人的赔付率和赔付金额，使私人长期护理保险公司面临亏损风险，直接影响了保险产品的供给。

护理服务提供者的道德风险主要指诱导需求。诱导需求发生的原因是护理服务提供者具有进行诱导需求的内在动力和能力。护理服务提供者的收益与被保险人护理费用正相关。为了自身的利益，护理服务提供者倾向于促使被保险人使用较多的护理服务。护理服务提供者人为地增加了护理服务的供给，增加了保险公司护理费用的支出，影响了私人长期护理保险市场的有效均衡，致使护理保险市场失灵。

二是个人短视导致私人护理保险市场失灵。英国哲学家大卫·休谟对人的行为进行分析指出，人们具有只追求眼前利益而不顾长远利

---

① 郑秉文：《信息不对称与医疗保险》，《经济社会体制比较》2002 年第 6 期。

益的弱点。① 在私人长期护理保险市场上，人的这一弱点表现为个人短视。即如果让个人为自己将来的长期护理负责的话，很多人并不能为自己的将来准备足够的资金或购买充分的保险。人们之所以出现个人短视通常有以下三个原因：首先，缺乏对未来通货膨胀率的预期，可能会低估通货膨胀对未来货币购买力的影响力；其次，对自身健康状况的过度自信，人们会根据自己目前很健康的状态而认为自己能长期如此，缺少足够的危机意识；最后，对将来利率的过高估计，认为储蓄的回报很高，能够保证自己失能时的费用需求。个人短视使人们在自愿参与护理保险时的意愿不强，大多数人不会自愿购买，导致私人长期护理保险保障效用大大降低，致使护理保险保障功能失灵。

三是外部性与护理保险市场失灵。外部性就是经济当事人中一方给另一方或其他诸方的利益造成损害或提供了便利，却不能通过市场加以确定，也就不需为之支付成本或不能获得补偿。外部性通常分为正外部性和负外部性。根据微观经济学收益最大化的相关理论，一般情况下，正的外部性往往导致市场供给的不足，而负外部性导致供给过度。从目前来看，长期护理已经成为一种社会风险。私人长期护理保险的供给具有正的外部性，如减少社会性住院②、降低社会不稳定因素等。此外，根据保险功能理论的"复合功能说"，长期护理保险在资本市场上还具有资本融通的功能。③ 因此，具有外部性的私人长期护理保险必然会出现供给不足的情况，造成私人长期护理市场的失灵。

美国私人长期护理保险运营的效果也表明私人长期护理保险市场的失灵。美国有1000万人口需要长期护理，其中600万是65岁以上

---

① 〔英〕大卫·休谟：《人性论》，关文运译，商务印书馆，2011。
② 社会性住院是指住院病人经医院急性治疗后不需要医疗管理时，本应该出院回家疗养，但由于住院时享有医疗护理服务，甚至有些地方医疗保险可以支付一部分人医疗护理费用，病人个人、家庭其他成员不愿意让病人出院。这种病人长期住院的现象称为社会性住院。
③ 周道许：《保险理论研究：主要成就及发展方向》，《金融研究》2006年第11期。

的老年人口，一个完全失能的老人接受护理院长期护理的月平均费用为6500美元，护理费用是65岁以上老人平均收入的3倍。尽管美国私人保险市场非常发达，但私人长期护理保险效果并不佳，只有2.8%的美国人购买私人长期护理保险，而且低收入高风险的人口虽然有长期护理的需求，但由于私人长期护理保险价格过高而没有经济能力购买私人长期护理保险。2004年美国长期护理支出中只有4%的费用由私人保险公司承担，个人负担比例较高。[①]

（三） 公共长期护理保险的强制性消除了私人长期护理保险市场失灵的弊端

长期护理保险是以投保人的长期护理发生的不确定性为基础设计开发的一种特殊产品。与一般产品在企业成本产生之后制定价格不同，长期护理保险价格（保险费率）的制定发生在保险公司的保险产品成本发生（护理产生的赔付）之前。因此，护理保险费率制定得是否科学直接影响保险公司的生存。而长期护理保险费率是根据风险发生的概率和大数法则精算得出的。根据概率论和大数法则，只有样本数足够大，保险公司才可以利用历史的经验数据较准确地预测未来长期护理发生的概率，进而计算出护理保险产品的价格，从而达到风险分担的目的。但是，由于信息不对称引致的逆向选择、道德风险、个人短视、外部性等因素，私人长期护理保险市场存在着严重的市场失灵。

私人长期护理保险市场的失灵为政府的介入提供了依据和空间。与市场的自由交易不同，政府可以利用公共权力强制人们参保。

第一，强制性公共护理保险制度能够使参保样本数量多且较稳定，极大地增加了保险费率测算的样本空间，通过利用概率论和大数

---

① Colombo, F., et al., "Help Wanted? Providing and Paying for Long-term Care", *OECD Health Policy Studies*, OECD Publishing, 2011: 248, Table 7.1.

法则对全国或某一地区的长期护理风险进行精算，政府就能够比较准确地估计长期护理风险概率和风险损失，保证护理保险财务的长期平衡。

第二，强制性公共护理保险制度能够消除逆向选择风险。任何人不能根据自身的健康状况来选择参保还是不参保，从而在很大程度上克服了保险市场的逆向选择，防止高风险人参保、低风险人不参保的恶性循环，保证了护理保险参保人数和费率的稳定性。

第三，强制性公共护理保险制度能够以较低的保险费率保障所有被保险人风险的赔付。这是由于强制性抑制了低风险人口的退保倾向，全体参保人护理风险发生的概率降低，参保人以较低的缴费率就能保障所有失能风险损失的赔付。

第四，强制性公共护理保险制度消除了人们的短视行为，防止一部分人因短视而陷入未来不确定的护理风险损失危险之中。

第五，强制性公共护理保险制度具有明显的规模经济效应，政府的强制可以扩大保险规模，降低护理服务的价格，提高护理服务资源的利用效率。

由于私人护理保险市场的缺陷，公共长期护理保险制度是化解失能老人长期护理经济风险的选择，对德国、日本、韩国、美国等长期护理保险制度的覆盖率、受益率和缴费率等的比较也表明，公共长期护理保险制度运营效果优于私人护理保险。

为了分析公共长期护理保险与私人护理保险参保的意愿问题，本研究进行调查问卷分析。[①] 2013 年 2 月由南京财经大学与重庆大学共同组成的"失能老人长期护理保险需求"课题调研组对全国 27 个省份的调查问卷，见附录 1。问卷包含基本情况、生活形态及长期护理

---

① 关于长期护理保险参保意愿影响因素的研究成果《中国长期护理保险需求影响因素分析》已经在《中国人口科学》2014 年第 4 期发表，由于篇幅的限制，本书仅介绍结论。

保险的需求三大方面，共 46 小题。本次调查的对象为 18 周岁以上人群，因为长期护理保险的需求对象主要为老年人，所以调查员在被调查人员的选择上，尽可能使 60 岁以上的人员占总调查对象的 60%，60 岁以下的占总调查对象的 40%。问卷总共发出 3900 份，回收 3625 份，回收率为 92.95%，经过真实性和规范性的甄别，共录入有效问卷 2790 份，有效率为 76.97%。在选择参保意愿、家庭状况、经济因素和意识观念等作为变量并进行赋值后，样本的基本情况如表 3 - 1 所示。

表 3 - 1　相关变量的赋值说明和描述性统计

变量	均值	标准差
被解释变量		
调查对象的参保意愿（很愿意和愿意 = 1，不愿意和说不清楚 = 0）	0.50	0.500
个体特征		
地区（东部 = 1，中部 = 2，西部 = 3）	1.77	0.882
性别（男 = 1，女 = 2）	1.49	0.500
年龄（45 岁以下 = 1，46 ~ 59 岁 = 2，60 ~ 79 岁 = 3，80 岁以上 = 4）	2.53	0.929
受教育程度（小学及以下 = 1，初中 = 2，高中/中专 = 3，大专及以上 = 4）	2.22	1.165
婚姻状况（未婚 = 1，已婚 = 2，离异或丧偶 = 3）	2.18	0.539
健康状况（很好 = 1，较好 = 2，一般 = 3，不好 = 4）	2.13	0.925
工作状况（退休 = 1，在职或退休后继续工作 = 2）	1.43	0.496
职业性质（政府机关 = 1，事业单位 = 2，国有企业 = 3，股份制企业或外资企业 = 4，私营企业 = 5，自由职业 = 6，农村家庭生产经营 = 7，其他或无工作单位 = 8）	5.05	2.487
家庭状况		
家庭规模（单身或独居 = 1，2 ~ 4 人户 = 2，5 人及以上户 = 3）	2.33	0.580
儿子人数（无 = 0，1 ~ 3 人 = 1，4 人及以上 = 2）	0.75	0.483
女儿人数（无 = 0，1 ~ 3 人 = 1，4 人及以上 = 2）	0.71	0.519

变量	均值	标准差
居住方式（与配偶同住或独居 = 1，二代及以上同住 = 2，养老院等养老机构或其他 = 3）	1.78	0.689
家人患慢性病情况（没有 = 0，有 = 1）	0.37	0.483
经济因素		
个人月收入（1000 元及以下 = 1，1000～3000 元 = 2，3000～5000 元 = 3，5000 元以上 = 4）	1.93	1.026
家庭年收入（3 万元以下 = 1，3 万～7 万元 = 2，7 万～10 万元 = 3，10 万元以上 = 4）	2.31	0.924
意识观念		
附近是否有护理机构（有 = 1，无或不清楚 = 2）	1.35	0.477
是否愿意去护理机构（很愿意 = 1，愿意 = 2，不愿意或不清楚 = 3）	2.58	0.587
周围老人的护理服务状况（很好 = 1，较好 = 2，不好或不清楚 = 3）	2.56	0.586
其他保险购买情况（没有 = 0，有 = 1）	0.90	0.304
对护理保险了解程度（了解 = 1，较了解 = 2，不了解 = 3）	2.83	0.446

将个人特征、家庭状况、经济因素和意识观念 4 个影响因素作为解释变量。采用多元 Logistic 模型进行分析。Logistic 模型为：

$$P_i(Y_i = 1 \mid X_i) = \frac{1}{1 + e^{-(\alpha + \sum\limits_{i=1}^{n} \beta_i x_i)}} \qquad (3-1)$$

依据 Cox（1970）的方法对模型（3-1）进行 Logistic 变形，得到 logit $(P) = \ln \dfrac{P}{1-P}$，因而可以表示成如下的线性形式：

$$\text{logit}(P) = \ln \frac{P}{1-P} = \ln\left(e^{\alpha + \sum\limits_{i=1}^{n} \beta_i x_i}\right) = \alpha + \sum_{i=1}^{n} \beta_i X_i \qquad (3-2)$$

其中，P 表示受访者愿意参加护理保险的概率，$1-P$ 表示不愿参保的概率，i 表示影响因素的编号，X_i 表示第 i 个影响因素，β_i 为第 i 个影响因素的偏回归系数，α 为常数项。

利用 SPSS 17.0 对上述相关数据进行多分类 Logistic 分析，分析结果如表 3 - 2 所示。实证分析结果表明，一是地区差异对参保意愿有显著影响。样本的参保意愿表现出地区差异，相对于西部地区，东中部地区的参保意愿较低。二是年龄对参保意愿有显著影响。调查对象年龄越大，参保意愿越低。三是身体健康状况对参保意愿有显著影响。身体健康状况不好的人群参保意愿较低，这是因为护理保险的有效需求是需求意愿和购买能力的统一，一般身体状况较差的人，经济能力也较差，购买能力差。四是职业性质对参保意愿有显著影响，相对于失业、待业和无工作单位的"其他职业"人群，政府机关、股份制或外资企业、事业单位、私营企业、自由职业及家庭生产经营者更倾向于参保。五是个人月收入对长期护理保险参保意愿影响不显著，而家庭年收入的影响显著。六是护理服务机构的护理服务质量对参保意愿有显著影响，风险意识对参保意愿有显著影响，护理保险的了解程度对参保意愿有显著影响。实证分析结果表明，依靠个人意愿购买私人护理保险受到多种因素的影响，个人对未来护理风险的化解存在着不确定性选择，需要建立公共长期护理保险制度来化解失能财务风险。

表 3 - 2　多元 Logistic 模型估计结果

变量	系数值	Exp（B）	变量	系数值	Exp（B）
个体特征			**经济因素**		
地区（西部）			家庭年收入（10万元以上）		
东部	- 0.415***	0.660	3 万元及以下	- 0.642***	0.526
中部	- 0.494***	0.610	3 万 ~ 7 万元	- 0.529***	0.589
年龄（80 岁以上）			7 万 ~ 10 万元	- 0.307**	0.735
45 岁以下	0.458***	1.580	**意识观念**		
46 ~ 59 岁	0.212	1.236	附近是否有护理机构（无或不清楚）		
60 ~ 79 岁	0.340**	1.405			

变量	系数值	Exp（B）	变量	系数值	Exp（B）
健康状况（不好）			有		
很好	0.781***	2.183	是否愿意去护理机构（不愿意或不清楚）	0.319***	1.376
较好	0.608***	1.836			
一般	0.359**	1.432	很愿意	1.291***	3.636
			愿意		
职业性质（失业或无单位）			周围老人的护理服务状况（不好或不清楚）	0.921***	2.512
政府机关	0.712***	2.038	很好	0.318***	1.374
事业单位	0.254*	1.289	较好	0.324***	1.382
国有企业	0.142	1.152	其他保险购买情况（有）		
股份制或外资企业	0.794***	2.213	没有	-0.358***	0.699
私营企业	0.251*	1.285	对护理保险了解程度（不了解）		
自由职业	0.397*	1.487	了解	1.022***	2.779
家庭经营	0.305**	1.356	较了解	1.085***	2.961
			截距	-1.153	

注：（1）括号内为参照组。（2）*、**、*** 分别表示在10%、5%和1%的水平上显著。（3）模型 -2LL=3360.64，Nagelkerke R^2=0.222，判别正确率为66.0%。（4）被访者受教育程度、是否退休、家庭规模、子女数量、居住方式等变量在回归中不显著，没有纳入模型分析。

三 公共长期护理保险制度财务均衡的机理

强制性公共护理保险制度财务均衡的机理的实质是运用保险的财务风险集中和财务风险共担原理来化解个体风险。

（1）长期护理财务需求风险的发生是一个偶然事故，而不是一个必然事故，具有一定的概率。即在一个社会中同时遭遇失能财务风险的成员数量远少于同时间内无风险事故的成员数量。

（2）根据大数法则原理，科学计算长期失能风险事故的发生率。

（3）预测个体平均发生失能风险的财务损失，以此预测全体失能老人所产生的护理费用的财务损失。

（4）确定长期护理保险费率厘定机制和调整机制。根据风险发生率、个体失能财务损失额、人力价格水平等多种因素变化确定和调整费率。

（5）规范强制参保的范围，根据不同层次的护理需求订立合理的护理费用补偿价格和享有费用补偿的资格条件。

通过社会保险风险分担机制，全体参保成员共同承担遭遇风险的少数参保成员的财务损失；以集体力量解决少数人高额的护理费用，使失能者获得具有一定品质的护理服务。

四　公共长期护理保险制度财务均衡的基本要素

（一）　长期护理的财务需求

有长期护理财务需求才有长期护理保险制度财务均衡的必要，因此长期护理财务需求是长期护理保险制度财务均衡的前提条件。另外，长期护理财务需求趋势也直接影响长期护理保险制度财务均衡，这种需求是临时的、短期的还是永久的、长期的，长期护理保险制度财务均衡的内容就有差别。因而需要从以下三个方面对长期护理财务需求进行分析，以判断长期护理保险制度财务需求的长期趋势。

（1）人口年龄结构。不同年龄组人口占总人口的比重反映了这个社会的人口年龄结构，而老年人口占总人口的比重反映的是这个社会人口老龄化的程度。即使假设不同年龄组老人失能率不发生变化，人口老龄化程度越高，高龄老人所占比重越大，失能老人所占比重也会越大，社会上失能老人总量就越大。另外，老年人口中不同年龄组的比重不同，潜在的需要长期护理的人口量也不同，因为越是高龄老人组特别是 75 岁以上年龄组的失能率越高。

未来人口年龄结构是不是呈现老龄化和高龄化态势？如果呈现这种态势，就会使个人或家庭经济负担沉重，长期护理财务压力大，就需要筹资渠道多元化，就需要长期护理保险制度的财务均衡面对老龄化社会的客观需要，以保障制度的可持续发展。

（2）家户结构。家户结构是老年人所处的家庭型态，它反映了一个家庭应对失能老人长期护理的能力，也反映了一个家庭对失能老人长期护理的需求程度。如果老年人所处的家户结构中小型化、核心化家庭所占比重大，说明长期护理保险制度的财务均衡社会需求面广。因而需要对家户结构的现状、发展趋势加以考察，以判断长期护理保险制度的财务均衡的需求态势。

（3）长期护理成本费用。失能老人长期护理成本费用是影响长期护理保险制度财务均衡的一个重要因素。护理成本费用越高，个人或家庭的经济负担越重，长期护理保险制度的财务均衡就越有存在的必要；相反，个人或家庭收入或储蓄能够承受长期护理经济负担，长期护理保险制度的财务均衡就没有存在的社会基础。长期护理成本费用也是影响长期护理保险费率的重要变量。

（二）长期护理保险制度的筹资主体

长期护理筹资主体因国家与家庭对于长期护理责任的分担界线、风险分担程度、所得再分配程度的不同，有多种模式，而不同的财务模式将影响"谁接受服务""服务人数""给付水平"等。[①] 面对长期护理需求，依据长期护理财务负担主体可以有三种筹资主体模式的选择。

一是个人或家庭为主的负担方式。由个人或家庭私人储蓄或其他资产来提供，或由家庭代际直接提供护理服务。这种筹资模式是一个家庭内部相互融通、共同承担风险。

二是私人保险提供方式。运用市场建立长期护理财务风险共担机

---

① Wanless, D., "Securing Good Care for Older People: Taking a Long-term View", 2006, http://www.kingsfund.org.uk/publications/securing - good - care - older - people.

制，这种机制要优于个人或家庭代际互助，但是长期护理私人保险市场的形成会受到供给面与需求面的制约，行政成本、信息不对称、逆向选择、道德风险以及老年人失能率与给付成本待遇无法精确精算、私人长期护理费用承担能力、给付水平和范围的有限性、个人购买私人长期护理保险意愿低等，会影响私人长期护理保险的效果。

三是政府提供方式。根据政府介入程度分为三种方式，或由政府在国民资产调查的基础上实行税收补贴（优惠），或完全由政府税收支付而实行普惠制，或由政府提供公共护理保险制度。

针对长期护理保险筹资主体模式，更多关注的焦点是在公共长期护理保险和私人长期护理保险之间的抉择问题。也就是在选择长期护理保险时，是选择由政府主导并强制实施参保的公共长期护理保险制度模式，还是选择由市场主导并由公众自愿参保的私人长期护理保险模式。

（三） 长期护理保险制度的财务模式

长期护理保险制度财务模式从形式上看是采用代际转移方式还是采用个人事先储蓄支付方式来承担失能老人长期护理风险损失的问题，但是不同的长期护理保险财务模式直接影响到"制度覆盖谁""谁享有护理保险制度提供的待遇""谁承担失能老人长期护理的财务损失"等深层次问题，因而长期护理保险制度财务模式的实质是利益或损失在不同社会群体之间的再分配问题。

目前，长期护理保险制度的财务模式主要有现收现付制和事先积累制两种方式。[1] 现收现付制，即由有收入的在职劳动人口承担已经失能老人的长期护理财务费用，而现在在职劳动人口未来年老失能时也由下一代在职劳动人口承担失能长期护理财务费用，不事先预存未来所需的护理费用。积累制是通过事先提存准备金的方式来应对未来

---

① Holdenrieder, J., "Equity and Efficiency in Funding Longer-term Care form an EU Perspective", *Public Health*, 2006, 14: 139 – 147.

老年时发生的长期护理成本费用的财务风险，是一种自我责任与事先储蓄，获得长期护理给付资格的条件是事先缴费。

　　长期护理保险制度的财务模式是选择现收现付制还是选择事先积累制，取决于制度的基本目标和基本原则。为了实现长期护理风险损失由社会共担，保障失能老人的基本护理需要，现收现付制是长期护理保险制度的一个理性选择。

第四节　失能老人长期护理财务均衡的分析框架

一　长期护理财务均衡的一般性分析框架

　　目前，国内关于失能老人长期护理财务均衡的一般性分析框架，主要基于以下两个方面。

　　（1）单一供给主体分析法。把失能老人长期护理供给主体作为单一的财务供给主体来分析，即制度内在均衡分析，仅仅分析"树木"而没有研究"森林"。这种方法把失能老人长期护理单一供给主体独立于其他供给主体之外，分析单一长期护理供给主体自身实现财务均衡的各个要素和条件，分析财务需求与财务供给均衡的制度设计。把单一长期护理供给主体独立于其他制度之外的分析方法，显然忽视了长期护理各供给主体本身在整个失能老人长期护理财务供给体系中的功能定位，忽视了其他供给主体与该主体的功能互补，忽视了单一长期护理供给主体与其他供给主体的融合和协调。没有从更高层面来构建长期护理财务供给体系，也必然会忽视部分群体的长期护理财务需求风险。

　　（2）单一数量均衡分析法。单一地从数量均衡的角度分析长期护理财务需求与财务供给，没有把制度供给与财务供给相结合，忽视了制度供给均衡对财务供需均衡的根本性影响。

　　研究的上述两个不足，很显然是从微观视角没有从宏观视角来研究长期护理财务均衡，不能全面地反映全貌，也不能反映单一的长期护理供给主体在整个财务供给体系中的地位。把单一的长期护理财务供给主体与其他供给主体结合，把数量均衡分析与制度供给均衡分析结合，才能使失能老人长期护理的财务均衡分析更具有全面性。

二　多元主体下的长期护理财务均衡的分析框架

基于上述长期护理财务需求相关理论和财务供给主体相关理论的分析，本书分析框架的理论基础已经确定，即克服传统的从微观视角研究长期护理保险制度财务均衡的不足，而从宏观视角来分析，理论分析的框架如下。

（1）多元主体比较分析法。即从宏观视角将公共长期护理保险制度置于多元供给主体之中进行分析，分析在多元主体财务供给体系架构中长期护理保险制度的功能定位，以及长期护理保险制度与其他制度之间的功能互补与融合，以此来说明公共长期护理保险制度在整个制度体系中的核心地位和主导作用，论证长期护理保险制度构建的必要性和紧迫性。

（2）数量均衡和制度供给均衡分析法。运用制度分析的方法，把数量均衡和制度供给均衡相结合，可以通过制度供给的均衡来实现长期护理保险制度财务供需数量均衡，即公共长期护理保险制度内在财务均衡无法实现时，可以通过其他制度供给来实现，论证长期护理保险制度构建的可行性。

因而本研究从以下三个方面来研究中国失能老人长期护理财务均衡。

第一，分析和预测中国失能老人长期护理财务需求状况。在利用权威数据库的数据对中国老年人失能率和失能程度进行科学判断的基础上，对中国失能老人基础性日常生活活动能力（ADLs）功能障碍所造成的长期护理财务需求按照市场价格进行量化预测，以量化数据来反映失能老人长期护理财务需求状况。为了反映失能老人长期护理财务需求的变动趋势，分城乡、分年龄组对 2015～2050 年的财务需求规模进行预测，以此来说明失能老人长期护理财务需求是沉重的社会负担，为制度化供给提供分析的基础。

第二，分析中国失能老人长期护理的财务供给。失能老人长期护理财务供给主体可以是政府、市场、社区和志愿组织，但是这些多元主体在财务供给中功能、相互之间的融合性、财务负担能力如何？在对现行的中国失能老人长期护理财务供给制度分析的基础上，提出现行制度（个人或家庭是财务供给的主体，而政府财政是补缺）存在的缺陷。这种财务供给制度使得中国失能老人长期护理的财务需求难以得到满足，失能老人生活品质得不到保证。运用福利多元理论，对完全由个人或家庭、私人护理保险、政府财政和公共长期护理保险作为主体承担失能老人长期护理财务需求的能力进行分析，以此判断并说明个人或家庭、私人护理保险、政府财政和公共长期护理保险的负担能力有限，单一主体无法满足失能老人长期护理的财务需求。在"制度型"福利供给模式理念下，提出多元主体融合的方式，即以政府公共长期护理保险制度主导，搭建中国失能老人长期护理财务供给体系。通过分析发现，以政府公共长期护理保险制度为主导，私人护理保险、个人储蓄和政府财政护理救助的制度体系可以实现主体间的融合和协调，能够形成一个覆盖全体社会成员、化解长期护理财务风险的制度体系。而公共长期护理保险制度在整个制度体系中处于核心地位，是政府主导的载体。因而建立公共长期护理保险制度具有必要性、紧迫性和可行性。

第三，制度安排。这里主要分析两个方面的内容，一是分析政府公共长期护理保险制度、私人护理保险和政府财政护理救助制度推进的路径安排；二是分析失能老人长期护理财务供给的各主体之间融合和协调的制度优化路径（见图 3－4）。

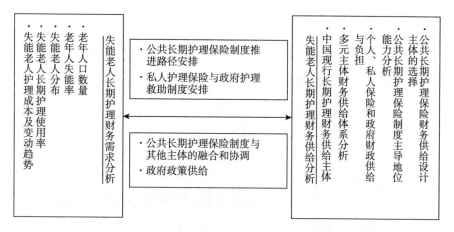

图 3 – 4 中国失能老人长期护理财务均衡的分析框架

本章小结

本章构建了失能老人长期护理财务均衡的概念和分析工具，认为财务均衡可以从供需数量均衡和制度供给均衡两个维度分析。根据失能老人的特殊情境将马斯洛最低生理需求从单一的物质需求拓展为物质需求和生存服务需求，为失能老人长期护理财务供给制度化提供了理论依据。根据福利多元理论，提出中国失能老人长期护理财务供给多元主体观点，但多元主体之间存在融合性和协调性等问题。根据风险承担理论，在对公共长期护理财务风险的性质和特征、筹资责任主体模式选择、公共长期护理保险制度财务均衡的机理和财务均衡的基本要素等方面进行分析的基础上，提出公共长期护理保险制度是失能老人长期护理财务供给主体的选择。基于上述理论的分析，构建本研究关于失能老人长期护理保险制度财务均衡的分析框架，即基于对公共长期护理保险制度供给主体与其他供给主体的比较分析，从供需数量均衡和制度供给均衡两个维度来分析公共长期护理保险制度供给主体的地位，并对公共长期护理保险制度财务均衡进行制度设计。

第四章 中国失能老人长期护理财务需求分析

失能老人长期护理的财务需求目标一般可以划分为三个层次，第一个层次是满足失能老人基本生存需要，第二个层次是满足失能老人提升生活质量的需要，第三个层次是满足失能老人个人生活尊严需要。本研究长期护理的财务需求目标仅限于第一个层次。本章主要是基于马斯洛最低生理需求理论，在对失能等级界定的基础上，假设现有的养老金制度、医疗保险制度、社会救助制度和收入分配制度在未来不发生变化情况下，分城乡、分年龄组对 2015～2050 年中国失能老人长期护理财务需求规模进行量化分析和预测。

第一节 长期护理财务需求变量及模型

长期护理财务需求估算主要受到老年人总量、老年人失能率、老年人失能等级、失能老人护理方式、不同护理方式的护理成本等相关变量的影响。

长期护理财务需求估算模型一般采用个体仿真模型（micro-simulation models）和总体仿真模式（macro-simulation models）两种方法。个体仿真模型是以个人单位为数据源来估算整体财务需求，这种模型虽然可以避免加总所产生的偏差，但是个体数据的获取较困难。总体仿真模型的数据来源主要来自总体资料，一般来说主要包括未来各等级的失能老人数量、各护理方式的利用率及护理成本，然后经过加总推算出总的护理费用。因此，当个体数据获取较难时，一般采用总体仿真模型。由于对中国长期护理制度财务需求的研究缺乏一个长期的、动态的基础性统计数据，本书主要采用总体仿真模型（Macro-simulation models），在大量的调查样本数据的基础上计算中国分城乡、分年龄组老人的失能率，以此推算中国失能老人长期护理的财务需求。

利用总体仿真估算技术，中国失能老人长期护理财务需求模型为：

$$TE(t) = \sum_{i=1}^{m} \sum_{j=1}^{n} I(t) \times P_i(t) \times U_{ij}(t) \times S_{ij}(t) \times (1 + f_j(t)) \quad (4-1)$$

其中，$TE(t)$ 表示 t 年长期护理财务需求总量；

$I(t)$ 为 t 年的老年人口数；

$P_i(t)$ 为 t 年老年人中护理等级为 i 的老人比例；

$U_{ij}(t)$ 为 t 年护理等级为 i 的老人对第 j 类护理方式的利用比例；

$S_{ij}(t)$ 为 t 年护理等级为 i 的老人利用第 j 类护理方式的成本费用；

$f_j(t)$ 表示 t 年第 j 类护理成本的增长率；

$\sum_{i=1}^{m} \sum_{j=1}^{n} I(t) \times P_i(t) \times U_{ij}(t) \times S_{ij}(t)$ 表示 t 年的护理费用支出。

根据长期护理财务需求模型，中国长期护理财务需求估算需要对老年人口数量、老年人失能率、失能老人总量、失能等级、不同护理方式成本、不同护理方式使用比例等相关变量进行分析。

第二节　2015～2050 年老年人口预测

基于不同的方法和假设，国内外很多专家和机构对中国未来老年人口进行了预测，经过综合比较，本书采用中国人口与发展研究中心研制开发的人口宏观管理与决策信息系统（PADIS）来预测中国未来人口数据，该系统已经得到联合国经济和社会事务部人口司（United Nations, Department of Economic and Social Affairs, Population Division）等国内外机构的广泛认可。开发的 PADIS 系统预测的中国未来人口数据与联合国发布的中国未来人口主要数据预测结果误差率不到1%，准确率比较高。人口预测涉及人口基础数据、人口预期寿命、人口生育率、生育模式、人口性别比等参数的设置，本书相关参数设置如下。

（1）分城乡、年龄、性别的生存人口基础数据来源于 2010 年全国第六次人口普查数据。

（2）0 岁组预期寿命的设定是基于全国第六次人口普查分性别的0 岁组人口预期寿命，采用联合国预测人口的双逻辑曲线模型，测算出 2010～2050 年每年的分性别的 0 岁组预期寿命。

（3）在 2010 年全国第六次人口普查数据基础上，考虑到国家"单独"政策的影响，运用联合国预测人口的双逻辑曲线模型，测算出 2010～2050 年的总生育率。

（4）根据 2010 年全国第六次人口普查数据计算 2010 年生育率模式，然后结合联合国人口司有关中国 2050 年生育率模式设置的方案，通过线性内插法得到 2010～2050 年每年的生育率模式。

（5）假定中国出生人口性别比到 2030 年线性下降至 107 的合理水平。假设中国城镇化率到 2060 年线性上升到 0.80，具体数据见附录 2、附录 3。

从表 4-1 可以看出，中国 65 岁及以上的老人数量呈现一个逐年增加的趋势，2015 年 65 岁及以上老人数量为 13972 万人，2050 年将达到 34568 万人。

表 4-1　2015～2050 年中国 65 岁及以上老年人口预测

单位：岁，千人

年份	年龄组	城镇人口数	农村人口数	年份	年龄组	城镇人口数	农村人口数
2015	65～69	24290	29562	2020	65～69	33622	37565
	70～74	15730	19793		70～74	21424	25533

续表

年份	年龄组	城镇人口数	农村人口数	年份	年龄组	城镇人口数	农村人口数
2015	75～79	11708	14028	2020	75～79	12623	15506
	80～84	7053	8676		80～84	7975	9313
	85＋	3950	4934		85＋	4949	5845
2025	65～69	34943	32425	2030	65～69	47765	41897
	70～74	29788	32757		70～74	31173	28472
	75～79	17372	20330		75～79	24369	26430
	80～84	8777	10531		80～84	12300	14143
	85＋	5908	6638		85＋	6861	7786
2035	65～69	57475	48407	2040	65～69	60338	40266
	70～74	42879	37222		70～74	51907	43360
	75～79	25804	23265		75～79	35885	30933
	80～84	17541	18775		80～84	18915	16868
	85＋	9438	10544		85＋	13788	14662
2045	65～69	55435	28043	2050	65～69	61266	26434
	70～74	54833	36293		70～74	50756	25443
	75～79	43876	36446		75～79	46842	30807
	80～84	26778	22975		80～84	33297	27533
	85＋	16731	15607		85＋	23176	20129

　　数据来源：运用中国人口与发展研究中心研制开发的人口宏观管理与决策信息系统（PADIS），在考虑了一些相关变量后对中国未来分年龄、分城乡的人口数据进行预测的数据。具体参见附录2、附录3。

第三节　2015～2050年老年人失能率及失能老人规模

　　失能老人是潜在的长期护理的需求人口，由于长期护理需求的定义非常宽泛，因而国内关于老年人失能率和失能老人规模的争议也较大，具有代表性的老年人失能率和失能老人规模的判断，一是来自国家统计局 2004 年专门针对老年人的生活自理能力进行的抽样调查，二是来自 2010 年全国第六次人口普查的相关数据，三是来自全国老龄办和中国老龄科学研究中心 2010 年中国城乡老年人状况追踪调查的数据。

一　国内老年人失能率数据的比较

（一）　2004 年国家统计局抽样调查的老年人失能率

2004 年国家统计局专门针对老年人的生活自理能力进行了抽样调查，随机抽查了 152055 名 60 岁及以上老人，结果表明，中国 60 岁及以上人口中平均失能率达到 8.9%，并且不同年龄组的老人失能率不同，年龄越高的老人失能率越大。如果以此来计算 65 岁及其以上老人的失能率则为 11.61%，失能老人总规模为 1246.15 万人。表 4-2 是根据 2004 年国家统计局抽样调查数据计算的中国 65 岁及以上老年人失能率和失能老人规模情况。

表 4-2　2004 年中国老年人失能率状况

年龄组（岁）	失能率（%）	失能老人数（万人）
65~69	5.1	204.32
70~74	9.2	299.35
75~79	14.3	273.97
80~84	25.6	267.98
85~89	35.6	132.68
90+	50.3	67.85
加权平均	11.61	1246.15

数据来源：国家统计局人口和就业统计司：《2004 中国人口》，中国统计出版社，2005。

（二）　2010 年国家第六次人口普查的老年人失能率

2010 年国家第六次人口普查对老年人的健康状况进行调查，采用"健康"、"基本健康"、"不健康，但生活能自理"和"生活不能自理"四个选择项目，数据显示，中国60岁及以上老年人达到1.766亿人，其中"生活不能自理"的失能老人为520.2万人，平均失能率为2.95%，其中60~64岁老年人失能率为0.88%，65~69岁老年人失能率为1.51%，70~74岁老年人失能率为2.67%，75~79岁老年人失能率为4.33%，80~84岁老年人为7.97%，85~89岁老年人失能率为12.68%，90~94岁老年人失能率为20.96%，95~99岁老年人失能率为26.05%，100岁以上老年人失能率为29.19%。以此来计算65岁及以上老年人的失能率为3.99%，失能老人规模为471.02万人。根据表4-3，虽然中低年龄组老人总量大，但是由于这个年龄组人口的失能率较低，因而失能老人数量不大。75岁及以上老年人口的失能率呈现一个急剧上升的态势，并随着年龄上升而不断上升，且失能老人总量也急剧上升。但是85岁及以上失能老人的规模呈现下降趋势，这是因为85岁及以上高龄人口的规模随着年龄增加而下降的幅度远大于失能率上升的幅度。

表4-3 2010年中国"六普"老年人失能率状况

年龄组（岁）	失能率（%）	失能老人数（万人）
65~69	1.51	62.03
70~74	2.67	87.79
75~79	4.33	102.99
80~84	7.97	105.68
85~89	12.68	69.95
90+	20.45	40.58
加权平均	3.99	471.02

数据来源：国务院人口普查办公室、国家统计局人口和就业统计司：《中国2010年人口普查资料》，中国统计出版社，2012。

（三） 2010 年 "中国城乡老年人状况调查" 的老年人失能率

2010 年全国老龄办和中国老龄科学研究中心在全国进行了"全国城乡老年人状况调查"，对全国 60 岁及以上老人日常生活自理能力进行了抽样调查。按照国际上通行的日常生活活动能力量表（ADLs）中"吃饭、穿衣、上下床、上厕所、室内活动和洗澡"六项指标来判断，一到两项做不了则定义为轻度失能，三到四项做不了则定义为中度失能，五到六项做不了则定义为重度失能。[①] 根据抽样调查结果，2010 年末全国城乡部分失能和完全失能老人总量为 3300 万人，占老年人口的 19%，其中完全失能老人 1080 万人，占老年人口的 6.23%，并预测到 2015 年部分失能和完全失能老人将达 4000 万人，占老年人口的 19.5%，其中完全失能老人 1240 万人，占老年人口的 6.05%。根据该项调查，本书无法计算 65 岁及以上老年人失能率，但可以判断的是由于 60～64 岁年龄组人口失能率低于 65 岁及以上年龄组失能率，因而 65 岁及以上老年人失能率一定高于 19%。

二 本书使用的老年人失能率数据的来源

长期护理需求的等级是依据老年人的健康状况来提供的，因而老年人的健康状况评估是长期护理财务津贴提供的依据。但是作为长期护理财务均衡研究的基础，2004 年国家统计局数据、2010 年第六次人口普查数据和 2010 年全国城乡老年人状况追踪调查数据所得出的中国 65 岁及以上人口失能率的结果差别较大。2004 年国家统计局的结论认为老年人失能率为 11.61%，2010 年全国老龄办的结论认为老年人失能率至少为 19.0%，而 2010 年国家"六普"调

[①] 中国老龄科学研究中心课题组等：《全国城乡失能老年人状况研究》，《残疾人研究》2011 年第 2 期。

查的老年人失能率为 3.99%。老年人失能率差距较大的主要根源是以下两个方面。

（1）对失能界定口径。老年人的健康状况评估方法有三种：日常生活活动能力（ADL）、工具性日常生活活动能力（IADL）和认知功能障碍（CI）。日常生活活动能力（ADL）包括洗澡、穿衣、室内活动、上厕所、吃饭、上下床六个项目。工具性日常生活活动能力（IADL）包括能否到邻居家串门、举起 5 公斤重物、洗衣服、做饭等八项内容。老年人的认知功能一般用认知功能简易量表（MMSE）来测量，认知功能量表包括五个主要方面：方向定位能力、反应能力、注意力和计算能力、回忆能力以及语言、理解和自我协调能力。目前失能老人的判断依据主要是日常生活活动能力（ADL）和工具性日常生活活动能力（IADL），而实际上认知功能障碍（CI）与二者联系密切，很多老人的身体失能都源于认知障碍，因而理论上在设定护理需求等级时，不仅要考虑 ADL 和 IADL 的指标，还应该综合考虑生理、心理和认知方面的障碍。而目前并没有一个统一的标准，有的用 ADLs 标准，有的用 IADLs 标准，有的用 ADLs、IADLs 和 CI 相结合的标准，还有的即使使用上述标准，但是评价指标也不一样，造成一个国家或一个地区的老人失能率不一样的结果。

（2）与调查问卷的设计有关。老年人失能率不一致，与各种调查问卷中问题选项的数量有关系，与问卷的措辞、调查的类别是纵向还是横向、调查的是单位还是个人，以及调查采用的是电话访问、面对面访问还是代替回答有关系，与调查间隔时间有关系，与样本人群是住家户还是集体户、调查对象的年龄、调查样本是否包括养老院的老人、问题应答是否存在缺失值等有关系，这些差异会导致不同的调查问卷所得到的老年人失能率不同。

本书中老年人的失能划分标准是，将所有 65 岁及以上老年人分为 5 种状态，不同的状态表示老年人的不同健康状况。其中失能状态等级 2 为轻度失能，表示有 1~2 项 ADLs 失能，轻度失能对自身生活自理影响较小。失能状态等级 3 为中度失能，表示有 3~4 项 ADLs 失能。失能状态等级 4 为重度失能，表示有 5 项及以上 ADLs 失能。状态 5 表示死亡，不具有可逆性，其他状态之间可以相互转移（见表 4-4）。

表 4-4　老年人 ADLs 失能等级划分标准

失能等级	等级划分依据
1. 健康	日常生活无障碍
2. 轻度失能	1~2 项 ADLs 失能，需要他人协助
3. 中度失能	3~4 项 ADLs 失能，需要他人协助
4. 重度失能	5 项及以上 ADLs 失能，需要他人协助
5. 死亡	死亡

本书中老年人失能率测算的样本数据来源于北京大学"中国老年健康影响因素跟踪调查"（CLHLS）。采用"中国老年健康长寿影响因素跟踪调查"（CLHLS）作为样本数据的原因主要是该数据专业性强，并且调查样本数量多、范围广、质量高。CLHLS 始于 1998 年，2000 年、2002 年、2005 年、2008 年以及 2011 年又分别进行了五次跟踪调查。CLHLS 主要针对 65 岁及以上老年人群，样本覆盖 23 个省份，区域总人口达到 11.56 亿人，约占全国总人数的 85%。调查人员在 23 个调研省份中随机选取约一半的市县作为调研点进行调查。本文利用 2002 年、2005 年、2008 年和 2011 年的调查数据并运用 SPSS 17.0 进行分析，把调查的老年人按年龄分为 5 组，依据公式（4-2）计算各年龄组老年人的失能率。

$$P_i(t) = \frac{m_i}{\sum m_i} \qquad (4-2)$$

$P_i(t)$ 表示各年龄组老年人失能等级比例；

m_i 表示各年龄组老年人中失能等级为 i 的老年人数；

$\sum m_i$ 表示各年龄组老人数。

从年龄分布的比例来看，由于调查数据在样本设计时对高龄老人进行了超比例抽样，因此在计算全体样本的失能率时利用每年实际年龄组人口数对样本结果进行加权处理，以此得出人口加权平均失能率。通过比较发现，2002 年、2005 年、2008 年和 2011 年调查数据计算的各年龄组失能率、人口加权平均失能率有一定的差别。其中 2011 年调查数据共调查 65 岁老人样本 9765 人，通过计算得到 2011 年人口加权平均失能率为 10.48%，该失能率非常接近 2004 年国家统计局抽样调查数据推算的 65 岁及以上老年人的失能率 11.61%，也与中国台湾的 10% 左右的失能率接近，因而本书采用 2011 年调查数据计算而得到的各年龄组失能率见表 4 – 5。

表 4 – 5　2011 年中国各年龄组老人 ADLs 失能率及其分布

单位：岁，%

年龄组	轻度失能	中度失能	重度失能	合计
65 ~ 69	4.5	0.1	0.2	4.8
70 ~ 74	5.7	1.0	1.0	7.7
75 ~ 79	6.7	1.9	1.8	10.4
80 ~ 84	10.1	2.2	4.3	16.6
85 +	20.6	8.3	13.0	41.9
加权平均	6.99	1.50	2.07	10.48

注：本数据来源于 2011 年北京大学"中国老年健康影响因素跟踪调查"（CLHLS）并采用 SPSS 17.0 统计分析软件计算而得，各年分年龄组人口数据来源于《中国统计年鉴》（2012）。

从 2011 年全体样本来看，65 ~ 69 岁年龄组老人的失能率为 4.8%，其中轻度失能率为 4.5%，中度及以上失能率为 0.3%。70 ~

74 岁年龄组老人的失能率为 7.7%，其中轻度失能率为 5.7%，中度及以上失能率为 2%。75 ~ 79 岁年龄组老人的失能率为 10.4%，其中轻度失能率为 6.7%，中度及以上失能率为 3.7%。80 ~ 84 岁年龄组老人的失能率为 16.6%，其中轻度失能率为 10.1%，中度及以上失能率为 6.5%。85 岁及以上年龄组老人失能率为 41.9%，其中轻度失能率为 20.6%，中度及以上失能率为 21.3%。随着年龄的增大，老人的失能率不断上升。且 65 ~ 84 岁四个年龄组中，老年人的失能等级中轻度失能所占的比例较高，而 85 岁及以上年龄组老人的失能等级是轻度与中度、重度失能平分秋色，中度和重度失能率略高于轻度失能率。2011 年全国人口数据通过加权计算，2011 年中国 65 岁及以上老人平均失能率为 10.48%。

学者研究发现，教育背景、收入水平、生活方式以及居住地域等多种因素对老年人失能率高低有影响，本书将老年人的居住地域分为城镇和农村，以此研究分城乡、分年龄组的老年人 ADLs 失能率及其护理需求情况。

从表 4 - 6 中可以发现，城乡不同年龄组的老年人失能率有一定的差别，65 ~ 69 岁年龄组中城镇老年人轻度失能率 5.7% 明显高于农村的 4.3%，70 ~ 74 岁年龄组中农村老年人轻度失能率 5.9% 明显高于城镇的 4.1%，80 ~ 85 岁年龄组中城镇老年人中度失能率 6.5%、重度失能率 8.3% 明显高于农村老年人中度失能率 1.7% 和重度失能率 2.9%。

表 4 - 6　2011 年分城乡、分年龄组老年人 ADLs 失能率及其分布

单位：岁，%

年龄组	城镇			农村		
	轻度失能	中度失能	重度失能	轻度失能	中度失能	重度失能
65 ~ 69	5.7	0.1	0.1	4.3	0.1	0.2
70 ~ 74	4.1	4.1	0.8	5.9	0.6	1.1

续表

年龄组	城镇			农村		
	轻度失能	中度失能	重度失能	轻度失能	中度失能	重度失能
75 ~ 79	7.4	2.2	5.2	6.6	1.8	1.3
80 ~ 84	10.2	6.5	8.3	10.0	1.7	2.9
85 +	20.5	8.8	15.0	20.7	8.2	12.7

注：本数据来源于 2011 年北京大学"中国老年健康影响因素跟踪调查"（CLHLS）并用 SPSS 17.0 统计分析软件计算而得。

老年人失能率究竟呈现一个什么样的变化规律，一些学者研究了老年人失能率的变化情况。对老年人健康状况是普遍变好、变坏还是维持原有状态，学者有三个基本观点，一种观点是"压缩型"，认为人类可以借助医学技术的提升与生活形态的改变而使身体维持良好的状态，将产生慢性疾病的年龄控制至生命的最末时期，慢性疾病一旦得到控制也连带延后了老年人老衰的时间。[①] 第二种观点是"扩大型"，认为医疗技术的进步虽然有效地控制了急性疾病，但是无法根治慢性疾病，虽然延长了人类寿命，但是慢性疾病发生率甚至是老年人失能率却居高不下，医疗技术的进步在"保留生命"层面上发挥了巨大贡献，但是并不能"维护健康"，"保留生命"成功与"维护健康"失败造成人类健康状态越来越恶劣的净效果。[②] 第三种观点是"均衡型"，认为医疗技术的进步与生活形态的改变确实改善了老年的健康状态，但是不可能使疾病完全压缩，而是介于压缩与扩大之间。[③] 老年人健康状态的不同发展趋势直接影响到未来老年人长期护理的需

① Fries, James F., "Aging, Natural Death, and the Compression of Morbidity", *The New England Journal of Medicine*, 1980, 3: 130 – 135.

② Gruenberg, Ernest M., "The Failure of Success", *The Milbank Memorial Quarterly*, 1977, 55: 3 – 24.

③ Manton, Kenneth G., "Changing Concepts of Morbidity and Mortality in the Elderly Population", *The Milbank Quarterly*, 1982, 60 (2): 182 – 244.

求量，如果未来老年人的健康状态是压缩型的，老年人仅在生命的最后阶段才需要护理，即使是老年人数量大幅增加，未来老年人长期护理的需求也不会产生大幅增加的现象；如果未来老年人的健康状态是扩大型的，老年人长期护理的需求就会随着人口老化而急剧增加；而如果是均衡型的，老年人的长期护理需求不会产生巨大变化。一些学者利用调查统计分析等方法对英国、美国和德国的失能率进行研究，发现这些国家的失能率有下降趋势。[1] 也有学者研究显示法国、比利时、意大利、荷兰、瑞士的失能率有下降趋势，但是澳洲、加拿大、英国的失能率虽然没有明显下降，但是也没有明显上升。[2]

本书假设中国未来老年人各年龄组的失能率在 2015～2050 年不因为医疗技术、家庭收入、生活方式等变化而发生明显变化，但各年人口加权平均失能率可能会因为年龄结构变化而发生变化。[3] 利用 2015～2050 年中国老年人口预测数据乘以当前失能率，可以得到 2015～2050 年不同健康等级的老年人数量（见表 4-7）。

从预测结果来看，2015 年失能老人数量达到 1564 万人，其中轻度失能老人为 968 万人（城镇 443 万人、农村 525 万人），中度失能老人 269 万人（城镇 174 万人、农村 95 万人），重度失能老人为 327 万人（城镇 194 万人、农村 133 万人）。到 2050 年失能老人预计达到 5224 万人，超过目前失能老人数量的 3.34 倍，其中轻度失能老人为

---

① Manton, K. G., Corder, L. and Stallard, E., "Chronic Disability Trends in Elderly United States Populations: 1982 – 1994", *Proceedings of the National Academy of Sciences of the United States of America*, 1997, 94 (6): 2593 – 2598.

② Jacobzone, S., Cambois, E. and Robine, J., "Is the Health of the Older Persons in OECD Countries Improving Fast Enough to Compensate for Population Ageing?", *OECD Economic Studies*, 2000, 30: 149 – 190.

③ 人口加权平均失能率会因为不同年龄组人口年龄的变化而发生变化，由于本书在估算失能老人长期护理财务需求时，把失能老人按照不同年龄段进行分组，分别估算不同年龄组老人的失能率，因而不同年龄组老人的失能率在本研究中极其重要，但是人口加权平均失能率对保费费率、保费总量有重要影响。

2878 万人（城镇 1719 万人、农村 1159 万人），中度失能老人 1023 万人（城镇 738 万人、农村 285 万人），重度失能老人为 1323 万人（城镇 914 万人、农村 409 万人）。2050 年与 2015 年相比较，轻度失能老人增长率为 197%，中度失能老人增长率为 280%，重度失能老人增长率为 305%，表明由于人口老龄化，中度及以上失能老人增长速度比较高，长期护理服务负担将呈现一个不断攀升的趋势。

表 4-7 2015~2050 年中国分城乡、年龄组不同失能等级老人数量

单位：千人

年份	城镇失能人口数			农村失能人口数			失能人口总量
	轻度失能	中度失能	重度失能	轻度失能	中度失能	重度失能	
2015	4425	1733	1937	5254	953	1337	15639
2020	5557	2144	2266	6286	1107	1570	18930
2025	6605	2729	2791	7096	1318	1838	22377
2030	8465	3265	3614	8252	1567	2140	27303
2035	10668	4354	4614	9873	1874	2692	34075
2040	12979	5421	5980	11053	2346	3311	41089
2045	14816	6482	7508	11281	2572	3578	46236
2050	17187	7377	9143	11591	2852	4088	52238

数据来源：根据不同年度分城乡、分年龄组老人人口数量与分城乡、年龄组老人失能率计算而得。

第四节 失能老人对不同护理方式的使用比例

护理方式分为家庭/社区护理和机构护理，不同护理等级的人群可以随意选择这两种护理项目。由于中国目前尚未全面建立长期护理制度，还没有失能老人不同护理方式使用比例的基础性数据，国内一些学者利用调研访谈等方式对老年人护理服务选择意向进行研究[1]，

---

[1] 孙正成：《需求视角下的老年长期护理保险研究——基于浙江省 17 个县市的调查》，《中国软科学》2013 年第 11 期。

以此来确定家庭/社区护理、机构护理方式的使用比例，但是这种方式没有考虑到长期护理制度化对不同护理方式待遇支付水平以及个人自付比例对使用者选择的诱导性影响，因而本书的研究引用德国在实施长期护理保险制度后的 2010 年的各种护理方式使用人群所占比例的数据①，更能反映制度性诱导的结果，当然由于各国制度的使用者意愿、收入水平、教育程度以及子女数量等因素对护理方式选择有一定的影响，因而各国护理方式使用人群的比例就有差别，但是其总体比例不会出现较大的差异（见表 4 - 8）。

表 4 - 8　2010 年德国各护理方式的使用人群比例和人数

单位：%，千人

失能等级	家庭/社区护理		机构护理	
	比例	人数	比例	人数
轻度失能	76.90	1024	23.10	308
中度失能	62.88	499	37.12	295
重度失能	49.86	147	50.14	148

数据来源：BMG, Bericht der Bundesregierung über die Entwicklung der Pflegeversicherung und den Stand der pflegerischen Versorgung in der Bundesrepublik Deutschland, Berlin, 2010, S. 47 - 48.

相关统计表明，2010 年底德国约有 242 万人接受长期护理服务，其中有 167 万人是在家接受家属、邻居或者社区医疗机构的门诊服务，另外有约 75 万人是在福利院、养老院等专业护理机构接受护理服务。②

本书采用德国长期护理服务方式使用人群结构比例。对于轻度失能的老年人，即只有 1 ~ 2 项 ADLs 失能的老年人，76.90% 的失能老人选择居家或社区护理，23.1% 的失能老人选择机构护理。对于中度

①　BMG, Bericht der Bundesregierung über die Entwicklung der Pflegeversicherung und den Stand der pflegerischen Versorgung in der Bundesrepublik Deutschland, Berlin, 2010, S. 47 - 48.

②　冯麒婷：《国外长期照护保险计划比较分析——以日本、德国为例》，中国社会科学院硕士学位论文，2012。

失能的老年人，即只有 3～4 项 ADLs 失能的老年人，62.88% 的失能老人选择居家或社区护理，37.12% 的失能老人选择机构护理。对于重度失能的老年人，即有 5 项及以上 ADLs 失能的老年人，49.86% 的失能老人选择居家或社区护理，50.14% 的失能老人选择机构护理。长期护理待遇取决于失能状态和护理方式，并规定失能状态 2、3、4 分别对应的护理等级为三级护理、二级护理和一级护理。以此可以计算 2015～2050 年中国不同护理等级和护理方式下城镇、农村老年人的护理需求人数构成（见表 4 - 9、表 4 - 10）。

表 4 - 9   2015～2050 年中国城镇失能老人护理方式人群构成

单位：千人

年份	三级护理		二级护理		一级护理	
	家庭/社区	机构	家庭/社区	机构	家庭/社区	机构
2015	3403	1022	1090	643	966	971
2020	4273	1284	1348	796	1130	1136
2025	5079	1526	1716	1013	1392	1399
2030	6510	1955	2053	1212	1802	1812
2035	8204	2464	2738	1616	2301	2313
2040	9981	2998	3409	2012	2982	2998
2045	11394	3422	4076	2406	3743	3765
2050	13217	3970	4639	2738	4559	4584

数据来源：根据表 4 - 7、表 4 - 8 计算而得。

表 4 - 10   2015～2050 年中国农村失能老人护理方式人群构成

单位：千人

年份	三级护理		二级护理		一级护理	
	家庭/社区	机构	家庭/社区	机构	家庭/社区	机构
2015	4040	1214	599	354	667	670
2020	4834	1452	696	411	783	787

年份	三级护理		二级护理		一级护理	
	家庭/社区	机构	家庭/社区	机构	家庭/社区	机构
2025	5457	1639	829	489	916	922
2030	6346	1906	985	582	1067	1073
2035	7592	2281	1178	696	1342	1350
2040	8500	2553	1475	871	1651	1660
2045	8675	2606	1617	955	1784	1794
2050	8913	2678	1793	1059	2038	2050

数据来源：根据表4-7、表4-8计算而得。

第五节　失能老人长期护理成本分析

老年人失能程度不同使其对长期护理方式的需求不一样，而不同护理方式的使用成本也有差异。

一　家庭护理成本结构

家庭护理服务成本可以采用项目成本法核算。家庭护理服务项目包括血糖监测、血压监测、肌肉注射、静脉输液、血标本采集、导尿、膀胱冲洗、中小换药、老人安全指导、心理护理、服药指导、健康咨询以及照顾者技能指导13项服务。家庭护理的成本核算主要为家庭层面的护理服务成本和专业护理人员提供的上门服务成本。家庭的护理服务成本由人力成本（A）、材料成本（B）、设备成本（C）、管理成本（D）和教育成本（E）构成，五项成本的计算公式如下。

（1）人力成本（A）＝单位时间人力成本（A1）×单项护理工时（A2）×项目操作人数＝月平均工资/月平均工时×（直接护理工时＋

间接护理工时）×项目操作人数。

（2）设备成本（B）＝一次性材料成本（B1）+价格低于500元的仪器设备和低值易耗品（B2）＝单项护理操作所使用的各种材料含税单价×实际消耗量+（物品价格/估计可使用次数）×单次项目操作使用次数。

（3）管理成本（C）＝（月设备折旧金额/月使用金额）×每次使用时间。

（4）D＝（A+B+C）×5%。

（5）E＝（A+B+C+D）×5%。

总成本即单项护理操作成本F＝A+B+C+D+E，家庭护理服务可归为一般治疗、特殊治疗、辅助监测和教育指导4类。基于上述核算模型和数据收集方法，对上海等地的13项家庭护理成本进行核算的结果表明，人力成本、材料成本、设备成本、管理成本和教育成本分别占总成本的比例为55.51%、34.64%、0.56%、4.53%和4.76%，从人力成本来看，家庭护理的总成本是人力成本的1.80倍。[①]

二　机构护理成本结构

机构护理成本一般包括直接护理成本和间接护理成本，直接护理成本包括人力成本、耗材成本和护理设备成本等；间接护理成本包括设施费用、管理成本、培训成本等，以分摊形式核算。机构护理成本核算公式如下。

（1）人力成本。服务成本主要是护理服务人员的工资成本，依据卫生部等级医院的标准，要保证病人得到足够的护理服务，普通病房的床位与护理人员比例应该达到1:0.4，重症监护病房的床位与护理

[①]　张薇、刘锦丹、王志红：《上海市家庭护理服务项目成本核算研究》，《护理研究》2010年第29期。

人员比例要达到1:2.5。

普通病房的每床位日平均人力成本=全国在岗职工平均工资÷251（年平均工作日）×0.4。

重症监护病房每床位日平均人力成本=全国在岗职工平均工资÷251（年平均工作日）×2.5。

（2）耗材成本。耗材成本是指护理服务所损耗的卫生材料的价值。

耗材成本=材料单价×实际消耗量。

（3）设备成本。护理设备成本主要是指提供护理服务的过程中设备的折旧。

护理设备成本=（月设备折旧金额÷月使用时间）×每次使用时间。

（4）设施费用。设施费用主要是指水电费、物业费等。

（5）管理成本。管理成本包括管理、人事、会计等部门的人员工资、设备折旧、材料耗费。一般按总成本的3%~5%核算。

管理成本=（人力成本+耗材成本+设备费用+设施费用）×（3%~5%）。

（6）培训成本。培训成本主要指护理人员的教学研究、培训等费用，按总成本的5%核算。

培训成本=（人力成本+耗材成本+设备费用+设施费用）×5%。

综上，根据护理服务的直接成本和间接成本就可以计算出护理机构的总成本。

机构护理总成本=人力成本+耗材成本+设备费用+设施费用+管理费用+培训成本

=（人力成本+耗材成本+设备费用+设施费用）×［1+（3%~5%）+5%］

=（人力成本+耗材成本+设备费用+设施费用）×（108%~110%）

利用上述护理成本核算公式计算出不同护理等级项目的成本以及

比例（见表 4 - 11）。[①]

机构护理的实际成本中，所占比例最高的是人力成本，三个等级护理人力成本的比重分别达到 56.16%、52.90% 和 46.80%，相应三级、二级、一级护理的每床位每日机构护理成本是人力成本的 1.78 倍、1.89 倍和 2.14 倍，平均达到 1.92 倍。

表 4 - 11　机构不同护理等级实际成本构成比例

单位：%

护理等级	人力成本	设备费用	耗材成本	设施费用	管理费用	培训成本	合计
三级护理	56.16	2.27	18.28	18.53	2.64	2.12	100
二级护理	52.90	1.58	14.26	22.72	3.42	5.12	100
一级护理	46.80	1.62	13.28	25.25	4.90	8.15	100
平均	51.95	1.82	15.27	22.16	3.65	5.15	100

三　护理给付方式成本核算

护理成本中人工成本占很大的比重，本书中的人工成本的预测采用城镇单位就业人员平均工资收入水平和农村劳动力人均月纯收入水平的概念。

国家统计局发布的数据显示，2013 年城镇单位就业人员平均工资为 51474 元，按年平均工作日 251 天和日平均工作 8 小时计算，每小时工资为 25.63 元。农村劳动力月纯收入为 1205 元，由此可以计算出农村劳动力每小时工资为 7.2 元。[②]

根据测算，对于家庭/社区护理，三级护理、二级护理和一级护理选取的平均护理时间分别为一周 5 小时、7.5 小时和 10 小时。对于

---

① 彭雅君、李文燕、陈瑞华等：《急诊病房分级护理服务项目成本研究》，《护理学杂志》2010 年第 2 期，第 68～70 页。

② 中华人民共和国国家统计局：《中国统计年鉴（2014）》，中国统计出版社，2014。

机构护理，依据对不同等级护理服务的调查，各等级护理病人的 24 小时的护理操作耗时分别为：三级护理平均每人 92 分钟，二级护理平均每人 339 分钟，一级护理平均每人 376 分钟。[①] 按照卫生部的规定，普通病房的床位与护理人员比例为 0.4。

家庭/社区护理的月给付成本 = 各等级一周护理时长 × 每月周数（4）× 家庭护理的成本系数（1.80）× 在岗职工平均小时工资（25.63 元）

机构护理的月给付成本 = 各等级一天护理时长 × 每月天数（30）× 机构护理的成本系数（三级护理为 1.78、二级护理为 1.89、一级护理为 2.14）× 在岗职工平均小时工资（25.63 元）× 普通病房的床位与护理人员比例（0.4）

以此可以计算出 2013 年中国分城乡不同护理方式和护理等级的长期护理的月成本（见表 4 – 12）。

表 4 – 12　2013 年中国分城乡不同护理方式和护理等级的长期护理成本

单位：元/月

护理等级	城　　镇		农　　村	
	家庭/社区护理	机构护理	家庭/社区护理	机构护理
三级护理	923	839	259	236
二级护理	1384	3284	389	923
一级护理	1845	4125	518	1159

第六节　2015～2050 年失能老人长期护理财务需求

为了对中国 2015～2050 年失能老人长期护理财务需求总量及其

[①]　史承明、陈玉红、熊小燕：《住院病人等级护理收费现状调查与分析》，《全科护理》2011 年第 11 期。

发展趋势进行预测，需要对城镇职工工资收入和农村居民人均纯收入参数的增长率进行假设。考虑到中国经济增长情况，假设城镇职工工资收入水平与经济增长率同步，2013～2020 年城镇职工人均工资收入平均年增长率为 7%，2021～2030 年为 6%，2031～2040 年为 5%，2041～2050 年为 4%。[①]而由于城镇化率不断提高，农村居民人均纯收入年增长率一直维持在 7% 不变。

依据长期护理费用支出模型和老年人失能比例、老年人口数、护理方式使用比例、护理方式成本等相关参数假设，可以计算出 2015～2050 年中国长期护理财务需求总额和未来长期护理财务需求发展趋势，如表 4 - 13 所示。

表 4 - 13　2015～2050 年长期护理财务需求总额

年份	城镇需求（亿元）	农村需求（亿元）	总需求（亿元）	人均护理费用（元）	城镇人均费用（元）	农村人均费用（元）
2015	1842	414	2256	14425	22755	5488
2020	3136	686	3822	20190	31464	7654
2025	5160	1112	6272	28029	42557	10847
2030	8720	1823	10543	38615	56830	15244
2035	14323	3118	17441	51184	72943	21594
2040	23002	5190	28192	68612	94348	31059
2045	33761	7714	41475	89703	117201	44254
2050	48478	11804	60282	115399	143822	63669

由计算结果可知，2015～2050 年中国长期护理财务需求呈现一个逐年上升的趋势（见图 4 - 1）。2050 年长期护理财务需求是 2015 年的 26.7 倍，2050 年的长期护理人均年费用是 2015 年的 8 倍。表明中国未来长期护理财务需求负担重、压力大。而形成长期护理财务需求

---

① 齐明珠：《我国 2010～2050 年劳动力供给与需求预测》，《人口研究》2010 年第 5 期。

不断增长趋势的主要原因有以下四点。

（1）老龄人所占比重上升，特别是高龄老人所占比重的上升使得失能老人数量急剧上升，2050年失能老人5224万人是2015年失能老人1564万人的3.34倍。

（2）高龄老人比重的上升导致不同护理方式和护理等级人数发生变化，使得护理时间和护理成本上升。2050年三级护理的失能老人2878万人是2015年三级护理的失能老人968万人的2.97倍，2050年二级护理的失能老人1023万人是2015年二级护理的失能老人269万人的3.8倍，2050年一级护理的失能老人1323万人是2015年一级护理的失能老人327万人的4.05倍。

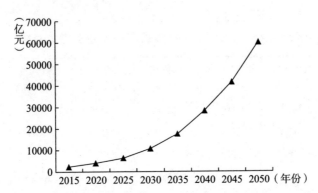

图4-1　2015～2050年中国长期护理年财务需求总额

（3）人力资本成本上升带动了护理成本的上升。根据假设，2050年城镇单位职工工资收入是2015年的6.06倍，2050年农村居民从业人员纯收入是2015年的10.67倍。

（4）城镇化率上升导致农村居民减少，城镇居民增加，而城镇失能老人护理成本远高于农村失能老人。

多种因素共同作用导致了未来失能老人长期护理成本居高不下。因此，如果中国目前实行长期护理制度化供给，制度实行的初始成本较低，但随着未来老龄化程度加剧和护理给付成本的提高，制度实施的经济压力会急剧增大。从费用支出增长率来看，2015～2040年处于速度较高的增长期间，其中 2025～2030 年的增长率最高，达到 68.10%，2040 年以后增速有逐步降低的趋势。

本章小结

本章在对中国失能老人长期护理财务需求的老年人失能率、老年人失能规模、失能等级、失能老人护理使用率、不同护理方式的护理成本等相关变量分析的基础上，根据长期护理的市场供给价格，在大量调查样本数据的基础上，采用总体仿真模型预测并量化中国 2015～2050 年分城乡、分年龄组失能老人长期护理的财务需求。通过预测发现，中国失能老人长期护理财务需求呈现一个逐年上升的趋势，2050 年长期护理财务需求是 2015 年的 26.7 倍，2050 年的长期护理人均年费用是 2015 年的 8 倍，表明中国未来失能老人长期护理财务需求负担重、压力大。

第五章 中国失能老人长期护理财务供给分析

本章首先在对中国现行失能老人长期护理财务供给责任主体进行分析的基础上，对单一的个人或家庭、私人护理保险和政府财政各主体的负担能力进行预测，得出单一主体的财务供给能力无法满足失能老人不断增长的长期护理财务潜在需求的结论。

第一节 中国长期护理财务供给责任主体的现状

一 传统的长期护理家庭财务供给责任主体

（一）个人或家庭是财务供给责任主体，政府残补式的生活救助责任为补缺

以家庭子女或家庭成员作为失能老人长期护理的责任主体，在中国有着上千年的历史。在传统的自给自足自然经济时期，人类也有因年龄或疾病等而出现失能的现象，而家庭之所以能够成为失能老人长期护理风险财务供给主体，主要是有以下三个方面原因。一是人的平均寿命短，多数人在日常生活自理能力未完全丧失前死亡，低年龄社会使得人口的失能率低。二是医疗科技水平低，使失能老人失能期间生命长期延续的可能性降低，需要家庭护理的时间有限。三是自给自足自然经济社会，家庭人口结构呈现金字塔形状，这种家庭人口结构有利于家庭成员相互之间提供护理服务来满足失能老人的需要。

在中国，以个人或家庭为失能老人护理风险的财务供给责任主体

的传统一直延续至今，集体或国家仅起到生活救助的作用。

新中国成立之后，面临的是一个经济基础较差的国家，国家财政极度困难，绝大多数城乡居民基本生活还没有得到保障。虽然 1949 年颁布并起临时宪法作用的《中国人民政治协商会议共同纲领》和 1954 年颁布的《中华人民共和国宪法》都规定，劳动者在年老、疾病或者丧失劳动能力的时候，有获得物质帮助的权利，国家举办社会保险、社会救助和群众卫生事业，并且逐步扩大这些设施，以保证劳动者享受这种权利。但是，这个时期失能老人的长期护理责任主体完全是个人或家庭成员，家庭子女仍然是老年人长期护理的主体，并且国家通过法律形式将家庭子女的责任加以规范，《中华人民共和国宪法》第四十九条明确规定了子女对父母的赡养义务；2001 年《婚姻法》第二十一条也明确规定，子女对父母有赡养扶助的义务，子女不履行赡养义务时，无劳动能力或生活困难的父母有要求子女付给赡养费的权利。这些法律将老年人的护理照料设定为子女的法定义务，国家通过法律固化家庭子女的责任和义务。

在农村，针对家庭确实较困难的失能老人，作为对家庭护理制度的补充，1956 年 6 月 30 日一届人大三次会议通过的《高级农业生产合作社示范章程》明确提出了对生活没有依靠的老、弱、孤、寡、残疾社员给予保吃、保穿、保烧、年幼的保教、年老死亡的保葬五个方面的保障，简称为"五保"制度，享有这种照顾的人或者家庭被习惯称为"五保户"，此次规定首次在农村建立了我国失能老人的生活救助制度，但是救助的责任主体为农业生产合作社。1958 年 12 月，中共八届六中全会通过的《关于人民公社若干问题的决议》中，提出"要办好敬老院，为那些无子女依靠的老年人提供一个较好的生活场所"。农村人民公社体制建立后，贫困和丧失劳动能力的农户的生老病死都由生产队负责。十一届三中全会以后，农村实行联产承包责任制，"三级所有，队为基础"的农村集体经济解体了，长期依赖于集体经济的农村"五保户"供养制度也因失去集体经济的支撑而难以为继，家庭成为陷入贫困的失能老人的长期护理供给的主体。1994 年国务院出台了《农村五保供养工作条例》，规定农村"五保"对象中生活不能自理的失能老人长期照料经济来源于"村提留或者乡统筹费中列支"。2003 年 5 月，民政部颁布《关于进一步做好农村特困户救济工作的通知》，要求按照"政府救济、社会互助、子女赡养、稳定土地政策"的原则，继续实行农村特困户救助制度，对达不到"五保"条件但是生活极其困难的鳏寡孤独人员、丧失劳动能力的重残家庭及患有大病而又缺乏自救能力的困难家庭，按照一定数额的资金或实物标准，定期发放救济。因而，在这个时期中国农村失能老人基本上是形成了家庭养老和五保养老制度并存的格局，而家庭是责任主体，农村集体组织是"家庭失灵"[①] 时的补充。

为了适应农村税费改革需要，2006 年 3 月《农村五保供养工作条例》颁布实施，新条例明确规定，农村"五保"供养资金纳入政府财政预算，供养标准不低于当地村民平均生活水平。2007 年 7 月国务院颁布《关于在全国建立农村最低生活保障制度的通知》，将农村因病残、年老体弱、丧失劳动能力以及生存条件恶劣等而生活常年困难的农村居民纳入最低生活保障范围。

在城市，与计划经济体制相适应，单位保障成为这个时期一个显著的特征。单位既是就业载体，也是这个时期单位职工医疗保障、养老保障、就业保障、贫困救助的主体，对于单位职工生老病死的所有风险提供保障。由于单位不进行独立核算，盈余上缴国家，亏损由国家财政补贴，因而单位保障的实质是国家财政提供保障。由于单位保障体制的建立，社会救助在国家社会保障体系中作用的范围大大缩

---

① "家庭失灵"是指家庭人口结构、经济承受能力导致家庭非正式护理在财力、人力等方面无法满足失能老人长期护理的需要，使家庭护理服务质量下降，失能老人生活质量降低，甚至还会造成家庭护理提供者的主观、客观的压力，家庭关系不和谐。

小，仅发挥单位保障的"残补"功能。政府并没有一个制度化方式来化解城市失能老人长期护理经济风险，而仅是对特定群体的特定情境，即孤老病残人员，在基本生活发生困难时提供临时性生活救济。十一届三中全会以后，单位责任和政府责任边界越来越清晰，单位保障的功能越来越弱，政府成为社会救助的主要责任主体。1979 年 11 月，民政部召开全国城市社会救济福利工作会议，将社会救济对象界定为"无依无靠、无生活来源的孤老残幼和无固定职业、无固定收入、生活有困难的居民"。1999 年 9 月国务院颁布的《城市居民最低生活保障条例》规定，城市最低生活保障对象主要是非农业户口的城市居民，规定"对无生活来源、无劳动能力又无法定赡养人、扶养人或者抚养人的城市居民，批准其按照当地城市居民最低生活保障标准全额享受"。

（二）　国家对特殊群体在丧失劳动能力时提供护理费用

第一，具有特殊荣誉感的群体。1978 年 6 月国务院颁布实施的《国务院关于安置老弱病残干部的暂行办法》和《国务院关于工人退休、退职的暂行办法》规定，"党政机关、群众团体、企业、事业单位的干部因工致残，经过医院证明完全丧失工作能力的，饮食起居需要人扶助的，根据实际情况发给一定数额的护理费，护理费标准一般不得超过一个普通工人的工资"；"全民所有制企业、事业单位和党政机关、群众团体的工人，因工致残，由医院证明，并经劳动鉴定委员会确认，完全丧失劳动能力的，饮食起居需要人扶助的，按本人标准工资的百分之九十发给，还可以根据实际情况发给一定数额的护理费，护理费标准，一般不得超过一个普通工人的工资"。1993 年民政部、公安部、财政部、人事部、卫生部、总政治部、总后勤部颁布的《关于军队干部退休安置中几个问题的通知》规定，"军队退休干部因战因公评为特等、一等残废或者因病瘫痪、双目失明而生活不能自理，饮食起居需要人扶助的，经合同医院证明，本人申请，可享受护理费"。1996 年 12 月民政部、财政部、总参谋部、总政治部、总后勤部颁布的《关于贯彻执行〔94〕财社字第 19 号文件有关问题的通知》规定，第一、第二次国内革命战争时期和抗战前期参加革命的，以及抗战后期和解放战争时期参加革命且年满 70 周岁的离休干部，可以发给护理费，护理费标准为每人每月 160 元；因战因公评为特等、一等残废或者因病瘫痪、双目失明而生活不能自理，饮食起居需要人扶助的退休干部、退休志愿兵，护理费标准为每人每月 160 元。

第二，重度残疾人护理补贴制度逐步开展。1982 年 12 月 4 日第五届全国人民代表大会第五次会议通过并颁布实施的《中华人民共和国宪法》第四十五条规定，"中华人民共和国公民在年老、疾病或者丧失劳动能力的情况下，有从国家和社会获得物质帮助的权利。国家发展为公民享受这些权利所需要的社会保险、社会救济和医疗卫生事业"。虽然宪法规定丧失劳动能力的人特别是重度残疾人有获得国家和社会物质帮助的权利，但是这种权利并没有得到具体的体现。2008 年 3 月 28 日中共中央、国务院《关于促进残疾人事业发展的意见》提出，"着力解决好重度残疾、一户多残、老残一体等特殊困难家庭的基本生活保障问题，做好低收入残疾人家庭生活救助"，"鼓励发展残疾人居家服务，有条件的地方建立残疾人居家服务补贴制度"。2008 年 4 月 24 日修订通过的《中华人民共和国残疾人保障法》第四十八条规定，"对生活不能自理的残疾人，地方各级人民政府应当根据情况给予护理补贴"。2011 年颁布的《中国残疾人事业"十二五"发展纲要》提出，"有条件的地方探索建立贫困残疾人生活补贴和重度残疾人护理补贴制度。扩大残疾人社会福利范围，适当提高社会福利水平"。2013 年，《国务院批转发展改革委等部门关于深化收入分配制度改革若干意见的通知》，明确提出"建立困难残疾人生活补贴和重度残疾人护理补贴制度"，"建立健全经济困难的高龄、独居、失能等老年人补贴制度"。一些地方政府根据自身财力出台了补贴的政策措施，例如，2009 年江苏省根据中共中央、国务院《关于促进残疾人事业发展的意见》提出在本省范围内积极推行重残补贴金制度，江苏省徐州市规定从 2010 年 9 月开始生活不能自理的困难残疾人可逐步获得补贴，标准为每人每年 600～1200 元。而江苏省宜兴市由于是全国十强县（市），经济发达，政府财力丰厚，2011 年规定生活不能自理的残疾人由财政给予每人每月 100 元的护理补贴，取消贫困残疾人才能享有的资格条件限制。残疾人保障由生活贫困救助逐步演变为对生活不能自理的残疾人的护理服务提供补贴。

这个时期失能老人长期护理财务供给主体有三个特点。

（1）失能老人生活贫困救助是这个时期政府关注的重点，而个人或家庭还是失能老人长期护理财务供给责任主体。政府在这个时期的失能老人长期护理财务供给方面并没有尽到应尽的责任，家庭还是这个时期失能老人长期护理财务的主要依靠对象，农村集体经济和城市的单位在很长一段时期承担着"家庭失灵"时制度补充的责任，即对个人或家庭因提供失能老人长期护理而陷入贫困的提供生活救助。改革开放后，农村集体经济瓦解，企业走向市场，长期失能老人生活救济的主体发生了变化，政府逐渐从幕后走向前台，生活救助筑起失能老人长期护理财务风险的最后防线。

（2）执政者的理念发生了变化，逐步认识到特殊社会群体失能护理的社会需求。针对一些特殊群体失能护理的经济需求，政府也从早期的"缺位"逐步"归位"，建立党政机关、群众团体、企业、事业单位因工致残的干部、工人在完全丧失劳动能力而导致生活需要护理时给予护理补贴的制度。对生活贫困且不能自理的重度残疾人给予护理补贴，一些经济发达的地方政府甚至直接给予重度残疾人护理补贴，而不考虑其收入水平如何。特殊群体失能护理财务需求的政策变化，反映了政府对失能风险认识程度的提升，为未来长期护理财务风险化解制度化奠定了基础。

（3）长期护理风险化解制度还没有完善。目前，由于政府把失能老人长期护理财务风险看成是个人风险，还没有认识到这个风险的社会属性，因而没有能建立一个与风险属性相匹配的制度。目前，还是一个只有少数人享有的、有限的残补型制度，还没有建立起一个全体社会成员共享的制度，还是一个重视事后经济补偿而不是事前风险预防的制度。

二　长期护理保险制度财务供给主体的创新：青岛模式

中国长期以来的失能老人长期护理风险财务供给的非制度化，给人口老龄化背景下个人或家庭带来了财务负担，影响了失能老人的生活品质，迫切需要制度创新。为了应对人口老龄化所引发的失能人员长期医疗护理负担日益严重的问题，青岛市政府决定通过建立长期医疗护理保险制度来化解失能人员医疗护理财务风险，2012年7月正式颁布《关于建立长期医疗护理保险制度的意见（试行）》，在全市范围实施长期医疗护理保险制度，探索运用社会保险机制来解决失能人员医疗护理财务风险问题，在全国率先建立了长期医疗护理保险制度。

制度覆盖范围。制度规定，凡参加城镇基本医疗保险的在职职工及退休人员、老年居民、重度残疾人、城镇非从业人员，均应该同时参加长期医疗护理保险。

财务供给来自医疗保险基金。护理保险试行期间，护理保险费主要通过调整基本医疗保险统筹账户和个人账户结构进行筹集，财政根据基金使用情况给予补助，用人单位和个人不需另行缴费。一部分来自政府财政和福利彩票划拨。

支付范围。在定点服务机构接受医疗护理、医疗专护或居家接受医疗护理照料的参保人发生的符合规定的医疗护理费等相关费用，可以纳入护理保险基金支付范围。参保人享受长期医疗护理保险待遇期间，不能重复享受住院、门诊大病、普通门诊等应由城镇基本医疗保险基金支付的相关待遇。

支付标准。入住定点服务机构接受医疗护理或居家接受医疗护理照料的参保人发生的医疗护理费，由长期医疗护理保险基金支付96%。在定点医院接受医疗专护发生的医疗护理费，长期医疗护理保险基金支付90%。不再设立起付标准。

青岛市建立医疗护理保险制度，运用社会保险管理机制解决失能人员护理问题，为超前应对老龄化探索了一条新路，进一步完善了社会保障体系。但是青岛市医疗护理保险制度还存在缺陷，其一，还不是一个真正意义上的长期护理保险制度，青岛市护理保险主要保障了医疗护理需求，而没有包含长期失能的老年人口的生活护理，迫切需要拓宽保障项目和范围。其二，经费支付标准并没有完全与失能等级挂钩。目前，青岛市实行按每床每日包干定额管理的办法，分三个标准进行支付，对入住定点护理机构或居家接受医疗护理照料的参保人，每床每日定额包干费用，这种费用支付方式虽然有利于控制医疗护理保险的总体费用，但并没有根据被护理对象的失能等级支付费用，可能会产生护理需求与费用供给矛盾的局面，使被护理人员没有得到合理护理。其三，缴费来源渠道不稳定。青岛市医疗护理保险资金主要是依靠医疗保险资金账户按照一定比例划拨，而没有形成雇主和个人按照工资一定比例缴费的机制，没有形成一个持续稳定的资金来源渠道，会危及医疗保险资金平衡，也不利于长期护理保险制度本身长期稳定的发展。

三　现行失能老人长期护理财务供给主体的弊端

目前中国失能老人长期护理财务供给制度还基本上处于个人或家庭为主、政府补缺的阶段，虽然青岛市医疗护理保险制度的探索试点开创了中国长期护理制度的先例，但制度的地域性和制度本身的局限性使制度效应极其有限，因而现行失能老人长期护理财务供给主体存在着以下三个方面的弊端。

（一） 家庭承担失能老人长期护理财务风险， 财务供给主体单一

传统的观念认为老年人失能护理是个人或家庭的责任，因而个人或家庭长期以来一直是失能老人长期护理财务风险财务供给责任主体，承担失能老人长期护理的财务供给责任，即使在新中国成立以后，人口结构变化、家户人口规模小型化、家庭妇女劳动参与率变化，以及家庭失能老人护理费用不断提高，失能老人长期护理财务供给责任主体也没有从根本上发生变化。人口结构、家户规模等外在因素使得家庭无论是在财务方面还是在人力方面已经很难满足失能老人长期护理的财务需求。

（二） 风险共担机制缺失， 个人或家庭负担沉重

新中国成立以来，个人或家庭一直作为失能老人长期护理的主体，在失能老人长期护理中扮演着主要的角色，为失能老人日常护理提供人力支持、财务支持和精神支持。然而，中国人口结构发生了巨大变化，人口老龄化程度加剧，高龄老人比重上升，失能老人总量也呈现不断攀升的趋势，家庭完全承担失能老人护理财务责任的人口结构条件已经不复存在。另外，失能老人长期护理费用因人力成本提高而呈现不断上升的态势，失能老人长期护理财务风险完全由个人或家庭承担可能会导致个人或家庭的财力耗尽，甚至会导致个人或家庭陷入财务危机。

目前，以家庭作为失能老人长期护理财务风险责任主体的体制并没有形成一个风险共担机制，虽然政府建立了针对特殊群体的护理费用财政承担机制，但是所覆盖的对象具有特殊性，不具有普遍性。

（三） 政府责任机制缺失，"家庭失灵"缺陷没有制度来弥补

人口老龄化是世界人口发展的趋势，而中国人口发展过程中人口结构不但受到人口发展的自然因素的影响，而且还受到国家计划生育政策的影响，双重因素加剧了人口老龄化的程度，也加快了人口老龄化的速度。人口结构的强制性变迁引发失能老人长期护理的"家庭失

灵"，需要由政府提供和设计制度来化解长期护理财务风险。而目前还处于制度缺失时期，政府没有提供和设计一个制度来化解失能老人长期护理财务风险，政府对失能者主要保障的目标是维持基本生活需要，属于社会救助制度范畴。政府对失能老人长期护理的财务供给风险还没有尽到政府应有的责任。

第二节　个人或家庭长期护理财务供给能力分析

自古以来，家庭是个人风险损失的最小互助体，在自给自足的自然经济时期，家庭规模较大、老年人寿命短等原因使家庭成为家庭成员的庇护所，有着互助互济的功能。但是在现代社会，家庭能否承担以往的功能，需要对个人或家庭财务供给能力进行分析。

个人或家庭长期护理财务供给能力取决于个人或家庭可支配收入与消费支出之差，即收入剩余。为了分析问题，引入两个概念，一是人均收入剩余，即人均可支配收入扣除人均消费支出，表示个人支付能力；二是家庭户收入剩余，即家庭户可支配收入扣除家庭户的消费支出，表示家庭的支付能力。

考察 1990～2013 年城镇居民和农村居民人均可支配收入与经济增长率之间关系，发现两者正相关（见表 5－1 和表 5－2）。因而，假设 2010～2020 年、2021～2030 年、2031～2040 年、2041～2050 年城镇居民人均可支配收入增长率分别为 7%、6%、5%、4%。农村居民人均可支配收入增长率 2015～2050 年维持不变，为 7%。2015 年后城镇居民人均消费支出占人均可支配收入比为 65%，农村居民 2015～2025 年为 75%，2030～2050 年为 65%。[①] 由此可以分别预测城镇居

---

① 在表 5－1 和表 5－2 中，城乡居民人均消费支出占人均可支配收入比 = 1 - 人均收入剩余比，可以看出，这个比例呈现不断下降的趋势，2013 年城镇居民是 66.86%，农村居民是 74.48%。

民和农村居民对家庭失能老人长期护理的财务供给能力（见表 5 - 3 和表 5 - 4）。

表 5 - 1　1990 ~ 2013 年城镇居民人均收入剩余比

单位：元

年份	人均可支配收入	人均消费支出	人均收入剩余比	年份	人均可支配收入	人均消费支出	人均收入剩余比
1990	1510	1279	0.1530	2002	7703	6030	0.2172
1991	1701	1454	0.1452	2003	8472	6511	0.2315
1992	2027	1672	0.1751	2004	9422	7182	0.2377
1993	2577	2111	0.1808	2005	10493	7943	0.2430
1994	3496	2851	0.1845	2006	11760	8697	0.2605
1995	4283	3538	0.1739	2007	13786	9998	0.2748
1996	4839	3920	0.1899	2008	15781	11243	0.2876
1997	5160	4186	0.1888	2009	17175	12265	0.2859
1998	5425	4332	0.2015	2010	19109	13472	0.2950
1999	5854	4616	0.2115	2011	21810	15161	0.3049
2000	6280	4998	0.2041	2012	24565	16674	0.3212
2001	6860	5309	0.2261	2013	26955	18023	0.3314

注：相关数据来源于《中国统计年鉴》（1991 ~ 2014），并经计算而得。

人均收入剩余比 = 1 - 人均消费支出/人均可支配收入。

表 5 - 2　1990 ~ 2013 年农村居民人均收入剩余比

单位：元

年份	人均可支配收入	人均消费支出	人均收入剩余比	年份	人均可支配收入	人均消费支出	人均收入剩余比
1990	686	585	0.1472	2002	2476	1834	0.2593
1991	709	620	0.1255	2003	2622	1943	0.2590
1992	784	659	0.1594	2004	2936	2185	0.2558

续表

年份	人均可支配收入	人均消费支出	人均收入剩余比	年份	人均可支配收入	人均消费支出	人均收入剩余比
1993	922	770	0.1649	2005	3255	2555	0.2151
1994	1221	1017	0.1671	2006	3587	2829	0.2113
1995	1578	1310	0.1698	2007	4140	3224	0.2213
1996	1926	1572	0.1838	2008	4761	3661	0.2310
1997	2090	1617	0.2263	2009	5153	3994	0.2249
1998	2162	1590	0.2646	2010	5919	4382	0.2597
1999	2210	1577	0.2864	2011	6977	5221	0.2517
2000	2253	1670	0.2588	2012	7917	5908	0.2538
2001	2366	1741	0.2642	2013	8896	6626	0.2552

注：相关数据来源于《中国统计年鉴》（1991～2014），并经计算而得。

人均收入剩余比 = 1 - 人均消费支出/人均可支配收入。

表5-3　城镇居民长期护理财务供给负担能力

单位：元

年份	人均可支配收入	人均消费支出	人均收入剩余额	失能老人人均护理费用	人均护理费用占人均剩余比	护理费用占家庭收入剩余比
2015	30861	20060	10801	22755	2.107	0.6976
2020	43284	28135	15149	31464	2.077	0.6877
2025	57924	37651	20273	42557	2.099	0.6951
2030	77515	50385	27130	56830	2.095	0.6936
2035	98931	64305	34626	72943	2.107	0.6975
2040	126263	82071	44192	94348	2.135	0.7069
2045	153619	99852	53767	117201	2.180	0.7218
2050	186901	121486	65451	143822	2.197	0.7276

注：人均收入剩余额 = 人均可支配收入 - 人均消费支出。家庭收入剩余以家庭户均3.02人计算，数据来源于国家卫生和计划生育委员会发布的《中国家庭发展报告2014》。失能老人人均护理费用见表4-13。

表 5 - 4　农村居民长期护理财务供给负担能力

单位：元

年份	人均可支配收入	人均消费支出	人均收入剩余额	失能老人人均护理费用	人均护理费用占人均剩余比	护理费用占家庭收入剩余比
2015	10185	7639	2546	5488	2.156	0.7138
2020	14258	10714	3571	7654	2.143	0.7097
2025	20035	15027	5009	10847	2.166	0.7171
2030	28101	18266	9835	15244	1.550	0.5132
2035	39413	25618	13794	21594	1.565	0.5184
2040	55279	35931	19347	31059	1.605	0.5316
2045	77531	50395	27136	44254	1.631	0.5400
2050	108741	70682	38059	63669	1.673	0.5539

注：人均收入剩余额 = 人均可支配收入 - 人均消费支出。家庭收入剩余以家庭户均 3.02 人计算，数据来源于国家卫生和计划生育委员会发布的《中国家庭发展报告 2014》。失能老人人均护理费用见表 4 - 13。

根据表 5 - 3 和表 5 - 4 预测结果，可以得出以下结论。

（1）2015～2050 年，城镇失能老人人均护理费用是城镇居民人均收入剩余的 2.077～2.197 倍，也就是说，家庭中如果有一个失能老人，那么至少需要家庭两个成员的收入剩余才可以维持失能老人的护理费用，表明个人无法承担长期护理财务费用。2015～2050 年，城镇失能老人人均护理费用占城镇居民家庭户人均收入剩余的 68.77%～72.76%，也就是说家庭中如果有一个失能老人，至少需要家庭收入剩余的 68.77% 用于失能老人护理费用，表明以家庭为单位承担失能老人长期护理财务费用，家庭负担极其沉重。

（2）2015～2050 年，农村失能老人人均护理费用是农村居民人均收入剩余的 1.550～2.166 倍，表明农村居民个人无法承担失能老人长期护理费用。农村失能老人人均护理费用占农村居民家庭人均收入剩余的 51.32% ~71.71%，也就是说农村家庭中如果有一个失能老人，至少需要家庭收入剩余的 51.32% 用于失能老人护理费用，以农村家庭为单位承担失能老人长期护理财务费用，家庭负担也极其沉重。

（3）个人或家庭长期护理财务供给能力不足。无论是城镇还是农村，收入水平处于中位数以下的个人或家庭普遍存在着供给能力不足的问题，越是收入低的个人或家庭，长期护理财务供给能力越不足。个人或家庭长期护理财务供给能力不足，表明个人或家庭不能成为失能老人长期护理财务供给主要依赖的主体，需要其他主体共同供给。

第三节　私人护理保险财务供给能力分析

个人或家庭通过购买市场上由私人保险公司开发的长期护理保险险种，即通过私人护理保险来满足失能老人长期护理的财务需求是个人或家庭的市场行为，是基于每个个体对未来风险的判断结果的一种行为选择。不同个体的个人预期、个人特质和个人经济承受能力等对购买私人长期护理保险的选择结果有影响。另外，私人护理保险险种本身的功能和赔付能力，也会刺激需求者的购买欲望。但是私人护理保险会遇到定价高、参保人负担能力有限的问题。

假设用长期护理财务的收支平衡来建立缴费率精算模型，即每个参保者一生所缴纳的保费累加之和等于其所支出的护理费用的折现值之和。以 65 岁退休计算，对于 x 岁开始参加工作的个体，他在 m 岁时参加长期护理保险，则精算平衡模型如下：

$$\partial \times \sum_{t=1}^{65-m} \left[w_{m-x+t} \times {}_{m-x+t}p_x \times \prod_{j}^{65-x} (1 + r_{x+j}) \right] = B \times \prod_{t=1}^{65-m} (1 + f_t) \quad (5-1)$$

则缴费率为：

$$\partial = \frac{B \times \prod_{t=1}^{65-m} (1 + f_t)}{\sum_{t=1}^{65-m} \left[w_{m-x+t} \times {}_{m-x+t}p_x \times \prod_{j}^{65-x} (1 + r_{x+j}) \right]} \qquad (5-2)$$

其中，∂ 表示缴费率；

w_{m-x+t} 表示工作 $m-x+t$ 年时的工资；

${}_{m-x+t}p_x$ 表示 x 岁个体活到 $m-x+t$ 岁的生存概率；

r 表示利率；

B 表示人均护理费用给付额；

f 表示护理费用年增长率；

对于平均缴费工资基数的增长计算如下：

$w_{m-x+t} = (1 + \varphi) w_{m-x+t-1}$，其中 φ 是平均工资增长率。

生存概率选择中国人寿保险业的经验生命表（2000~2003 年）公布的数据计算，用 ${}_{m-x+t}p_x$ 表示，即：

$$_{m-x+t}p_x = \frac{l_{m-x+t}}{l_{m-x}} \qquad (5-3)$$

其中 l_x 表示存活到确切整数年龄岁的人口数。代入数据求得结果如表 5-5 所示。

表 5-5　20~64 岁个体的生存概率

年龄（岁）	生存概率	年龄（岁）	生存概率
20	0.889222	43	0.907138
21	0.889702	44	0.908555
22	0.890215	45	0.908029
23	0.890750	46	0.911700
24	0.891304	47	0.913448
25	0.891978	48	0.913276

年龄（岁）	生存概率	年龄（岁）	生存概率
26	0.892467	49	0.917382
27	0.893071	50	0.919632
28	0.893690	51	0.922090
29	0.894327	52	0.924753
30	0.894984	53	0.927614
31	0.895664	54	0.930686
32	0.896370	55	0.933997
33	0.879106	56	0.937596
34	0.897873	57	0.941557
35	0.898676	58	0.945980
36	0.899518	59	0.950997
37	0.900405	60	0.956774
38	0.901345	61	0.963508
39	0.902347	62	0.971149
40	0.903422	63	0.979696
41	0.904575	64	0.989269
42	0.905812	—	—

假设 2010～2020 年、2021～2030 年、2031～2040 年、2041～2050 年城镇职工工资平均增长率分别为 7%、6%、5%、4%。不考虑通货膨胀率。护理费增长率与工资增长率同步。根据表 4-13，2015 年城镇失能老人长期护理人均费用为 22755 元，2015 年城镇职工人均工资收入 41436 元。

假设农村居民人均纯收入增长率 2015～2050 年维持不变，为 7%。不考虑通货膨胀率，农村护理费增长率与农村居民人均纯收入增长率同步。2015 年农村失能老人长期护理人均费用为 5488 元，2015 年农村居民人均纯收入 10185 元。利率为 2.5%。

假设每个个体2015年参加私人护理保险，按照城镇、农村分别计算20~64岁开始缴费的缴费额和缴费率（见表5-6）。

表5-6　私人护理保险城乡参保者缴费率估算结果

年龄（岁）	城镇居民		农村居民	
	缴费率（%）	缴费额（元）	缴费率（%）	缴费额（元）
20	1.1	456	1.0	102
21	1.1	456	1.1	112
22	1.1	456	1.1	112
23	1.2	497	1.1	112
24	1.2	497	1.2	122
25	1.3	539	1.2	122
26	1.3	539	1.2	122
27	1.4	580	1.3	132
28	1.4	580	1.3	132
29	1.5	622	1.4	143
30	1.5	622	1.4	143
31	1.6	663	1.4	143
32	1.7	704	1.5	153
33	1.8	746	1.6	163
34	1.8	746	1.6	163
35	1.9	787	1.6	163
36	2.0	829	1.7	173
37	2.1	870	1.8	183
38	2.2	912	1.8	183
39	2.3	953	1.9	194
40	3.1	1285	2.0	204
41	3.2	1326	2.1	214
42	3.4	1409	2.1	214
43	3.5	1450	2.2	224

续表

年龄（岁）	城镇居民		农村居民	
	缴费率（%）	缴费额（元）	缴费率（%）	缴费额（元）
44	3.7	1533	2.3	234
45	3.9	1616	2.4	244
46	4.1	1699	2.6	265
47	4.4	1823	2.7	275
48	4.6	1906	2.8	285
49	4.9	2030	3.0	306
50	5.3	2196	3.2	326
51	5.6	2320	3.4	346
52	5.9	2445	3.6	367
53	6.3	2610	3.9	397
54	6.8	2818	4.2	428
55	7.4	3066	4.6	469
56	8.0	3315	5.0	509
57	8.8	3646	5.6	570
58	9.7	4019	6.4	652
59	10.9	4517	7.3	744
60	12.4	5138	8.7	886
61	15.2	6298	10.7	1090
62	20.0	8287	14.0	1426
63	29.5	12224	20.7	2108
64	57.9	23991	40.6	4135

　　根据估算结果，一个20岁参保的城镇居民只要每年按照人均工资收入的1.1%缴纳456元、农村居民按照人均纯收入的1%缴纳102元保险费，即可以维持护理费用收支平衡，但是缴费年龄越大的人，缴费率越高，高龄劳动者缴费负担较重。60岁的城镇居民参保时需

要按照人均工资收入的 12.4% 缴纳 5138 元，农村居民按照人均纯收入的 8.7% 缴纳 886 元，这种参保机制制约了一部分人的参保积极性，也是私人护理保险需求不足的原因之一。

私人护理保险缴费水平与投保年龄正相关，缴费年龄越大，缴费越高，会导致一部分高龄人口缴费能力受到限制，一部分人会拒绝投保。另外，由于短视行为，一部分人不能预期未来的失能风险，也会不愿意参保。因而，私人护理保险不会覆盖所有失能老人。显然，单一的私人护理保险作为供给主体，会导致一部分失能老人长期护理财务需求难以得到满足。

私人护理保险覆盖面窄和制度的非普及性，表明私人长期护理保险不可能作为长期护理财务供给的主导主体，只能起补充作用。

第四节　政府财政普惠型财务供给能力分析

失能老人长期护理的财务需求由政府财政普惠供给在福利国家，特别是英国、瑞典、丹麦、奥地利和澳大利亚等国家盛行。对需要长期护理的失能老人提供几乎是免费的护理服务，国家财政承担长期护理的费用，无须家计调查。但是自普惠型的长期护理供给制度实施以来，福利国家因经济、政治、人口老龄化加速等压力，改革的呼声和改革力度加大，例如瑞典政府原来规定政府有责任、有义务为所有失能老人提供公共长期护理服务，但是在制度实施 15 年后，修改了居家护理的评估标准，提出了政府主要为失能程度比较严重的老年人提供公共护理服务，政府公共长期护理的开支近几年开始呈现下降趋势。[1]

中国政府如果采用财政普惠制的长期护理财务供给模式，一方面

---

[1]　施巍巍：《发达国家老年人长期照护制度研究》，知识产权出版社，2012，第 77 页。

受到决策者理念的影响，不能接受普惠福利模式；另一方面普惠福利供给模式也使得个人或家庭产生责任依赖，不利于多主体责任的分担，同时也与中国现有社会保障制度的发展趋势存在矛盾。更重要的是，采用政府财政普惠供给模式也与中国现有财政负担能力、与未来经济不确定性风险存在着矛盾。

考察政府财政对普惠型长期护理供给的负担能力，首先要预测2015～2050年的财政收入状况。假设，政府财政收入与GDP同步增长，即2013～2020年中国财政收入平均年增长率为7%，2021～2030年为6%，2031～2040年为5%，2041～2050年为4%。由此可以预测2015～2050年中国的财政收入状况（见表5-7）。[①]

表5-7 2015～2050年政府财政普惠供给的护理需求占财政收入比

单位：亿元，%

年份	财政收入	长期护理财务需求	需求占财政收入比
2015	147856	2256	1.53
2020	207376	3822	1.84
2025	277516	6272	2.26
2030	371378	10543	2.84

---

① 在研究中，试图运用1991～2013年我国财政收入呈现递增趋势的规律，采用线性函数、二次函数、三次函数分别对1990～2013年我国财政收入进行拟合，取时间序号 t 为自变量（1990年，$t=1$），运用SPSS 17.0做曲线拟合，发现三次函数拟合效果最好，得出最佳拟合模型为 $RE = 24.44 + 2171.58t - 292.013t^2 + 18.037t^3$，其中 RE 表示财政收入。但是，预测结果发现，2014～2020年我国财政收入增长率维持在15.26%～12%，2021～2025年维持在11.56%～10.10%，2026～2033年维持在9.78%～8.02%，2034～2039年维持在7.81%～7%，2040～2046年维持在6.78%～6%，2047～2050年维持在5.86%～5.54%，增长率与专家学者估计相差较大。通过对比观察发现，我国财政收入增长率与经济增长率之间并没有规律可循，例如，1998年之前经济增长率大于财政收入增长率，1998年之后财政收入增长率大于经济增长率，如1998年、1999年GDP增长率分别为6.4%和6.6%，而财政收入增长率分别为14.2%和15.9%，2007年GDP增长率为23.4%，而财政收入增长率达到32.4%，表明我国财政收入的影响因素不仅包括经济的，还有一些人为因素。因而本书中财政收入增长率采用学界较为保守的专家经验值来估算。

年份	财政收入	长期护理财务需求	需求占财政收入比
2035	473983	17441	3.68
2040	604936	28192	4.66
2045	735997	41475	5.64
2050	895453	60282	6.73

从表5-7中可以得出，如果采用政府财政普惠供给失能老人长期护理财务需求的制度模式，政府财政负担水平呈现上升趋势，2015~2050年长期护理需求占财政收入的比例从1.53%上升到6.73%。显然，政府财政需要满足包括教育、卫生、社会保障、国防、行政管理、公共基础设施建设等多种公共产品的需求，政府如果将较高比例的财政收入用于失能老人长期护理，会影响其他公共产品的供给。因而完全由政府财政承担失能老人长期护理财务供给，存在着财政负担能力有限的困难，也无法实现失能老人长期护理财务均衡的持续性。

本章小结

本章在对中国现行失能老人长期护理财务供给责任主体进行分析的基础上，提出目前失能老人长期护理财务供给制度是一种主要以个人或家庭为主要承担者，政府对特殊群体提供财政补缺型补贴的制度，这种制度存在风险不能共担，个人或家庭的负担较重等弊端。在对个人或家庭、私人护理保险和政府财政财务负担能力进行分析的基础上，得出单一由个人或家庭、私人护理保险和政府财政负担，不能满足失能老人长期护理的财务需求的结论，因而这些主体不能独立作为满足失能老人长期护理财务需求的供给主体。

第六章　实现失能老人长期护理
财务均衡的制度选择

通过第五章个人或家庭、私人护理保险和政府财政对失能老人长期护理财务供给能力的分析，发现依靠单一主体无法满足失能老人不断增长的长期护理财务需求。因而，本章在对主要国家失能老人长期护理财务均衡制度进行比较的基础上，认为要借鉴国外经验，建立以公共长期护理保险制度为主导的多元财务供给体系。提出并分析了构建以政府和私人共同提供的多层次长期护理财务供给体系，即政府公共长期护理保险制度起主导作用，私人护理保险和个人或家庭储蓄保障起补充作用，政府护理救助起托底作用的供给体系。在此基础上对公共长期护理保险制度内容和财务供给能力进行分析，发现政府公共长期护理保险制度具有作为失能老人长期护理财务供给主导主体的能力。并且本章对各主体之间的融合方式进行了设计。

第一节　主要国家失能老人长期护理
财务均衡的比较

一　德国公共长期护理保险制度的财务均衡

德国早期失能老人长期护理主要是政府财政通过社会救助制度来实施。从 1973 年 7 月一位德国政府司长 Galperin 撰文呼吁改善社会救助制度有关机构收容老年照护需求者的给付服务。从提议实施社会照护保障开始，到 1994 年 5 月 26 日德国国会立法通过护理社会保险制度，德国长期护理保险制度经历了二十余年漫长的争论、酝酿。德国长期护理财务均衡主要是通过社会保险制度与社会救助制度共同达到的。人口老龄化、经济增长率下降与失业率不断攀升并存和政府财政债务负担重三个重要事件对德国长期护理保险制度的出台起着催化剂的作用。[①] 德国长期护理保险财务均衡制度设计主要内容如下。

（一） 财务运作主体

在德国，长期护理保险属于社会保险，由政府强制实施，并由具有独立法人资格的长期护理保险基金会运营。为了能够与疾病保险相互配合，在已有的疾病保险基金会架构下设立长期护理保险基金会，长期护理保险基金会与疾病保险基金会在财务上是相互独立的。长期护理保险基金会在法定范围内具有自治的权利，自行决定特定事项，但接受国家的监督。

（二） 财源筹措的对象

德国《社会护理保险法》遵照"护理保险因循医疗保险"的原则，即所有医疗保险参加者必须参加长期护理保险，其中法定护理保险对全部人口承保。法定医疗保险中的所有强制参保者、所有自愿参保者以及家庭联保成员都有义务参加长期社会护理保险，应按照规定比例缴纳保险费。私人医疗保险中非强制性参保的对象也必须投保，参加私人长期护理保险。对于既没有参加长期社会护理保险，也没有参加私人长期护理保险的人，国家财政承担这些人可能产生的护理费用，以减轻这些人的财务负担。

（三） 财源筹措的模式

德国长期护理保险采用社会保险制度，以互助自助的财务机制安排，以风险分摊的方式筹集足够的资金，提供适当保障，以化解个人

[①] 郑文辉：《推动长期照护保险可行性之研究》，台湾"行政院经济建设委员会"，2004，第17页。

或家庭的财务风险。财源筹措的模式采用现收现付制度，其基本的特征就是代际互助，由政府保证当代工作人口支付失能人口长期护理费用，主要是年轻的一代人满足老一代人的长期护理费用的需要，不需要事先提存未来所需不确定的费用。

（四）　财源筹措的费率

德国长期护理保险扬弃了医疗保险由保险人自定费率的做法，而由国会统一决定，实行量入为出的原则。德国长期护理保险费用由雇主、雇员两方均担，其中雇主、雇员各负担费用的50%。保险费率在1995年1月至1996年6月期间为薪金的1%，雇主负担0.5%，雇员负担0.5%；1996年7月调整为1.7%，雇主负担0.85%，雇员负担0.85%，目前为1.95%。自营职业者需由个人全额负担，至于被保险人的家庭成员没有收入或者收入低于一定水平时，他们无须缴费，而以家户名义共同参保，享有同等待遇。长期护理保险费随疾病保险基金一起收取，再从疾病保险基金会转移到长期护理保险基金会。

（五）　待遇支付

长期护理按照需要程度分成三类，第一类主要是指在个人饮食、卫生、日常行动方面一周至少需要几次服务，每天至少90分钟，比基本医护的时间多45分钟。第二类主要是指一天至少需要在三个不同的时间内提供三次服务，每天至少3个小时，比基础医护的时间多了2个小时，并且一周需要几次家务服务。第三类是指需要日夜服务并一周需要几次家务服务，每天至少5个小时，比基础医护的时间多4个小时。在德国长期护理保险主要分为居家护理和机构护理两大类。居家护理相对于机构护理可以获得更多的优惠政策。居家护理实物待遇给付、护理补贴按照护理需要程度第一类、第二类、第三类每月支付的标准有差别，护理需要程度越高，标准越高。护理院的食宿费用需投保者自理。

二 日本介护保险制度的财务均衡

1997 年之前的日本失能老人的介护财务供给主要依靠家庭和政府救助。日本 1997 年通过介护保险相关法律的配套规定[①]，并在 2000 年 4 月开始实施长期介护保险制度。日本老龄化问题严重、家庭居住形态与家庭观念的变化、经济低迷和社会互助理念是日本推动介护保险制度的主要动力。[②] 日本介护保险财务均衡的主要内容如下。

（一） 财务运作主体

日本介护保险制度的运作主体不是国家，而是日本与居民最贴近的基层组织单位——市町村，由它作为介护保险财务运作的主体即保险人。市町村作为制度财务运作的主体，负责管理介护保险费，决定保险费征收的额度和负责征收保险费，审核介护服务等级和服务项目。而中央政府主要负责设计制度的整体框架、护理程度的审定、保险给付及民间组织和设施等标准的制定，保证市町村的财政正常运作等。都道府县主要负责制度运作的指导，建立财政安全基金以解决各市町村保费收入和支出不平衡的问题，保证制度正常运行，提供介护服务的设施和服务人员等。[③]

（二） 财源筹措的对象

日本介护保险的主体是市町村，而财源筹措的对象是居住在该市町村的 40 岁以上的全体国民，这些国民分为两种情况，一种是 65 岁及以上的国民，为第一号被保险人，40 ~ 64 岁且是医疗保险参保者

---

① 日本原文为"介护保险法"，"介护"一词有照顾、看护和护理的意思，为了保持日本原有的特色，一般文献中仍然沿用"介护保险"概念。

② Holdenrieder, J., "Equity and Efficiency in Funding Longer-term Care from an EU Perspective", *Public Health*, 2006, 14: 139 – 147.

③ 李世代：《日本、韩国长期照护保险内容与相关法令之研究》，台湾"行政院经济建设委员会"，2009，第 25 页。

的国民为第二号被保险人。第一号被保险人，因卧床不起或老年性痴呆症及其他日常生活等方面需要护理者，经确认都属于第一号被保险人服务对象。对于第二号被保险人，2001 年规定如果是由老化特定疾病所引起的肌肉萎缩性侧索硬化症、后纵韧带骨化症等等 15 种特定的疾病，则可以利用介护服务；2006 年将内容大幅度调整为 16 种老化特定疾病。[①]

（三）　财源筹措的渠道

日本介护保险的财源中被保险人所缴纳的保险费占 50% 和各级政府财政占 50%。被保险人中的第一号被保险人保险费由市町村决定，年金收入在 18 万日元以上者直接从其年金中扣除保险费，其他人（包括年金收入不到 18 万日元者）由市町村直接个别征收。保险费用的水平因被保险人居住的市町村的经济水平、市町村第一号被保险人人数、享受介护服务的人数、介护保险提供的居家服务与设施服务的状况及利用人数等不同而有差别。第二号被保险人必须终身缴费，即使不使用保险给付也要缴费，其介护保险费与其所参加的医疗保险关联，按照医疗保险缴费基数和缴费方式，直接从其收入中扣除，其中雇主负担 50%，介护保险费上缴给各医疗保险机构，实行全国统筹，低收入者可以减免。

各级政府财政负担的 50% 中，中央政府财政负担占 25%（其中 5% 作为调节基金用于高龄老人比例高和低收入老龄人口多的市町村），都道府县财政负担 12.5%，市町村负担 12.5%。保险费部分，第一号被保险人承担总资金的 17%，第二号被保险人承担总资金的 33%（见图 6 - 1）。

---

① 郑文辉：《长照保险法制财务机制及财源筹措之评估》，台湾"行政院经济建设委员会"，2009，第 120~125 页。

（四） 财源筹措的模式

日本介护保险财源筹措的模式强调了社会连带责任理念，采取现收现付制。对于第一号被保险人筹资采取以支定收方式确定缴费额。对于第二号被保险人保险费率是根据全国平均介护保险费用支出计算出一个统一的保险费率，由雇主和雇员各负担50%，实行全国统筹。

（五） 介护保险费用给付

介护保险费用给付以失能等级认定为基础。日本介护保险费用给付基准由日本厚生省统一确定，按照介护等级的高低而确定不同的法定费用给付限额标准。所有的介护保险都有一个服务的额度，超出部分由被护理人100%承担费用。利用机构服务的被保险人，必须由自己承担伙食费、住宿费用以及日常生活费用。为了避免被保险人出现过度使用资源的现象，体现使用者和非使用者之间费用分担的公平性，介护保险明确费用负担制度，即被护理人员无论利用何种介护服务等级，都需要由个人承担费用的10%（见图6-1）。

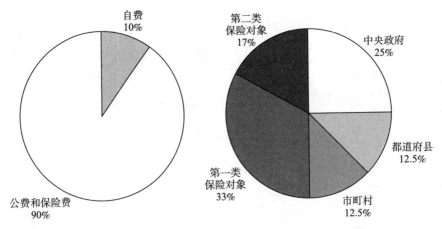

图6-1 日本长期护理保险费用承担比例和缴费比例

三　美国私人护理保险制度的财务均衡

美国建立的商业性长期护理保险制度是人口老龄化、长期护理费用快速增长、保障政策缺失等因素的产物，也是综合考虑社会、经济、文化等方面后的必然选择。[①]

受自由主义福利意识形态的影响，美国的长期护理保险制度具有明显的个人主义色彩，其强调了市场在解决长期护理问题中的主导作用。美国形成了以商业性长期护理保险为主，以老年医疗辅助计划、低收入家庭补助计划等社会医疗保险为辅的长期护理保障体系。商业性长期护理保险由商业性保险公司提供，投保人可以根据自身需求及经济状况进行自由选择。商业性长期护理保险能够满足不同阶层的消费者的需求，并能迅速地对消费者的偏好变化做出反应，具有很强的灵活性。

除了商业性长期护理保险外，美国的老年人医疗辅助计划、低收入家庭补助计划等社会医疗制度也承担了部分长期护理保险的责任，它们共同构成了公共长期护理保险计划。美国公共长期护理保险计划主要解决老年人、低收入者及残障人等特定人群的长期护理问题。

（一）　美国公共长期护理保障计划

美国的公共长期护理计划主要包括老年人医疗辅助计划、低收入家庭医疗补助计划及其他社会保障计划。

（1）老年人医疗辅助计划。老年人医疗辅助计划是根据美国联邦政府 1965 年 7 月颁布的《社会保障法修正案》而建立的社会医疗保险制度。老年人医疗辅助计划由美国联邦政府主管，但由私立的保险公司经营。所有年满 65 岁的老年人及残障人士都有资格参保该计划。

---

① The Health Insurance Association of America, *Long-term Care*: *Knowing the Risk*, *Paying the Price*, 1997: 22.

参保者的经济状况不影响其可接受的服务项目。老年人医疗辅助计划包括医院保险和补充医疗保险两部分，医院保险的资金来自就业者和雇主缴纳的社保税，就业者和雇主各承担 50%，目前各交工资的1.45%。参加医院保险的参保人可自愿选择是否加入补充医疗保险。补充医疗保险的费用由联邦政府和参保者共同承担，参保者缴纳26%的保险金，其余的74%全部由政府财政补贴。老年人医疗辅助计划的医院保险部分主要对老年人的重疾护理、出院后的专业护理机构的护理服务、家庭护理服务和临终关怀服务提供保障，但它并不对非重疾的机构护理或家庭护理提供保障。

（2）低收入家庭医疗补助计划。低收入家庭医疗补助计划是一种福利性医疗制度，属于美国社会救助计划的一部分。大部分州的低收入家庭医疗补助计划是通过政府财政对长期护理服务的运营商直接补贴的方式对接受护理院和家庭康复护理的低收入者进行长期护理费用补偿的。低收入家庭医疗补助计划的费用由联邦政府及州政府财政共同承担，其中55%来自联邦政府财政，45%来自州政府财政。① 由于低收入家庭医疗补助计划是针对贫困人群的一项医疗保障计划，因此若想获得该计划的补助就必须符合关于资产和收入的限制条件。一般情况下，只有申请者的收入少于护理成本或仅够维持日常所需并且申请者拥有的资产不大于 2000 美元的"可计资产"时才能够获得低收入家庭医疗补助计划的救助。

（二） 美国商业性长期护理保险

美国的商业性长期护理保险制度产生于 20 世纪 70 年代，是一种全新的健康保险。

（1）运营主体。商业性长期护理保险运营主体是私人保险公司。

（2）参保对象。作为一种商业性保险，老年人和年轻人都可以

---

① 施巍巍：《发达国家老年人长期照护制度研究》，知识产权出版社，2012，第77~86 页。

通过购买长期护理保险合同的方式自愿参保。与相对单一参保方式的公共长期护理计划不同，投保人可以通过个人方式或团体形式参加商业性长期护理保险。但保险人通常都会从年龄、身体状况及病史等多方面对投保人进行风险选择，所以健康状况差的人一般无法获得投保。由于商业性长期护理保险产品是由商业性保险公司提供的，因此这些保险产品具有很大的灵活性，能够满足不同消费者的护理需求。

（3）给付方式。私营保险公司设计的长期护理保险涵盖了全天候的专业护理、非全日的中级护理以及日常护理。同时，不同的长期护理保险产品的给付方式也不同，有的按实际发生额给付，有的是按固定额度给付。长期护理保险一般都有固定的给付期，可以是一年、数年或终身。此外，一般长期护理保险产品还规定了等待期，即只有当消费者接受保单涵盖的护理服务的时间大于或等于等待期时，投保人才能获得补偿。投保人可以自主选择等待期，等待期一般有 20 天、30 天、60 天和 90 天等多种。

（4）资金来源。美国的商业性长期护理保险资金主要来源于个人投保缴费。商业性长期护理保险费用的多少取决于保险人的保险责任、给付期、等待期，投保人的年龄、身体健康状况等因素。一般地，保险负担的责任越广、给付期越长、等待期越短，投保人所需缴纳的保险费用就越多。

四　瑞典普惠型长期护理制度的财务均衡

瑞典是福利国家制度的代表。瑞典针对失能老人的长期护理采取普惠型供给模式。在瑞典，政府有义务向所有有长期护理需求的老年人提供长期护理服务；所有老年人都有权利获得政府公共服务体系所提供的长期护理服务，只要老年人符合长期护理的条件。瑞典失能老人长期护理制度遵循普遍覆盖的原则。

瑞典失能老人长期护理制度资金主要由市政府税收和使用者适度付费承担。瑞典中央政府财政通过补助方式对市政府财政进行补贴，主要考虑不同市政府人口数量、人口年龄结构、人口密度、气候等因素，来调整不同市政府之间的资源配置。

瑞典大多数长期护理服务由税收筹资，由政府公共部门直接或间接供给。瑞典从20世纪60年代开始发展长期护理制度，开始时注重发展机构式护理，20世纪70年代增加了医疗长期护理和护理之家等机构中的床位。但是随着人口老龄化，需要护理的老年人日益增加，机构护理费用上涨，20世纪70年代开始发展居家护理，以满足失能老人的床位需要，降低护理成本。[①]

为了控制护理费用，瑞典长期护理的使用也需要使用者付费。1993年，中央政府改革了长期护理付费机制，允许市政府有一定的自由权来设计付费结构，目前主要采用统一付费机制、收入相关付费机制、消费相关付费机制和收入消费付费机制四种方式，这四种方式差别较大，但瑞典政府对全国的使用者设置了付费最高上限。随着人口老龄化和瑞典高税收而导致的竞争力的下降，加上新公共管理思想，瑞典福利制度的改革加速，私有化机制引入到老年人长期护理服务之中，向着福利供给多元化逐步迈进。

瑞典在普惠制供给的同时，也鼓励个人购买私人护理保险作为普惠制的补充。

从上述研究可以看出，世界主要国家长期护理财务供给的制度体系都是由多种主体构成的一个系统，各主体之间功能互补，除这些国家以外，其他一些发达国家也都是通过构建制度体系来化解失能老人长期护理的财务需求风险（见表6-1）。

---

① Holdenrieder, J., "Equity and Efficiency in Funding Longer-term Care from an EU Perspective", *Public Health*, 2006, 14: 139-147.

表 6 – 1　主要国家长期护理财务供给的制度体系

国家	制度体系	主要制度模式	国家	制度体系	主要制度模式
英国	普惠制模式	√	德国	公共护理保险模式	√
	社会救助模式	√		私人护理保险模式	√
	私人护理保险模式			社会救助模式	√
瑞典	普惠制模式	√	日本	公共护理保险模式	
	私人护理保险模式			私人护理保险模式	
				社会救助模式	√
法国	公共护理保险模式		美国	私人护理保险模式	√
	私人护理保险模式	√		公共护理保险模式	
	普惠制模式	√		社会救助模式	√
	社会救助模式				
奥地利	普惠制模式	√	荷兰	公共护理保险模式	√
	私人护理保险模式			私人护理保险模式	
	社会救助模式	√		社会救助模式	

五　发达国家长期护理财务均衡的经验与启示

德国、日本、美国和瑞典等国家的长期护理财务均衡制度可以为中国失能老人长期护理财务均衡制度的建立提供一些可以借鉴的经验。

（一）运用长期护理保险制度化解失能老人护理财务风险是人口老龄化背景下一些国家制度选择的必然趋势

20 世纪 70 年代起，德国、日本和美国先后根据本国国情建立了长期护理保险制度，虽然德国、日本实行的是公共长期护理保险，美国建立的是商业长期护理保险，但其建立的社会背景相似。一是老龄化导致的失能老人数量增加，给家庭、社会带来了巨大经济负担，这也是各国建立长期护理保险制度的根本原因。二是老年人的长期护理问题给医疗保险、社会救助等其他制度的正常运行造成严重的影响，从而政府有动力去推动长期护理保险制度的建立，这是各国建立长期护理保险制度的直接原因。而这些国家在应对失能人口问题时所采取的一个重要的经济措施就是都运用护理保险方式来化解风险。中国人口老龄化、家庭结构小型化，失能老人长期护理的财务风险迫切需要通过一种制度化的方式来化解，而长期护理保险是化解护理经济风险的一个理性选择。

（二）长期护理保险财务供给责任主体选择要符合化解护理风险的需要

德国、日本护理保险责任主体是政府，实施公共护理保险制度，德国、日本的政府起着"保险人"的作用，强制所有未来有风险的人参保，政府还承担长期护理保险财政补贴的责任。而美国护理保险责任主体则选择了市场，采取了商业护理保险，政府只在长期护理保险中起到"监管人"的作用，人们自由选择是否参加长期护理保险，政府不加以强制，政府财政不承担长期护理保险费用，完全由参保者个人负担所有保费。采取什么样的责任主体，不但取决于这个国家的国情、意识形态和社会制度，还取决于不同责任主体选择的制度效果。就目前来看，德国、日本的公共长期护理保险制度在制度覆盖的人口群体、经费负担和待遇水平等方面的实施效果要优于美国的商业护理保险制度，关于这方面问题，我们在以后的章节中会讨论。中国失能老人的长期护理保险应借鉴德国、日本和美国的经验，建立强制性的公共长期护理保险制度，政府作为制度实施的责任主体，承担制度构建、运营、法律规范、财政支持、监督管理等责任。

（三）建立多主体供给机制以保证制度财务的可持续

德国、日本、美国、瑞典、荷兰、奥地利、英国这些国家在应对人口老龄化所引起的需要长期护理的失能老人不断增加的社会风险的过程中，建立多主体护理财务供给体系，发挥多主体功能互补作用，以保证财务供给的可持续，这是制度的生命力所在。中国应借鉴发达国家的经验，科学规划中国失能老人长期护理财务供给制度，建立一个稳定、可靠、可持续发展的财务供给机制。既要减轻老龄化给失能老人及其家庭带来的沉重经济负担，也要防止护理财务制度不科学给年轻人和政府财政带来沉重的负担。

第二节　公共长期护理保险制度为主导的财务供给体系的构建

一　多元主体体系的架构

失能老人长期护理的财务需求是人类最低层次的生理需求，而在个人或家庭、市场都无法满足最低需求时，需要政府介入并供给。发达国家的经验表明，个人或家庭、私人护理保险和政府财政供给并不能完全消除所有失能老人长期护理的不确定性风险，而这个风险已经成为社会面临的共同风险，需要政府新的制度供给来化解风险。而制度供给主要取决于以下三个方面。

（1）制度的效应。化解失能老人长期护理财务风险的制度安排首先要考虑制度的效应，即成本和收益。任何一种制度安排，即使没有摩擦成本，也需对其成本与收益进行比较，只有在新制度安排能够带来的收益超过新制度的成本，或者旧制度安排的成本高于新制度安排的成本时，制度供给才有可能发生。传统的以个人或家庭为主体的失能老人长期护理财务供给方式，因外部环境变化而丧失了功能，需要新的制度安排，而制度安排的原则是有效且成本最低。失能老人长期护理财务风险的制度化化解，可以减少失能老人陷入贫困而导致的政府社会救助的增加，减轻政府的财政负担，另外也有助于社会认同感的培养，有助于社会稳定，具有社会效应。

（2）执政者的认知。对失能老人长期护理财务需求风险是社会风险还是个体风险的不同的认知和判断结果影响着制度供给方式，也影响着制度供给成本。制度供给依赖执政者的知识基础与执政者的风险意识两个因素。只有执政者具备一定的知识基础，对失能老人长期护理财务需求的风险能够理性预期，就可以为制度创新创造有利的条件。

（3）制度供给的动力和国家推动力。失能老人长期护理财务制度供给的动力是大量失能老人产生的长期护理财务需求，这种需求已经成为社会共同的需求，从而形成制度供给的需求动力。而失能老人长期护理财务需求得不到合理满足会影响社会稳定，影响社会认同，影响执政者的执政基础，从而形成制度供给动力。而制度供给的进程需要供给主体来推动，供给主体的知识结构和对影响制度供给的动力因素的认知决定了制度供给的实际情况。国家是制度供给的第一行动集团，国家出于自身利益的需要，会通过为社会提供服务和保护，并通过自身的行政力量来促进制度创新。

因而政府的制度供给化解失能老人长期护理财务风险具有必要性。但是政府怎么供给、供给什么制度？从个人或家庭、私人护理保险和政府财政供给能力分析中可以看出，单一主体供给能力有限，只有多元主体的供给体系才能满足失能老人长期护理的财务需求，即政府、市场、社区与志愿组织等共同供给的制度体系，这种体系的核心是"多元化"和"核心化"，也就是失能老人长期护理的财务供给主体不是单一的国家，也不是单一的个人或家庭，而是由传统的单一的个人或家庭供给向政府、市场、社区和志愿组织多元供给主体转变。财务供给的方式不是单一主体的垄断，而是多样化和共同竞争（见图6-2）。失能老人长期护理财务供给主体从单一的个人或家庭到分散的多元主体，再到整合的多元主体共同融合，在这个过程中有着不同利益诉求的供给主体需要朝向一个共同的目标努力。但是，多元主体的融合和协调成为制约多元主体功能发挥的瓶颈，因而理想的状态应该是政府提供完善而充足的制度，以激励和规范多元主体按照政府的意图实现财务供给的目标，降低交易成本和信息不对称而带来的供给损失。所以，仅有长期护理财务供给主体结构性的制度构建还不行，多元财务供给主体的供给效果是否有效以及各主体融合协作的状态，还取决于各主体关系的构建。

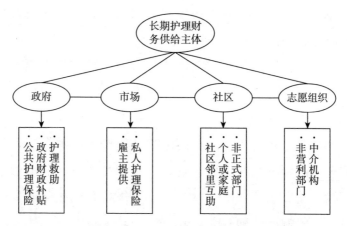

图 6 – 2　中国失能老人长期护理财务供给体系架构

二　制度型供给模式与多元主体组合方式

在多元财务供给主体中，政府、市场、社区和志愿组织的组合，直接影响到各主体的责任、责任边界及各主体的融合和协调。多元主体融合的基础是科学确定各主体在长期护理财务供给中的地位，即确定主体在长期护理财务供给中是主导地位还是辅助地位。不同组合方式的结果反映了制度理念的差别，反映了福利模式的选择。社会福利制度有剩余型和制度型两种社会福利模式。制度型福利模式认为社会福利是任何社会必须具备的一项重要职责和功能，社会福利不是在个人或家庭、市场不能满足个人需要时政府才介入，而是现代社会结构中常规化和永久性的制度，不同于自由市场和家庭的收入再分配机制，是一种事前预防机制，这种制度把福利享受对象从特殊的弱势群体扩大到所有社会成员，从选择性社会福利到普遍性社会福利，这个模式中政府扮演一种积极的、主动的角色。剩余型福利模式也称为残补式福利模式，是指福利制度仅扮演常态社会结构（家庭和市场）功能失灵后的补救角色，即个人福利供给首先通过家庭、市场来解决，家庭、市场失灵时才由政府福利制度来提供补救，即福利制度只有在紧急状态才能启动，家庭和市场等社会的常态系统正常运转后，福利制度就退回后台。

显然，选择不同的福利供给模式，失能老人长期护理财务供给主体组合方式就有差别。中国社会保障制度采用了制度型模式，这与中国社会保障制度相适应。由于失能老人长期护理财务风险是一个常态的风险，也是一个社会所有成员面临的共同风险，失能老人长期护理的财务需求通过制度型模式供给具有一定的社会意义。本书采用制度型福利模式，建立事前预防的制度化、常规化和永久化的失能老人长期护理财务供给制度，即建立以政府为主导的，其他主体共同参与的长期护理财务供给的制度模式。而政府制度型模式的组合方式主要有以下三种。

（1）政府财政普惠制财务供给模式。就是由政府财政承担所有失能老人因长期护理而发生的财务损失，政府鼓励私人购买长期护理保险。财务供给体系是由"普惠制模式＋私人护理保险模式"构成的长期护理的财务供给体系。

（2）政府财政补贴模式。就是由政府财政按照失能老人失能等级补贴部分护理费用，政府鼓励购买公共长期护理保险和私人护理保险。对于没有收入的穷人，政府提供社会救助制度。

（3）公共长期护理保险制度模式。政府提供公共长期护理保险制度，强制所有有收入的人购买公共长期护理保险，鼓励购买私人护理保险。对于没有收入的穷人，政府提供社会救助制度。

显然，单一由政府财政普惠制供给受到政府财政供给能力和执政者理念的影响，虽然政府财政补贴模式中政府财政负担较轻，但是受助人的风险并不一定得到完全化解。公共长期护理保险制度模式由于采用风险共担的运营机理，风险可以由所有投保人共担，所以成为制度型模式的必然选择。

三 以政府公共长期护理保险制度为主导的原因分析

虽然福利多元理论提倡福利供给主体多元化，但是在多元主体中需要一个主体在整个体系中起主导作用，为失能老人长期护理财务均衡起引领和稳定供给的作用。而要成为失能老人长期护理财务供给的主导主体需要具备以下三个前提条件。

（1）财务供给要具有稳定性。长期护理财务供给主体需要具有充分、稳定的收入来源，显然，现代社会家庭人口结构小型化、核心化，使家庭本身面临着很大的风险，加上家庭成员因劳动力市场的变化而引发的失业率的提高，家庭收入来源不稳定，家庭已经无法成为失能老人长期护理的稳定的财务供给主体。志愿组织社会信任程度的下降，志愿组织对慈善捐赠的过度依赖，以及大多数志愿组织以业余方式来提供福利的行为，使志愿组织"志愿失灵"。没有稳定的收入来源，失去了失能老人长期护理财务供给的基础，志愿组织也不能成为长期护理财务供给的稳定的主体。

（2）财务供给要具有持续性。失能老人长期护理的财务需求是一项持续的、长久的生存需求，只要有人口老龄化就会有失能老人，就会有长期护理的财务需求，因而失能老人长期护理的财务需求将会伴随人类社会而存在。如果一个主体的供给不具有持续性，将会引发社会的不安，导致失能老人的生存得不到保障，就不具有主体的功能。

（3）财务供给是主体法定的责任和义务。失能老人长期护理财务供给是主体不可推卸的责任，这是主体法定的责任和义务，而不是临时性、随意性和无序的。只有这样，主体才会具有社会公信力，才能被社会成员所接受，才会具有组织和实施财务供给的基本条件。

政府是具备上述前提条件的主导主体，建立以政府为主导的失能老人长期护理财务供给体系是必然的选择。所以本研究依据福利多元理论，提出失能老人长期护理财务供给的"主导论"观点，即建立以"政府公共长期护理保险制度为主导，私人长期护理保险和个人储蓄为补充，政府财政救助为托底的多元财务供给体系"。这种体系首先明确了起主导作用的主体是政府，政府通过公共长期护理保险制度的载体来提供长期护理财务，私人长期护理保险和个人储蓄起着补充的作用，而政府财政救助起着托底的作用。政府以公共长期护理保险制度和政府财政为载体发挥作用，市场通过私人护理保险发挥作用，个人或家庭购买市场所提供的长期护理服务来满足长期护理需求。能够发挥主导作用的不可能是市场，因为市场会出现市场失灵现象；也不可能是社区或者志愿组织，因为在中国这些主体的功能还没有被调动起来，财务供给能力不足和财务供给的覆盖面较窄，主体自身发育程度和社会影响力欠缺。以公共长期护理保险制度为政府主导的载体，其理由如下。

（1）责任明确，边界清晰。政府主导失能老人长期护理财务供给有四种方式，一是政府普遍福利主义方式，二是政府财政补贴方式，三是政府财政救助方式，四是公共长期护理保险方式。显然四种载体中，政府普遍福利主义方式的财务供给责任全部由政府财政负担会使失能老人长期护理的风险与政府财政的状态密切相关。失能老人长期护理财务供给与政府财政挂钩，会影响到财务供给的稳定性。虽然政府财政补贴可以按照失能老人失能等级给予不同标准的补贴额，但是每个个人或家庭的负担能力有差异，会产生部分家庭补贴不足以化解失能老人长期护理的风险。而政府财政救助方式仅是对部分经济陷入困境的失能老人提供救助，是一种补缺型的制度模式，显然不能化解所有失能老人的长期护理财务风险。而政府提供的公共长期护理保险制度使每个有工资收入的人在事前缴费、由雇主缴费，当他们年老失能时，由公共长期护理保险给予失能护理津贴。一部分人还可以通过购买私人长期护理保险和个人储蓄来提高风险负担能力，而一些既没有购买公共长期护理保险，也没有购买私人长期护理保险，且处于生活贫困状态的失能老人可以由政府财政救助提供帮助。这样政府的责任、市场的责任和个人的责任明确，责任边界清晰。

（2）参与主体多。公共长期护理保险制度调动了国家、市场、家庭、雇主等社会多方主体参与失能老人长期护理的财务供给，财务供给的责任主体多元化，避免了单一主体承担能力和供给水平低、供给覆盖面窄的问题，也形成了风险在各主体之间分担的机制，不会因某一主体的财务负担能力而影响失能老人长期护理财务供给。

（3）参与主体财务负担轻。政府主导的公共长期护理保险制度，采用风险损失在所有投保人之间共担的原理，使得财务供给主体财务负担轻。因主体按照工资收入的一定比例缴费，财务供给具有可持续性。

（4）覆盖人群最多。由于公共长期护理保险强制所有有工资收入的劳动者缴费参保，所以社会上大多数的人口覆盖在制度之下，这些人的失能财务风险能够得到化解。而少数人失能的财务风险就可以通过市场、家庭或政府财政救助来化解。

（5）具有可操作性。一个主体起主导作用，其他主体按照各自的功能起着补充、托底的作用，各自的责任和边界清晰，主体的组合方式具有层次性和可操作性。

根据制度供给学派的观点，选择公共长期护理保险制度，政府成本最小，而收益最大，具有国家推动的动力源。国外一些发达国家失能老人长期护理保险制度的经验也表明，以公共长期护理保险制度为主导的长期护理财务供给体系具有可行性，而中西方长期护理财务风险的性质和特征具有一致性，化解风险的手段就具有共同点。

四 以政府公共长期护理保险制度为主导的财务供给体系的架构

以政府公共长期护理保险制度为主导的财务供给体系可以划分为四个层次，各主体之间的功能和责任边界如图 6 - 3 所示。图 6 - 3 表示，失能老人长期护理财务需求首先可以通过公共长期护理保险提供，其次通过私人保险和个人或家庭提供，如果既没有公共长期护理保险，也没有私人护理保险，个人或家庭也处于贫困，可以通过政府财政救助提供帮助。各主体的功能定位明确，且具有层次性，即公共长期护理保险制度能够满足所有参保人群长期护理的适度需求，私人护理保险能够满足所有参加私人保险人群的适度需求，政府财政救助的对象是陷入贫困的人群。步骤 5、步骤 6 用虚线表示护理财务供给可能实现，也可能不会实现。步骤 7 用虚线表示财务供给需要家计调查。

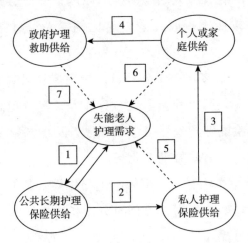

图 6 - 3 以政府公共长期护理保险制度为主导的财务供给体系

（一） 强制性公共长期护理保险是化解长期护理财务需求风险的第一层次

失能风险是社会普遍存在的风险，具有社会风险的属性，并且这个风险的发生具有一定的规律可循。由于具有失能风险的老年人数量大，失能老人长期护理风险的发生具有一定的概率，长期护理风险的经济损失可以预测，失能风险的发生不会具有普遍性，因而根据可保风险四要素原理，这样的风险通常可以采取保险这种经济手段来处置。

公共长期护理保险通过强制参保机制建立风险分摊集合体，参保人因失能而发生的长期护理费用成本由社会保险费支付。公共长期护理保险是具有社会政策特征的保险制度，因而从财务安排角度，它一方面具有保险互助互济、风险分摊的财务机制安排，以筹集足够的资金，提供适当的保障，以化解长期护理财务风险。另一方面公共长期护理保险具有社会性，制度的目标是满足失能老人长期护理基本需要，因而制度财务具有个人或家庭与国家、政府连带责任，各方共担机制下被保险人的财务负担小于私人长期护理保险制度下被保险人的财务负担。公共长期护理保险具有强制性，强制性长期护理保险制度使得任何人不能根据自身的风险预期选择是否参保。所有参保人风险发生的整体概率相对稳定，有利于制度根据过去的风险状况计算出整体所需的护理费用，并确定全体投保人缴费率。公共长期护理保险制度消除了私人保险逆向选择的倾向，制度财务可持续性强。

基于公共长期护理保险制度的效应，为了化解失能老人长期护理财务需求的成本风险，可以强制有工资收入的劳动者参加长期护理保险，按照工资收入的一定比例缴纳护理保险费，建立社会统筹账户并采取现收现付制来运作长期护理保险基金，投保人65周岁及以上且具有护理服务需求时，按照失能老人失能状态的不同护理需求来确定护理津贴的水平。在中国现行的社会保险费率总体水平较高的背景下，继续提高社会保险费率存在着障碍，但是可以通过调整各险种间的费率结构来保证公共长期护理保险制度稳定的资金来源。

当然，公共长期护理保险也有其缺陷，即这种制度的设计仅使有工资收入或有收入的人口群体有能力参保，能够享有公共长期护理保险财务供给，但是没有工资收入或没有收入的人口群体就被排斥在制度之外，需要其他制度加以保障。

（二） 私人长期护理保险是化解失能老人长期护理财务需求风险的第二层次

私人长期护理保险就是由商业性保险公司作为主体对长期失能老人所发生的护理费用成本损失提供经济补偿的一种运营机制。私人保险优于私人储蓄和家庭代际互助，其基本的理由是风险共担，即由所有长期护理保险参保者共担少数人因发生失能风险而产生的经济损失。私人长期护理保险的自愿购买比个人储蓄更有效率，因为保险可以把资源从护理需求低的人重新分配给护理需求高的人，同时私人护理保险也可以体现选择权、自主权和个人的尊严。

但私人长期护理保险并没有成为护理保险主流，其原因是受到供给面和需求面等多种因素的影响。长期护理私人保险供给不足主要是由于行政成本、信息不对称、逆向选择、道德风险和聚集风险，另外长期护理财务需求的发生率与给付成本估算困难也给私人长期护理保险供给带来了风险。对于需求面，对风险缺乏认知、偏好目前消费而忽视未来消费、偏好家庭护理、私人长期护理保单给付水平和给付范围有限、家庭购买私人护理保险经济能力等多方面影响，导致个人购买私人长期护理保险意愿偏低。从公平性看，私人长期护理保险需要满足的公平性缺乏，高额保费导致购买能力不足的人无力购买保险，违反了同等需要获得同等护理的公平原则，这也是私人护理保险受到质疑的地方。

私人长期护理保险的特征表明，私人长期护理保险只能作为失能老人长期护理成本风险补偿的一种补充手段。为了弥补公共长期护理保险制度护理成本补偿程度不足的缺陷，政府可以通过税收优惠等手段鼓励有经济能力的个人根据自身的状况购买私人长期护理保险，以此来提高失能老人长期护理成本的补偿水平。

（三）　个人或家庭储蓄保障是化解失能老人长期护理财务需求风险的第三层次

传统意义上家庭被视为失能老人长期护理的责任者，即主要由家庭提供护理服务，或由个人或家庭负担因失能老人长期护理需求而衍生的财务支出。以个人或家庭为主的筹资模式主要包括代际护理、私人储蓄和房屋资产抵押等。因而依靠个人或家庭储蓄来承担失能老人长期护理成本，需要个人或家庭有稳定的收入来源，且收入要有剩余。针对一些失能老人，如果既没有参加公共长期护理保险，也没有参加私人长期护理保险，就需要由个人或家庭储蓄来承担失能护理成本。但是，个人或家庭护理、私人储蓄主要是通过家庭连带或投资工具将资源在个人生命周期进行转移①，但是资源却无法在风险程度高低者之间、需要程度高低者之间合理转移，因而这种筹资模式缺乏风险共担的机制，使在家庭人力缺乏和家庭财务不足时，大量失能老人因没有私人储蓄而丧失基本的护理服务。

（四）　政府护理救助制度是化解失能老人长期护理财务需求风险的最后防线

无论是公共长期护理保险、私人长期护理保险，还是个人或家庭储蓄保障，都需要以收入作为前提，但是针对没有收入来源的失能老人，就需要政府提供社会救助来化解失能护理的风险，这就需要通过家计调查确认失能老人受资助的资格。政府的护理救助是失能老人化解长期护理财务需求风险的最后防线。

---

① 家庭连带是指家庭内部成员通过血缘关系共同承担家庭其他成员因年老失能而发生的长期护理费用成本。家庭连带与社会连带在范围上有差别，家庭连带是在家庭内部成员之间分担风险损失，而社会连带是在全社会范围内分担风险损失，因而两者风险共担的能力不同。

第三节　公共长期护理保险制度设计与
财务供给能力分析

一　公共长期护理保险制度的财务模式

（一）　公共长期护理保险制度的财务模式

公共长期护理保险制度的财务模式有现收现付制和事先积累制两种方式。现收现付制源自代际互助，即由有收入的在职劳动人口承担失能老人长期护理财务费用，而现在在职劳动人口未来年老失能时也由下一代在职劳动人口承担失能长期护理财务费用，不事先预存未来所需的护理费用。国家以其信用作为代际互助的担保，并在制度出现风险时给予财政支持。现收现付制无须事先积累资金，一旦制度实施，即可以对失能老人提供长期护理财务支持，具有政治优势，并且没有基金管理的成本和投资运营、保值增值的风险。但是，这种财务运作面临双重压力，一方面，长期护理保险给付期间是老年人失能期，并且要持续到失能老人恢复正常生活或持续到失能老人死亡。人口老龄化会导致失能老人持续增加，长期护理保险支付也会持续增加，因而长期护理保险现收现付制会受到来自人口老龄化而导致失能人口增加所形成的护理保险支付增加的压力。另一方面，人口老龄化又会使得在职劳动人口比重相对减少，而长期护理保险财务收入主要依靠在职劳动者工资收入，在职劳动者数量不断减少，长期护理保险收入存在不断萎缩的危机。

积累制是通过事先提存准备金的方式来应对未来老年时发生的长期护理成本费用的财务风险，是一种自我责任与事先储蓄。获得长期护理给付资格的条件是事先缴费。积累制主要有两种方式，一种是个人储蓄（individual savings accounts），一种是团体储蓄（group savings accounts）。个人储蓄是个人生命周期内收入所得重新再分配的结果，但是由于长期护理财务风险发生率低，而一旦发生时护理时间长、费用高，因而采用个人储蓄制度时个体缴费率高，个人储蓄基金使用效率低。团体储蓄是所有参保者通过缴费建立一个共同的基金，以防范未来被保险者失能的财务风险。它的一个重要的特点就是所有被保险人一旦发生风险，所有投保人共担其失能护理财务损失，其风险共担的效果较明显，因而团体储蓄是长期护理保险制度的优先选择。积累制事先提存，理论上会使制度无法立即实施，目前需要长期护理服务的失能老人的财务风险无法得到化解，要么就是由个人或家庭负担财务风险，要么就是由政府以税收融通方式解决，这样会造成在职人口既要为自己未来失能财务风险承担责任，也要为现在已经失能的老人承担财务责任，造成双重负担问题。[1]另外，事先提存的积累制是建立在事先能够准确计算长期护理缴费率的基础之上的，但是科技进步、人均余命延长导致老年人失能率不确切，以及长期护理人力成本变化，进而事先提存的积累制财务均衡也会受到威胁。

（二）　中国公共长期护理保险制度的财务模式选择

现在已经实施长期护理保险制度的一些国家，基本上采用现收现付制度，还没有发现有采用积累制财务模式的国家。本书主张选择现收现付制财务模式作为中国失能老人长期护理制度的财务模式，一方面可以对失能老人的长期护理提供财务支持，彰显制度的效果；另一方面，选择现收现付制也可以使筹集的资金使用效率最大化。因为失能有一定的概率，并不是所有的老人都会失能，采用积累制就会导致一部分不失能老人的账户资金不能得到合理的使用，而失能老人的账户资金可能不足，除非采用较高的缴费率。最后，选择现收现付制时缴费率最低，因为是用所有投保人的缴费为少数失能老人长期护理财

---

[1]　郑文辉：《推动长期照护保险可行性之研究》，台湾"行政院经济建设委员会"，2004，第17页。

务损失承担经济责任，而不是自己积累资金为自己将来失能风险承担经济责任。

但是，为了防范未来中国失能老人长期护理保险制度财务支付的风险，建议在财务负担较轻时，通过多种手段建立一个风险储备基金，在未来财务负担较重时来缓解社会和政府财政的负担。

二 公共长期护理保险制度的参保对象

长期护理保险制度的财务需求是一个潜在的需求，长期护理的潜在需求不会因为财务供给而改变，但是长期护理保险制度保障的失能老人却有可能因为制度的设计、财源筹资的对象等相关制度性供给而发生变化。长期护理保险制度参保对象的确定既是规范制度筹措资金的对象，也是规范长期护理保险制度的覆盖人口群体。从理论上讲，凡是未来具有失能风险的人口群体都应该参加长期护理保险制度，但是各国长期护理保险制度的目标人群有差别，参保对象也有差别。根据社会保险制度的特征，长期护理保险制度可以是全民纳保，也可以基于年龄、失能风险程度以及财务负担能力等考量，将长期护理保险制度的参保对象进行不同的区分。

德国长期护理保险制度的参保对象原则上是附随医疗保险，参加法定医疗保险制度的参保人均属于长期护理保险制度的覆盖对象。而医疗保险中非强制性参保对象也必须参加护理保险，也就是被保险人及其被抚养人（即眷属）需加入长期护理保险制度；而自愿加入私人医疗保险者也有加入私人长期护理保险的义务，因此德国长期护理保险几乎是全民社会保险。

而日本介护保险参保对象是从年龄上给予界定，规定居住在市町村的 40 岁及以上的全体国民作为强制保险对象，其中 65 岁以上者为第一号被保险者，40～64 岁为第二号被保险者。这两种被保险者在护理资格的获取上存在区别，第一号被保险者只要需要长期护理（例如卧床不起、痴呆）或者需要支援（例如虚弱、疾病），其护理资格自动生成；对于第二号被保险人，2001 年规定如果是由老化特定疾病所引起的肌肉萎缩性侧索硬化症、后纵韧带骨化症等 15 种特定的疾病，则可以利用介护服务；2006 年将内容大幅度调整为 16 种老化特定疾病可以利用介护服务。由于日本介护保险制度参保对象仅限于 40 岁及以上的国民，所以缴费群体数量少，缴费费率高，政府财政补贴负担重。

中国台湾学者郑文辉的研究也发现，限制参保年龄对长期护理保险整体预估的总费用影响不大，但是分担风险的人数大幅降低会增加保险费率，加大长期护理保险的开办难度，所以建议实行全民参保和全民保障。[①]

如何界定中国长期护理保险制度的参保对象？长期护理保险制度的参保对象是制度的定义，不是绝对的定义。参保对象的界定应该遵循社会连带互助、风险共担、大数法则等原则，因为失能已经成为一项社会风险，并非个人或家庭所能承担的，通过社会成员间的互助，将个人发生概率低，但一旦失能就需要个人或家庭承担巨大的财务损失，转化为参保人必须共担而且有能力承担的财务损失，从财务角度看也就是要基于财务可持续性和以财务风险社会共担为原则。因而，中国长期护理保险制度设计时，参保对象可以界定为 16～64 岁从事经济活动且有工资收入的劳动者，包括农村就业人口，这些人在有工资收入时应该为已经失能的老人提供财务支持，而现在在职人口未来面临的失能风险由下一代在职人口提供经济补偿。同时，制度设计时将所有 16～64 岁从事经济活动且有工资收入的人口纳入长期护理保险制度，能够使他们成为长期护理保险缴费的最基本主体，以及长期

[①]　郑文辉：《推动长期照护保险可行性之研究》，台湾"行政院经济建设委员会"，2004，第 17 页。

护理保险制度最稳定的资金来源。

三 公共长期护理保险制度的待遇给付

长期护理保险制度的待遇给付包含给付资格的认定、给付方式与内容、给付上限和支付标准等制度设计。

(一) 给付资格的认定

第一，年龄条件。从理论上讲，疾病或年老所造成的生理、心理和认知功能障碍而导致生活无法自理者，都是长期护理保险制度给付的对象。任何年龄都有长期护理财务需求的可能。各国对给付对象的年龄限制不尽相同，德国长期护理保险是一项国民保险，所以其给付对象是全体民众，认为每个人都可能面临护理需求风险，并非仅有老年人会面临，所以该制度以护理需求作为判定基准，并不是将年龄作为判定基准。荷兰的给付对象也是全民，主要的三大目标人口群，即老人、失能者及精神疾病者。但是日本介护保险制度是以高龄者的自立援助为目的，以共同连带的理念，由全体国民的相互援助为高龄者承担介护财务责任，因此长期介护服务的给付对象以65周岁以上的高龄老人为主，40岁到64岁则限定16种特定疾病的需护理者或需帮助者，才能使用服务。而韩国长期护理给付对象除老年人外，规定非老年人只有在患有老年人疾病时才能纳入给付对象。

中国2010年第六次人口普查数据反映，60~64岁老年人失能率仅为0.88%，而"中国老年健康影响因素跟踪调查"（CLHLS）数据反映，65~69岁人口的总失能率为4.8%（见表4-5）。表明老年人年龄越大，失能的概率越高，因而本研究借鉴国际上的一些经验将中国失能老人长期护理保险制度的给付对象年龄界定为65岁及以上。当然如果限制年龄，65岁以下但有失能风险的人口就会被排斥在制度之外，需要为这部分人建立其他制度来给予经济赔付，又需耗费大量的行政成本，而且容易造成制度的碎片化。而限制给付年龄对长期护理保险制度整体预估的总费用影响幅度并不大，毕竟年轻人失能的概率非常小，所占比例极其小。因而中国长期护理保险制度的实施可以实行"两步走"战略，制度初期以 65 岁及以上人口为目标，待制度不断完善并被社会所认同后可以将 65 岁以下人口也纳入到长期护理保险制度之中。

第二，参保条件。参保条件是与制度模式相适应的，不同制度模式的参保条件不一样。为了体现长期护理保险制度的权利和义务相结合原则，使社会成员尽义务，也为了保持制度的稳定收入来源，要满足长期护理保险制度待遇享受的资格条件，就必须有参保记录，即有工资性收入时必须按照工资收入的一定比例缴纳长期护理保险费。考虑到制度实施的初期，有些参保人员已经接近给付年龄，因而不同年龄的人参保缴费年限可以设计得不同，可以根据参保人现有的年龄确定长期护理保险制度的最低参保年限，但一定要强调制度实施时还在工作且有工资收入、已经接近给付年龄的人口参保，以体现权利与义务结合的原则。

为了使已经失能的老人长期护理财务损失得到补偿，在制度实施的初期，应该承认历史债务，承认老人承担过上一代失能老人护理财务费用责任的历史现实，对已经失能的老人建立视同具有参保资格条件的机制。一方面能使制度立即得到实施，以体现制度的社会效应，鼓励更多人参保；另一方面也能体现社会公平和社会责任。

第三，失能条件。老人失能是长期护理保险制度给付资格条件之一。目前对失能的界定有不同的标准，有以基础性日常生活活动功能障碍作为长期护理保险制度给付条件的，也有以工具性日常生活活动功能障碍作为长期护理保险制度给付条件的，甚至有把认知障碍作为长期护理保险制度给付条件的。本书认为应该采取两步走战略，先易后难，在制度建立的初期，为便于操作，减少制度的障碍，把失能界定为吃饭、穿衣、洗澡、上厕所、室内走动、上下床 6 项最基本的日常生活活动能力受限，并作为制度初期的给付条件，待制度不断成熟后再将工具性日常生活活动和认知障碍风险损失财务赔付逐步纳入制度范围内。

因而，目前可以规定老人要获得长期护理保险制度给付资格，就要符合基础性日常生活活动功能障碍条件。至少要有一项基础性日常生活活动功能障碍，才能符合失能条件，才能依据制度规定获得长期护理保险制度的给付。

（二） 待遇给付方式

第一，待遇给付方式。由于长期护理保险制度的理念、目的和运作环境不同，长期护理保险制度的待遇给付方式也不同，纵观各国长期护理保险制度，主要有实物给付方式和现金给付方式两种。现金给付方式是被保险人根据需要接受相应的护理服务，由保险机构对此进行护理费用补偿。实物给付即由护理服务提供者直接提供护理服务，费用由长期护理保险机构支付。

实物给付与现金给付的差别在于护理服务提供者与长期护理保险机构之间的关系。长期护理保险机构提供实物给付的必要条件是保险人与护理服务提供者或专业机构提供者订立合同，护理需求者向保险人申请护理服务后，获得保险人发放的经失能等级评估机构鉴定评估的护理需求凭证，凭此要求专业机构提供者提供相应的服务，所需费用由保险机构直接支付给护理服务机构。

现金给付方式中保险人与护理服务提供者没有直接关系。失能等级鉴定评估机构将护理需求者的鉴定报告提交给保险人，保险人据此向护理需求者提供相应给付等级的现金补偿，护理需求者可以用现金购买护理服务提供者的护理服务，由家庭成员提供护理服务的护理需求者也可以将这部分现金补偿视同对家人的一种财务补偿（见图 6 - 4）。

第二，不同待遇给付方式的比较。是采用实物给付还是采用现金

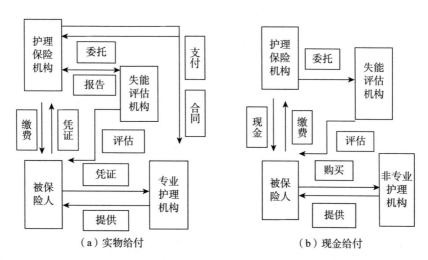

（a）实物给付　　　　　　　　　（b）现金给付

图 6 - 4　长期护理保险实物给付与现金给付关联示意

给付，社会上争论较大。主张采用实物给付的主要观点是现金给付有较多的缺陷。一是提供现金给付可能导致家属不把给付的现金完全用于失能老人长期护理服务上，这样就失去长期护理保险制度能够帮助失能老人维持一个基本的有一定品质生活的目的。二是现金给付是对家庭成员相互提供长期护理的财务补偿，但是由家属所提供的护理服务的品质无法得到保证，因为很多护理服务需要具有专业的技能。三是家庭可能仍旧选择家中的女性来承担护理工作，一定程度上剥夺女性参加工作的权利，甚至加重了女性的精神负担。四是长期护理保险机构为了控制长期护理成本支出，往往使护理服务现金给付标准较低，无法补偿失能老人护理服务的损失，也不够购买护理服务。

　　主张采取现金给付的主要观点是完全提供实物给付也有许多缺陷。一是实物给付是建立在护理服务市场较发达的基础之上的，由于专业护理服务数量、质量直接影响失能老人长期护理服务的质量，因而长期护理服务市场的成熟度就会影响服务价格、服务质量和受护理者的选择。二是低收入家庭有意愿通过家庭成员来提供护理服务却无法获得任何补偿来补贴家用，造成人力闲置。三是实物给付的护理服务未必能够满足受护理者的需要等。

第三，待遇给付方式的选择。长期护理保险制度待遇给付方式的选择取决于制度理念和护理服务的市场环境。德国、日本政府将长期护理保险纳入社会保障体系之中，采取实物给付为主、现金给付为辅的支付方式，通过发挥医院护理、社区护理和居家护理的作用，合理利用护理资源，为失能老人提供完善周到甚至个性化的护理服务，使实物给付方式能够顺利实施，满足被保险人生活、精神上的多种需求。美国是自由竞争的市场经济制度国家，长期护理保险采用私人护理保险，主要以费用补偿为目标。另外，美国长期护理产业十分发达，也为老年人根据身体状况和生活需要选择不同等级的护理服务和服务环境提供了外部条件。法国作为世界上最早进入老龄化社会的国家，社会保障体系比较完善，而且老龄产业较发达，机构养老服务非常发达，服务机构设施完备。正是因为有如此完善的护理服务和护理机构，法国护理服务的需求者有了更多的选择，因而法国政府根据自由选择权的原则，采取支付固定金额的方式，提供固定的护理补助金，让失能老人自由选择护理服务提供者。①

中国长期护理保险制度采取现金给付还是实物给付？由于中国长期护理服务市场还不成熟，还没有一个护理服务市场行业标准，且护理服务供给数量、质量极其有限，还没有形成一个竞争性市场，市场供给量小于市场需求量。完全依靠实物给付会受到市场供给量、市场服务质量等因素的制约，从而影响失能老人长期护理服务质量。因而，长期护理保险制度可以采取实物给付与现金给付相结合的方式，一方面由政府通过招标形式、准入形式在社会上公开选择一些环境好、设施完备、服务质量较高的护理机构作为失能老人长期护理服务提供者。护理保险机构与护理服务机构签订合同，由这些护理服务机

---

① 冼青华：《我国长期护理保险实施实物给付方式探讨》，《金融教学与研究》2010年第3期。

构为失能的被保险人提供专业的护理服务。被保险人如果选择在这些机构获得护理服务，可以由护理保险机构直接与护理服务机构结算护理费用；如果失能的被保险人选择非签约护理机构，护理保险机构应综合考量失能老人失能等级与非签约护理机构的价格，可以直接支付给护理服务机构服务费用，但支付标准不能超过签约机构。另一方面，对于由非专业机构、家庭提供护理服务的失能老人，护理保险机构应根据失能老人的失能程度支付相应的现金补贴，以弥补非专业提供者、家庭成员护理服务的成本。

（三）　待遇支付标准的确定

第一，失能等级的鉴定。尽管长期护理服务费用有地域差异，但对于需要长期护理服务的状态、失能等级与认定程序等应该制定全国统一的标准。失能老人长期护理保险制度的待遇支付标准是根据失能老人的失能等级来确定的，不同失能等级的待遇支付标准不同，因而要合理支付待遇就要严格鉴定评估失能等级。可以根据表4-4轻度失能、中度失能和重度失能三个等级表制定具体评估指标，符合失能认定标准的被保险人可以向长期护理保险机构提出护理需求给付申请。至于申请者是否符合长期护理保险制度给付条件以及失能等级的认定标准，应由长期护理保险机构委托第三方——专业的失能鉴定评估机构依据统一的失能认定标准进行认定，并由长期护理保险机构审查确认。

第二，待遇给付的上限与部分负担。长期护理保险制度所形成的第三方付费机制，导致被保险人失能时的长期护理服务的价格并非市场价格，如果没有任何管控机制就会导致护理服务的实际使用量超过反映实际需求的使用量，产生所谓的道德风险而使得长期护理保险制度财务支出提高。另外，考虑到个人或家庭对承担失能老人长期护理的责任，长期护理保险制度仅提供基本给付，其他费用和高额部分由被保险人自己负担。给付上限就是指护理服务等级设定上限、给付金额设定上限。部分负担是指被保险人与保险机构共同承担一定比例费用，一般在被保险人使用护理服务时由个人或家庭承担一定比例费用。给付上限与部分负担主要是基于个人或家庭责任，同时也希望通过给付上限与部分负担在财务上起到管控费用的作用。

根据发达国家的一些经验，中国长期护理保险制度给付设计时，可以考虑让护理服务使用者承担一定比例的护理费用。为了引导失能者选择居家护理或社区护理服务，对于选择居家或社区护理服务的，个人或家庭可以承担5%的费用；而选择机构护理服务，个人或家庭需承担10%的费用，希望通过费用负担方式调节达到失能老人理性选择护理方式，抑制护理服务浪费的目的。当然，过低的负担比例不足以达到抑制护理服务浪费的目标，而承担比例过高又会导致逆向调节现象，即中低收入者因承担比例高、负担重而减少或放弃护理服务待遇，富人承担能力强而享有长期护理保险待遇支付。[①]

第三，支付标准。合理的长期护理保险制度待遇支付标准的制定，既有利于护理服务提供者提供有品质的服务，又可以为护理服务提供者提供护理服务提供内在的经济动力。长期护理保险支付标准取决于因失能程度而衍生的护理服务程度、护理服务项目与护理服务时间，以及城乡之间、地区之间劳动力成本差异等因素。

因为长期护理服务是劳动力密集的产业，所以劳动力成本是长期护理服务支付标准的主要影响因素。在综合考量护理对象失能程度、护理服务项目与护理服务时间的基础上，根据当年劳动力单位成本可以确定不同护理方式和护理等级下的失能老人长期护理保险制度待遇的支付标准，具体估算方式可以参见第四章。

[①] 社会保险制度的目标是通过风险共担机制来实现高风险人口群体的风险损失由低风险人口群体与之共同承担，一般来讲高收入者风险损失承担能力强，而低收入者风险损失承担能力弱。但是社会保险制度设计中所产生的逆向调节现象已经在很多社会保险险种中出现，个人账户制度、费用分担制度、政府财政补贴激励制度等往往会导致逆向调节现象的产生。

第四，定期复评。长期护理保险待遇给付使用者身体状况的变化会导致护理保险给付标准发生变化。一种状况是保险给付使用者身体状况越来越差，护理成本越来越高，提供护理服务的家人或护理服务的提供机构往往会主动协助社会保险机构申请失能等级的重新评估。还有一种状况是保险给付使用者身体状况越来越好，护理成本越来越低，这时需要护理保险机构建立定期复评制度，以减少长期护理保险制度财务的不合理支出。

四　公共长期护理保险缴费费率厘定

中国长期护理保险制度财务需求呈现一个不断上升的趋势，需要采取长期护理保险制度的方法化解这个风险，投保人、政府财政负担能力直接影响到制度的可行性，因而需要对长期护理保险制度的缴费率和投保人、政府财政的负担能力进行研究。

本书基于以下几个假设：

第一，假设长期护理保险采用强制性公共护理保险制度，即所有城镇有工资收入的人口、农村就业人口都需按照规定费率缴纳保险费。所有 65 岁以上失能的老人都有资格获得长期护理保险的赔付。

第二，长期护理保险财务筹资模式实行现收现付制，即当年需要量决定当年筹资量。

第三，由于本书只测算参保者和被保险者的内部财务均衡，并且基金运营采用现收现付制，因此暂不考虑政府的财政补贴和保险机构的投资运营收益，长期护理保险基金的收入主要依赖于护理保险缴费收入。

第四，假设中国总和生育率水平在 1.6 ~ 1.8。

第五，假设中国 GDP 增长率和城镇职工工资增长率同步，2010 ~ 2020 年、2021 ~ 2030 年、2031 ~ 2040 年、2041 ~ 2050 年的 GDP 平均

增长率分别为 7%、6%、5%、4%，而农村居民人均纯收入增长率维持不变为 7%。

目前国外学者通常采用曼联方法、减量表模型和多状态马尔科夫模型三种方法来确定长期护理保险定价。曼联方法通过大样本抽样调查得到失能者的年平均护理时间，以此推算失能者护理所需要的费用，作为长期护理保险定价的依据。这种方法计算简单，也是比较常用的方法。与曼联方法相比，减量表模型将护理服务等级运用到模型之中，并假设随着时间推移，不同护理等级的人群存在相互转移概率，但是，减量表模型没有明确列出各状态之间的人数变化量组成，比如从护理状态转移到健康状态的人群中，在起始年龄时处于健康状态的人群比例以及处于护理状态的人群比例。多状态马尔科夫模型是在研究确定转移概率的基础上计算长期护理保险费和保险准备金的。但是，多状态马尔科夫模型的运用需要大量的长期护理统计数据库，且计算比较复杂。要运用到矩阵相乘、迭代运算，不易实现。因而在中国运用减量表模型、多状态马尔科夫模型来研究长期护理保险制度的缴费率时，缺乏大量的基础性研究数据，缺乏一个长期的跟踪调查的样本数据来源。正因为如此，本研究将曼联方法与国际劳工组织（ILO）筹资模式结合①，采用基金平衡法来研究中国长期护理保险制度的费率厘定。

（一）公共长期护理保险制度收入模型

长期护理保险制度的总收入包括缴费收入、政府财政拨款和投资运营收益，其中收入主体是参保者的保险缴费。保险缴费收入主要由

---

① ILO 筹资模式是国际劳工组织（International Labour Office，ILO）与国际社会保障协会（International Social Security Association，ISSA）为了解决卫生健康系统普遍存在的缺乏筹资数量模型的问题，2000 年向全世界推广卫生健康的筹资的建模思路及数量技术，其核心就是遵循基金总体平衡的原则，某一特定时期内社会健康保险计划的支出现值等于该时期内保险计划的收入现值，因而该模型被称为 ILO 筹资模式。

投保人数、工资水平和保险费率决定。长期护理保险制度收入模型为：

$$TI(t) = \sum_{k=1}^{w} N_k(t) \times B_k(t) \times V_k(t) \times$$
$$(1 + f(t)) + GI(t) + OI(t) \qquad (6-1)$$

$TI(t)$ 表示护理保险的总收入；

$N_k(t)$ 为 t 年第 k 类人群的缴费人数；

$B_k(t)$ 表示 t 年第 k 类人群的平均工资水平；

$V_k(t)$ 表示 t 年第 k 类人群的保险费率；

$f(t)$ 表示 t 年的就业人员工资增长率；

$\sum_{k=1}^{w} N_k(t) \times B_k(t) \times V_k(t)$ 表示 t 年护理保险缴费总收入；

$GI(t)$ 表示政府的财政补贴；

$OI(t)$ 表示保险机构的投资运营收益。

如果中国失能老人长期护理保险制度的财务处理机制采取现收现付制，社会保险机构的投资收益可以忽略不计。

（二）2015～2050 年就业人口预测

德国护理保险法案规定，法定健康保险的被保险人自然成为长期护理保险的被保险人。日本长期护理保险法案规定，在所属市町村或特别区范围内的 40 岁以上的居民是护理保险的被保险者。韩国的护理保险参保对象与健康保险相同，包括所有年龄组的国民。为了确保长期护理保险制度财务的稳定性和持续性，可以借鉴德国和韩国的方案，确定 16 周岁及以上城乡就业人员为参保对象，而就业人员数是指在 16 周岁及以上，从事一定社会劳动并取得劳动报酬或经营收入的人员。

齐明珠依据 2005 年 1% 的人口抽样调查和 2000 年的人口普查数据，采用分要素预测方法预测未来 2010～2050 年的劳动年龄人口规模变化。[1]

第一，2050 年我国男性人口出生预测寿命将达到 77.4 岁，女性将达到 81.3 岁，死亡模式采用 2000 年人口普查数据计算出来的分年龄性别死亡率，生育模式采用 2005 年的育龄妇女生育率，并假设未来生育模式不变。我国当前的真实总和生育率水平在 1.6 ~ 1.8[2]，因此假设未来生育率采用较低和较高两个方案，一个假定为 1.6 并一直稳定在 1.6 的水平；二是假定在 1.8 并一直稳定在 1.8 的水平，同时假定出生性别比由当前水平 120 线性下降到 2050 年的 107。

第二，分年龄组劳动参与率的变化。随着人口受教育程度的提高，15 ~ 24 岁年龄组劳动参与率在不断下降，2020 年前下降较快，2020 年该年龄组劳动参与率下降到 45%，之后下降趋缓，最终匀速下降到 2050 年的 40%。25 ~ 44 岁年龄组劳动参与率基本稳定在目前水平。45 ~ 64 岁年龄组劳动参与率匀速下降，到 2020 年为 71%，之后维持在 70% 的水平持续到 2050 年。由这些假设可以预测出 2015 ~ 2050 年的劳动力供给。

第三，假设 2010 ~ 2020 年、2021 ~ 2030 年、2031 ~ 2040 年、2041 ~ 2050 年的 GDP 平均增长率分别为 7%、6%、5%、4%。综合考虑了未来的 GDP 增长率、就业弹性系数、产业结构变化、经济总量和结构结合法等因素，预测 2015 ~ 2050 年的劳动力需求量。

未来的劳动力数量预测是综合考虑劳动力供给总量和需求总量，若劳动力的供给量大于劳动力的需求量，则未来的劳动力人口取决于劳动力需求量；若劳动力的供给量小于劳动力的需求量，则未来的劳

---

① 齐明珠：《我国 2010 ~ 2050 年劳动力供给与需求预测》，《人口研究》2010 年第 5 期。

② 于学军：《对第五次全国人口普查数据中总量和结构的估计》，《人口研究》2002 年第 3 期。

动力人口取决于劳动力供给量。表6－2反映了2015～2050年我国劳动力供给与需求的总量。从表6－2中可以看出，2015～2050年中国劳动力供给与需求总体状况，2015年劳动力供给量74197万人大于劳动力需求量74082万人，而到2020年以后劳动力供给量出现小于劳动力需求量的现象，本研究假设不存在摩擦性、结构性等失业现象，即没有考虑失业率问题，在劳动力供给量大于需求量时假设社会就业人口等于劳动力需求量，劳动力供给量小于需求量时社会就业人口等于劳动力供给量。

表6－2 2015～2050年劳动力供给与需求总量

单位：万人

年份	劳动力供给总量			劳动力需求总量				
	TER=1.6	TER=1.8	平均值	模型1	模型2	模型3	模型4	平均值
2015	74197	74197	74197	71390	76350	74505	76575	74082*
2020	72248	72248	72248*	70414	76575	77137	77836	74709
2025	70568	70970	70769*	69095	76310	76827	76894	74077
2030	67515	68335	67925*	67889	75907	75947	76006	73248
2035	63096	64766	63931*	66528	75123	75022	75061	72224
2040	59741	62244	60993*	65154	74145	74124	73995	71141
2045	58112	61439	59776*	63474	72691	73154	72608	69773
2050	56467	60670	58569*	61767	71078	71919	71178	68254

注：模型1采用就业弹性系数变动预测法，模型2采用GDP增长预测法，模型3采用产业结构变动预测法，模型4采用经济结构与经济总量结合预测法，平均值为模型1至模型4的简单平均数。*代表在劳动力供给量与需求量不均衡时，本研究采用的就业人口数量。

数据来源：齐明珠：《我国2010～2050年劳动力供给与需求预测》，《人口研究》2010年第5期。

假设城乡劳动力就业人口数量比与城乡16～65岁经济活动人口数量比相等，由此可以测算2015～2050年城乡就业人口数量分布（见表6－3）。

表 6 – 3　2015～2050 年中国分城乡就业人口分布

单位：万人

年份	就业人口总量	城乡经济活动人口比	城镇就业人口	农村就业人口	年份	就业人口总量	城乡经济活动人口比	城镇就业人口	农村就业人口
2015	74082	1.24	41010	33072	2035	63931	2.11	43374	20557
2020	72248	1.39	42019	30229	2040	60993	2.54	43763	17230
2025	70769	1.53	42797	27972	2045	59776	2.96	44681	15095
2030	67925	1.76	43314	24611	2050	58569	3.41	45288	13281

注：城乡经济活动人口比＝城镇 16～65 岁人口数量÷农村 16～65 岁人口数量。城镇就业人口＝就业人口总量×城乡经济活动人口比÷（1＋城乡经济活动人口比）。农村就业人口＝就业人口总量÷（1＋城乡经济活动人口比）。

（三）　2015～2050 年社会就业人员平均工资水平

国家统计局年度统计数据长期以来一直没有发布过城乡就业人口的平均工资，仅有城镇居民人均工资性收入，城镇单位人员就业平均工资、工资总额以及就业人口数量，本书采用推算方法计算 2013 年城镇就业人员平均工资。根据国家统计局统计数据，2013 年全国城镇居民人均工资性收入为 18929.8 元，城镇人口 73111 万人，城镇就业人口 38240 万人，由此推算城镇就业人口月平均工资收入为 3016 元。

农村劳动力缴费基数如何确定一直是学界争论的一个问题，在现行的农村社会养老保险制度中采取按照 100～1200 元不同等级缴费方法，即固定缴费法来筹集农村居民养老保险基金，这种方法没有形成根据农村居民收入不断增长而不断调整缴费数量的机制。因而本书中采用按照农村劳动力纯收入的一定比例缴费的方法征收长期护理保险费用，形成农村居民纯收入与长期护理保险缴费互动的机制，即农村劳动力按照农村居民人均纯收入基数来缴纳长期护理保险费用，纯收入变动，缴费基数变动。2013 年农村居民人均月纯收入为 741.33 元。①

为了对中国 2015～2050 年失能老人长期护理保险财务需求总量及其发展趋势进行预测，需要对城镇就业人口工资收入和农村居民人均纯收入参数的增长率进行假设。考虑到中国经济增长情况，假设中国居民工资性收入水平与中国经济增长率同步，2013～2020 年中国城镇就业人口人均工资收入平均年增长率为 7%，2021～2030 年为 6%，2031～2040 年为 5%，2041～2050 年为 4%。② 而目前由于城乡居民收入差距差距较大，未来城乡居民收入差距会随着城镇化而不断缩小，因而假设农村居民人均纯收入由于城镇化率不断提高，增长率维持 7% 不变。

将上述测算的全社会就业人员平均工资乘以就业人口，可以得到未来就业人口工资总额，即长期护理保险的缴费基数（见表 6-4）。从计算结果来看，就业人口工资总额总体保持增长趋势，2050 年就业人口工资总额是 2015 年的 6.29 倍，2015～2020 工资总额增长速度较快，2020 年以后呈现一个逐步下降的趋势，这主要是因为 2020 年后整个社会城乡就业人口出现大幅下降。

表 6-4　2015～2050 年就业人口缴费基数额

单位：亿元，%

年份	城镇工资总额	农村就业人口纯收入	缴费基数额	增长率
2015	169930	33682	203612	—
2020	244199	43180	287379	41.14
2025	332845	56041	388886	35.32
2030	450802	69156	519958	33.70
2035	576148	81017	657165	26.39
2040	741921	95241	837162	27.39

---

① 中华人民共和国国家统计局：《中国统计年鉴（2014）》，中国统计出版社，2014。

② 齐明珠：《我国 2010～2050 年劳动力供给与需求预测》，《人口研究》2010 年第 5 期。

年份	城镇工资总额	农村就业人口纯收入	缴费基数额	增长率
2045	921595	117028	1038623	24.06
2050	1136494	144413	1280907	23.33

（四） 长期护理保险制度费率的厘定

综合长期护理保险制度的需求模型（4-1）和收入模型（6-1），暂不考虑固定费用支出、其他支出以及政府的财政补贴，从制度的内部平衡角度测算长期护理保险制度的缴费率，可以用长期护理保险制度均衡缴费率模型（6-2）预测中国2015~2050年长期护理保险总体费率水平及其变动趋势（见表6-5）。

$$V_k(t) = \frac{\sum_{i=1}^{m}\sum_{j=1}^{n} I(t) \times P_i(t) \times U_{ij}(t) \times S_{uh}(t) \times (1 + f_j(t))}{\sum_{k=1}^{w} N_k(t) \times B_k(t) \times (1 + f(t))} \quad (6-2)$$

表6-5 2015~2050年中国长期护理保险总体缴费率

单位：%

年份	总缴费率	使用者自付10%			缴费率增长率
		总费率	雇主费率	个人费率	
2015	1.11	1.00	0.50	0.50	—
2020	1.33	1.20	0.60	0.60	19.82
2025	1.61	1.45	0.73	0.73	21.05
2030	2.03	1.83	0.92	0.92	26.09
2035	2.65	2.39	1.20	1.20	30.54
2040	3.37	3.03	1.52	1.52	27.17
2045	3.99	3.59	1.80	1.80	18.40
2050	4.71	4.24	2.12	2.12	18.05

　　根据预测，2015～2050 年中国长期护理保险制度的均衡费率呈线性上升趋势。其中，2015～2025 年中国长期护理保险制度的缴费率在 1.11%～1.61%，总体缴费率并不高，但是到 2030 年，缴费率达到 2.03%，2050 年的缴费率甚至达到 4.71%，投保人负担急剧增加（见图 6 - 5）。

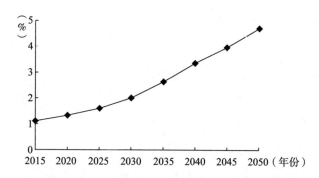

图 6 - 5　2015～2050 年长期护理保险缴费率变动趋势

　　根据谁受益谁负担的原则，让使用者自付一定比例的护理费用有利于抑制护理保险的道德风险，减少长期护理保险过度消费，减少长期护理保险基金的流失和浪费，因而在制度设计时可以借鉴国外的经验让使用者自付 10%。

　　2015 年长期护理保险总体缴费率为 1.11%，使用者自付 10% 后的缴费率为 1.00%，如果采取雇主、雇员均等缴费制度，雇主缴费率为 0.5%，雇员缴费率为 0.5%，雇主和雇员缴费额由于城乡居民收入水平差别而不一样，城镇就业人员每月平均缴费额为 15.08 元，雇主为每个雇员每月平均缴费 15.08 元，农村就业人员人均每月缴费额为 3.71 元，政府财政为每个农村就业人员每月缴费 3.71 元。德国目前的缴费费率为 1.95%，日本是 1.13%，韩国只有 0.2%，我国长期护理保险费率测算结果接近日本，低于德国。韩国的费率水平较低是因为护理给付水平低和覆盖范围较窄，目前只有 26 万老年人接受护理给付，仅占老年人口的 5%；德国目前约有 210 万人接受护理服务，

76% 为 65 岁以上老人，占老年人口的 9.7%；日本得到护理给付的人数约为 450 万人，97% 为 65 岁以上老人，占老年人口的 16.4%。我国护理保险的总体缴费率将呈现一直攀升的态势，在 2040 年达到 3.99%，到 2050 年达到 4.71%。

从长期护理保险制度财务需求和财务供给的分析中，可以看出中国长期护理保险制度费率的高低取决于以下四个因素。

第一，人口老龄化程度。长期护理保险制度费率不断攀升是老年人口在总人口中的比重不断上升而导致的失能老人数量增加而形成的。特别是在人口高龄化时期，由于高龄人口的失能率较高，失能老人数量不断攀升。

第二，护理成本的变动。长期护理的主要成本来自护理人员的人力成本，而人力成本的高低受社会就业人员平均工资水平的影响。由于经济的发展，平均工资呈现一个不断上升的趋势，护理成本也随着社会就业人员工资收入水平的提高而不断提高。

第三，护理方式的选择。由于居家护理或社区护理、机构护理的成本有差别，长期护理保险总费用也会不同，而护理方式的选择与失能老人的失能程度、社会护理的观念、护理服务质量、护理保险赔付差别等有关系。

第四，就业人口数量。长期护理保险制度的财务需求需要通过财务供给来满足，而要实现供需均衡，就业人口的财务供给能力是影响费率高低的一个重要因素。在社会就业人口平均工资收入和长期护理制度的财务需求一定的情况下，就业人口数量越多，费率越低，而中国劳动就业人口数在 2020 年之后有明显的下降趋势，是直接导致长期护理保险制度费率上升的因素之一。

五 城乡就业人口缴费能力的分析

凯恩斯认为随着收入的增加，消费也会增加，消费和收入之间存在一种线性函数关系，用模型可以表示为：

$$C_t = a + bY_t \qquad\qquad (6-3)$$

C_t 表示 t 年的消费额；

a 表示自发性消费，即与收入没有关系，即使举债或动用过去的储蓄也必须要有的基本生活消费部分；

b 表示边际消费倾向；

Y_t 表示 t 年的个人可支配收入额；

bY_t 表示 t 年个人可支配收入用于消费的数量。

假设个人可支配收入 Y_t 要么用于消费 C_t，要么用于储蓄 S_t：

$$Y_t = C_t + S_t \qquad\qquad (6-4)$$

S_t 表示 t 年的储蓄额。

由此可以得到：

$$\frac{S_t}{Y_t} = 1 - \frac{C_t}{Y_t} = 1 - b - \frac{a}{Y_t} \qquad\qquad (6-5)$$

$\dfrac{S_t}{Y_t}$ 表示 t 年的储蓄倾向，也是社会保险缴费率最大限制值；

$\dfrac{C_t}{Y_t}$ 表示可支配收入的边际消费倾向 b。

（一）城镇就业人口长期护理保险财务负担能力的分析

由于赡养的家庭人口数量有差别，因而每个个体的长期护理保险缴费能力也有差别，而城镇就业人口长期护理保险经济负担能力与城镇居民人均可支配收入和人均消费支出有关系。为了研究城镇就业人口长期护理保险经济负担能力，可以借助城镇居民负担能力指标来说明城镇就业人口的长期护理保险费用负担能力。

1. 城镇居民人均可支配收入和人均消费支出之间的关系

要预测城镇居民长期护理保险制度经济负担能力，就需要分析城镇居民人均可支配收入和人均消费支出两者之间的关系。根据 1990 ~ 2013 年城镇居民人均可支配收入与人均消费支出相关数据绘制两者关系的散点图，相关数据见表 6 - 6，可以看出两者呈现显著的线性相关性，如图 6 - 6 所示。

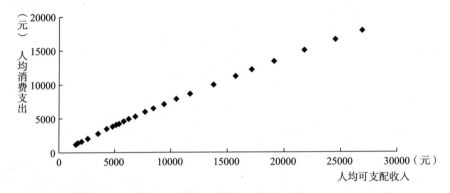

图 6 - 6 城镇居民人均可支配收入与人均消费之间的关系

运用 SPSS 17. 0 对城镇居民人均可支配收入与人均消费支出数据进行线性回归，回归模型为：

$$C = 675. 461 + 0. 663y \qquad (6 - 6)$$

其中，C 表示城镇居民人均消费支出；

Y 表示城镇居民人均可支配收入。

$R^2 = 0. 998$。标准估计的误差 SEE $= 245. 60996$。

模型		平方和	df	均方	F	Sig.
	回归	5. 628E8	1	5. 628E8	9328. 837	. 000
	残差	1327133. 544	22	60324. 252		
	总计	5. 641E8	23			

模型	非标准化系数		t	Sig.
	B	标准误差		
（常量）	675. 461	84. 354	8. 007	. 000
城镇人均可支配收入	0. 663	0. 007	96. 586	. 000

2. 城镇居民长期护理保险缴费最大负担能力

从模型（6-5）、模型（6-6）可以得出，城镇居民长期护理保险缴费率的最大限制值为：

$$\frac{S_t}{Y_t} = 1 - \frac{C_t}{Y_t} = 1 - b - \frac{a}{Y} = 1 - 0.663 = 0.337$$

即城镇居民长期护理保险缴费率最大值为33.7%，这里没有考虑自发性消费 a，如果考虑自发性消费 a，各年的城镇居民长期护理保险缴费率最大值有所不同（见表6-6）。

表6-6　1990~2013年城镇居民长期护理保险缴费率最大值

单位：元，%

年份	人均可支配收入	人均消费支出	缴费率最大值	年份	人均可支配收入	人均消费支出	缴费率最大值
1990	1510	1279	15.30	2002	7703	6030	21.72
1991	1701	1454	14.52	2003	8472	6511	23.15
1992	2027	1672	17.51	2004	9422	7182	23.77
1993	2577	2111	18.08	2005	10493	7943	24.30
1994	3496	2851	18.45	2006	11760	8697	26.05
1995	4283	3538	17.39	2007	13786	9998	27.48
1996	4839	3920	18.99	2008	15781	11243	28.76
1997	5160	4186	18.88	2009	17175	12265	28.59
1998	5425	4332	20.15	2010	19109	13472	29.50
1999	5854	4616	21.15	2011	21810	15161	30.49
2000	6280	4998	20.41	2012	24565	16674	32.12
2001	6860	5309	22.61	2013	26955	18023	33.14

数据来源：《中国统计年鉴》（1991~2014），并经计算而得。

从表6-6中可以看出，1990~2013年城镇居民长期护理保险缴费率的最大负担能力呈现一个逐年上升的趋势，1991年最低为

14.52%，2013年达到33.14%，表明城镇居民随着可支配收入不断增加，其长期护理保险缴费经济负担能力在增强。而2015年长期护理保险个人缴费率为0.5%，2050年为2.12%，因而可以判断城镇居民具有长期护理保险缴费的经济承担能力，也表明城镇就业人口具有长期护理保险的缴费能力。

（二）农村就业人口长期护理保险财务负担能力的分析

为了说明农村就业人口长期护理保险缴费能力，也有必要借助农村居民平均缴费能力指标，以此来分析农村就业人口长期护理保险经济负担能力。

1. 农村居民人均纯收入与人均消费支出关系

根据1990~2013年农村居民人均纯收入与人均消费支出相关数据绘制两者关系的散点图，相关数据见表6-7，可以看出两者呈现显著的线性相关性，如图6-7所示。

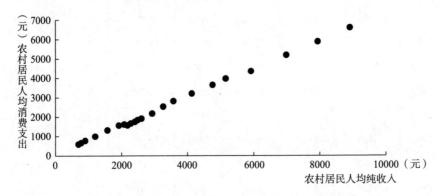

图6-7　农村居民人均纯收入与人均消费支出之间的关系

运用SPSS 17.0对农村居民人均纯收入与人均消费支出情况进行线性回归，模型结果为：

$$C = 71.917 + 0.74y \qquad (6-7)$$

其中，C表示农村居民人均消费支出；

y表示农村居民人均纯收入。

$R^2 = 0.998$，标准估计的误差 SEE = 70.0878。

模型	平方和	df	均方	F	Sig.
回归	6.630E7	1	6.630E7	13495.742	0.000
残差	108070.445	22	4912.293		
总计	6.640E7	23			

模型	非标准化系数		t	Sig.
	B	标准误差		
（常量）	71.917	25.060	2.870	.009
农村人均纯收入	0.740	0.006	116.171	.000

2. 农村居民长期护理保险缴费最大负担能力

根据模型（6-5）、模型（6-7）可以得出，农村居民长期护理保险缴费率的最大限制值为：

$$\frac{S_t}{Y_t} = 1 - \frac{C_t}{Y_t} = 1 - b - \frac{a}{Y} = 1 - 0.74 = 0.26$$

即农村居民长期护理保险缴费率最大值为26%，这里没有考虑自发性消费 a，如果考虑自发性消费 a，各年的农村居民长期护理保险缴费率最大值有所不同（见表6-7）。

表6-7　1990~2013年农村居民长期护理保险缴费率最大值

单位：元，%

年份	人均可支配收入	人均消费支出	缴费率最大值	年份	人均可支配收入	人均消费支出	缴费率最大值
1990	686	585	14.72	2002	2476	1834	25.93
1991	709	620	12.55	2003	2622	1943	25.90
1992	784	659	15.94	2004	2936	2185	25.58

年份	人均可支配收入	人均消费支出	缴费率最大值	年份	人均可支配收入	人均消费支出	缴费率最大值
1993	922	770	16.49	2005	3255	2555	21.51
1994	1221	1017	16.71	2006	3587	2829	21.13
1995	1578	1310	16.98	2007	4140	3224	22.13
1996	1926	1572	18.38	2008	4761	3661	23.10
1997	2090	1617	22.63	2009	5153	3994	22.49
1998	2162	1590	26.46	2010	5919	4382	25.97
1999	2210	1577	28.64	2011	6977	5221	25.17
2000	2253	1670	25.88	2012	7917	5908	25.38
2001	2366	1741	26.42	2013	8896	6626	25.52

数据来源：《中国统计年鉴》(1991~2014)，并计算而得。

从表6-7中可以看出，1990~2013年农村居民长期护理保险缴费率的最大负担能力整体上呈现一个上升的趋势，但是呈现出波浪形状，波动幅度不大，1991年最低为12.55%，1999年最高达到28.64%，表明农村居民随着人均纯收入不断增加，其长期护理保险制度缴费经济负担能力也在不断地增强。而2015年长期护理保险个人缴费率仅为0.5%，2050年为2.12%，因而可以判断农村居民具有长期护理保险缴费的经济能力。由此也可以说明，农村就业人口具有长期护理保险的经济负担能力。

（三）城乡居民经济负担能力与缴费意愿

虽然城乡居民在经济上完全具有长期护理保险制度的缴费能力，但是缴费率最大值表示的是城乡居民能够负担的极限值，并不是城乡居民缴费的心理值，因为一个人的可支配收入在剔除消费支出后，会留有结余，一部分用于更高层次需求的满足，一部分用于防范未来不可预测的风险需要。根据德国等发达国家的经验，2%的缴费率是长期护理保险投保人愿意承担的心理值，在缴费率超过2%时，会超出投保人的心理值，不利于调动全社会投保的积极性。同时，由于中国社会保险总缴费率已经较高，全部缴费率之和超过40%，雇主和雇员负担已经较重，如果继续提高总缴费率，会受到社会质疑。因而可以判断，2030年是一个分界岭，在2030年之前雇主和雇员具有缴费心理负担能力，但是2030年以后，缴费率超出雇主和雇员心理负担值，特别是到2050年负担更重，需要政府财政补贴减轻雇主和雇员的压力。

六　政府财政对公共长期护理保险制度的补贴能力

政府财政供给方式建立在政府公共长期护理保险制度前提下，政府财政采用对参保人（雇主和雇员）缴费提供财政补贴的方式介入长期护理财务供给。即以政府公共长期护理保险制度为主导，政府财政对不同群体缴费提供补贴的方式来维系制度的可持续性。这也需要对政府财政长期护理保险制度的补贴能力进行分析。

政府财政对长期护理保险缴费补贴主要有以下两个方面。

（1）农村就业人口缴费补贴。由于农村就业人口仅有个人缴费，而没有雇主为其缴费①，农村就业人口如果既要承担个人缴费部分，也要承担雇主缴费的部分，负担较重，也不合理。从农村就业人口就业方式看，其实是政府在雇佣农村就业人口从事农业劳动，因而应由政府财政补贴来弥补农村就业人口缴费的不足。

（2）总体缴费过高时政府财政补贴。目前，国外一些发达国家长期护理保险的缴费率基本上低于2%，未来中国老龄化程度加剧，长

---

① 在农村集体经济下，农民的雇主是农村集体的最基层单位——生产队，而在实行农村土地承包责任制后，农村集体经济瓦解了，似乎农民就失去了雇主而成为一个独立经营的劳动者，然而如果从土地的所有权属、土地属性以及土地所生产出来的产品重要性来分析，虽然农村集体经济不存在了，但国家应承担农民的雇主角色。

期护理保险制度的负担越来越重，在护理保险缴费率过高时，可以由政府财政补贴以降低参保人的负担。可以设计雇主和雇员在使用者自付 10% 以后的总缴费率上限为 2%，即雇主、雇员各自的最高缴费率为 1%，高于这个比例的全部由政府财政负担。

方案 I 主要是政府财政对农村就业人口进行缴费补贴。这部分补贴占政府财政收入的比重由于农村失能老人数量以及护理成本的上升而呈现逐年上升的态势，2015~2050 年，缴费补贴占政府财政收入的比重都在 0.5% 及以下。

方案 II 是政府财政承担长期护理保险费率高于 2% 的部分。由于全国人口的老龄化，高龄老人增加，失能老人比例上升，补贴数量占财政收入的比重上升，2015~2030 年不需要政府财政给予补贴，到2035 年需要政府财政补贴，补贴占政府财政收入的比重为 0.08%，2050 年为 0.27%。

表 6-8　2015~2050 年财政收入及补贴方案占财政收入比

单位：亿元，%

年份	财政收入	方案 I	方案 II	方案 I 占比	方案 II 占比	方案 III 占比
2015	147856	739	—	0.50	—	0.50
2020	207376	949	—	0.46	—	0.46
2025	277516	1224	—	0.44	—	0.44
2030	371378	1635	—	0.44	—	0.44
2035	473983	2240	373	0.47	0.08	0.55
2040	604936	2979	1019	0.49	0.17	0.66
2045	735997	3669	1631	0.50	0.22	0.72
2050	895453	4494	2374	0.50	0.27	0.77

注：方案 I 是指政府财政为农村就业人口缴纳的应由雇主缴纳的长期护理保险费，方案 II 是政府财政承担的长期护理保险总缴费率高于 2% 的部分费用，方案 III 是方案 I 与方案 II 的结合，即政府既承担农村就业人口缴费补贴，也承担长期护理保险缴费率高于 2% 的部分。

方案 Ⅲ 是政府财政同时承担方案 Ⅰ 和方案 Ⅱ 的补贴。2035 年之前两项补贴所占财政收入的比重在 0.55% 以下，2040 年两项补贴将占财政收入的 0.66%，2045 年占 0.72%，2050 年占 0.77%，政府财政的负担虽然在逐步加重，但总体负担并不重。

研究表明，作为弥补公共长期护理保险制度财务供需缺口的主体，政府财政完全具有供给能力。

第四节 财务供给主体之间的融合

从上述章节失能老人长期护理财务供给主体的分析中，可以得出以下四个结论。

（1）公共长期护理保险制度的财务供给模式，通过政府强制将失能老人长期护理的财务需求风险分摊到所有投保人口身上，建立了风险由雇主、雇员共担的机制，覆盖了社会大多数人口，调动了个人、家庭和市场的力量，资金来源渠道较为稳定，也具有可持续性。但是，公共长期护理保险制度财务供给模式有三个显著的弱点。一是人口老龄化程度加剧，失能老人数量多、比例高，会导致长期护理保险负担加重，2030 年总缴费率将达到 2.03%，成为投保人负担能力的拐点年，2040 年达到 3.99%，2050 年达到 4.71%，超出投保人负担能力。为了制度长期运营，这些资金如何解决成为难题。二是公共长期护理保险制度财务供给满足的是最低层次的护理需求，不能满足较高护理需求群体的要求。三是长期护理保险制度的财务供给以缴费投保为前提，虽然可以承认历史债务，把建立制度之前已经失能的老人视同缴费，可以提供护理保险的待遇，但是为了制度财务的可持续，制度建立后需要缴费作为领取待遇的条件。这样就会有一部分人因贫困等而没有参保，这些人失能后的长期护理财务需求难以解决。

（2）完全由个人或家庭承担失能老人长期护理财务供给责任，或由个人或家庭购买私人护理保险来承担，都会产生个人或家庭财务供给能力不足的问题，一部分人因收入水平低而无力承担供给责任。但是，对于一些收入水平相对较高的群体，可以通过个人或家庭购买私人护理保险来弥补一部分失能老人长期护理的财务损失。

（3）完全由政府财政普惠制供给，虽然可以满足失能老人长期护理的财务需求，但是受到财政支付能力的约束。而政府财政可以通过补贴的方式来弥补公共长期护理保险制度财务均衡中负担过重的缺陷。

（4）财务供给主体之间的融合。如果以政府公共长期护理保险制度作为主导，个人或家庭、私人护理保险作为补充，政府财政护理救助作为托底，各主体之间就形成了相互融合、功能互补的机制。即公共长期护理保险制度供给满足大多数人最低层次的护理需求，个人或家庭、私人护理保险的供给满足一部分较高层次护理需求群体的要求。政府财政承担公共长期护理保险制度财务供给负担较重时的补贴，并负责一部分人因陷入贫困而又没有投保的护理救助的供给。

本章小结

本章在对德国、日本、美国和瑞典等国家失能老人长期护理财务均衡制度比较和分析的基础上，认为要借鉴国外一些国家的成熟经验，通过制度化方式化解失能老人长期护理的财务风险。本章提出以政府制度供给来满足失能老人长期护理财务需求，建立多元供给主体体系，以制度型福利供给模式为理念，建立以政府公共长期护理保险制度为主导的，个人或家庭、私人护理保险为补充的，政府财政护理救助为托底的体系。对中国失能老人公共长期护理保险财务供给制度进行了设计并对其负担能力进行分析，得出单一的公共长期护理保险制度负担能力有限的结论。但是在政府公共长期护理保险作为财务供给主导主体时，通过私人护理保险、个人或家庭储蓄的补充，政府财政的托底，这种财务供给体系具有可持续性。因此本书认为，公共长期护理保险制度是政府主导的失能老人长期护理财务供给的主要载体；建立公共长期护理保险制度是失能老人长期护理财务需求风险化解的重心，是各种供给主体相互融合的核心。

第七章　中国失能老人长期护理保险制度构建的路径与政策建议

本章提出公共长期护理保险制度、私人护理保险和政府财政救助制度构建的路径，为公共长期护理保险制度的财务均衡提供多主体的支撑，并提出公共长期护理保险制度财务均衡的政策建议。

第一节　多主体推进的路径

一　公共长期护理保险制度推进的路径

针对中国长期护理保险制度及其财务运行，国内学者提出很多路径设计方案，有的提出三阶段路径设计方案，有的提出私人长期护理保险向社会长期护理保险制度过渡的方案，有的学者还提出从发展私人护理保险开始，到私人护理保险与公共护理保险相结合，当条件成熟时实施强制性公共护理保险的方案。这些方案的提出为中国长期护理保险制度财务均衡的路径提供了理论和实践上的指导。

本书认为中国长期护理保险制度应坚持政府主导的强制性的公共长期护理保险制度。而公共长期护理保险制度财务均衡应坚持以制度的内部均衡为主，辅以政府财政的适度支持。根据国内外的经验，长期护理保险制度的建立是一个循序渐进的过程，建议实施渐进式的战略，采取"三步走"策略来建立中国长期护理保险制度，维系中国长期护理保险制度的财务均衡，即在制度创建期，实施医疗护理保险制度；在制度完善期，长期护理保险制度独立，资金来源渠道独立且财务均衡；在制度成熟期，制度处于财务非均衡时期，通过政府财政适度介入来弥补制度财务缺口。而由于不同时期长期护理保险制度范围、社会认同程度有差别，失能老人长期护理财务的负担也不同，因而为了维系失能老人长期护理保险制度的财务均衡，不同时期财务均衡的路径也应有差别。

（一）　制度创建期：　制度非独立且财务非均衡的时期　（2015～2020 年）

可以规划 5 年的时间，即 2015～2020 年作为中国长期护理保险制度创建期。制度创建期的目标就是要通过建立诱导机制提高长期护理保险制度的社会认同程度，增强社会成员的参保意识，以此来扩大长期护理保险制度的覆盖面。而诱导机制的核心就是每个失能老人长期护理成本费用主要由个人或家庭以外的主体来承担，因而制度创建时期的主要理念是通过"低水平、广覆盖"来吸引社会成员参保，维系制度财务平衡。这个时期制度的财务均衡的路径可以从以下四个方面来设计。

1. 长期护理保险与医疗保险融合

在制度创建期，由于社会成员对长期护理保险制度还缺乏系统的认知，因而可以借助医疗护理给付即医疗保险制度中对患者在医疗期间发生的护理行为而产生的财务损失给予保险赔付的现实，借助医疗保险制度在社会成员中的认可度较高的事实，在全国全面推行医疗护理保险制度，医疗护理保险与医疗保险捆绑实施，强制推行，所有参保者在医疗期间发生的护理财务损失都可以由医疗保险制度给予赔付。通过长期护理保险与医疗保险捆绑式参保，可以减少医疗保险中"社会性住院"病人的医疗费用，将长期慢性病人、失能老人医护转入护理机构，从而可以减少医疗保险费用支出。

2. 赔付对象严格受限

赔付对象分两种情况，一是医疗护理保险对象，可以规定为所有医疗保险制度参保者都需要参加医疗护理保险制度，这里既包括城镇职工医疗保险制度的参保者，也包括城乡居民医疗保险制度的参保者，这些参保者在年满 65 岁后一旦在医疗期间需要护理服务，可以由医疗护理保险制度给付赔付。二是医疗护理内容，可以规定为在医疗期间因疾病导致吃饭、穿衣、洗澡、上厕所、室内走动、上下床等基础性日常生活活动能力受限而需要他人提供护理服务所产生的财务损失作为制度创建时期的主要赔付内容。在制度创建期，无论是医疗护理保险制度赔付的对象界定，还是制度赔付内容的范围界定，赔付对象的覆盖面都较为狭窄。

但是在制度建立的初期，应该承认历史债务，对于制度建立之前已经失能的老人，不管参保与否，可以通过制度给予赔付。在制度实施后，需以失能老人参保为赔付条件。

3. 赔付低标准

由于制度创建期的目标是"诱导"，制度的资金来源主要依靠医疗保险资金和其他社会保险项目的结构调整来获得。长期医疗护理保险制度的赔付能力非常有限，因而坚持医疗护理保险制度赔付低标准的基本原则，以此来缓解制度的财务压力，保障制度实施的财务均衡。可以设计赔付比例为实际支付额的60%～70%，待将来制度完善时再不断提高赔付比例。

4. 资金来源渠道

目前，中国社会保险项目中除养老保险外，大部分社会保险资金收入大于支出，表明这些社会保险险种存在着缴费率偏高的不合理现象，也表明通过调整社会保险各险种之间缴费比例和结构来获得长期医疗护理保险资金有其可行性。在失能老人长期护理保险制度创建期，由于社会成员对长期护理保险制度还缺乏认知，不同群体对制度的参保意愿还比较低，为了引导社会成员参保，坚持个人和雇主不缴费原则，可以通过划拨医疗保险资金、福利彩票收入等方式筹集医疗护理保险基金，如果最终出现收不抵支，则由政府财政弥补资金缺口。从操作上看，具有可行性，因为这个时期失能老人长期护理费用负担还不重，总缴费率在 1.11% ~ 1.33%，缴费率还比较低，费用在医疗保险资金中所占的比例也有限。从表 4 - 13 中可以得出这样的结论，如果个人负担 30% ~ 40% 的费用，社会保险承担 60% ~ 70% 的费用，全国医疗护理保险需承担的总费用在 2293.2 亿元与 2675.4 亿元之间，就可以实施失能老人医疗护理保险制度。

在制度创建期，制度的财务均衡需要通过严格控制赔付对象、降低赔付水平等多种手段来实现，但制度创建期财务内部均衡不是制度创建的目标，而引导社会成员参与长期护理保险制度是制度创建期的根本目标，只有这样才能为制度的未来财务均衡奠定基础。

（二）制度完善期：独立的保险制度且财务均衡的时期（2021 ~ 2025 年）

在制度创建期，长期护理保险制度构建的目标主要是通过制度诱导机制来获得社会成员对制度的认同，培养和调动社会成员参保的意识和参保的积极性。但是，在制度创建期，长期护理保险制度财务上还缺乏稳健性，制度财务的可持续性差，因而，为了实现长期护理保险制度的永续发展，可以设计一个 5 年期的完善计划，即 2021 ~ 2025 年作为长期护理保险制度的完善期。制度完善期的目标就是要提高社会成员风险防范的参与意识，保障制度资金来源的稳定性和可持续性，建立独立的失能老人长期护理保险制度。

1. 建立独立的长期护理保险制度，实现制度财务运行系统独立核算

在制度创建期，医疗护理保险的优势使人们逐步认同护理保险制度，提高了人们参与护理保险制度的可能性，因而在制度的完善期应该顺应社会的客观需要建立一个独立于医疗保险制度之外的、完全意义上的失能老人长期护理保险制度。不但要使制度独立，也要使制度

财务运行、财务核算系统独立，以减少医疗保险与医疗护理保险之间相互"挤压"现象的发生，提高制度财务运行的效率，也便于对制度财务运行的效果进行评估。

2. 赔付对象规范

赔付对象的界定主要基于三种情况。一是要有缴费的资格条件，即需要被赔付的对象按照工资收入的规定比例缴纳长期护理保险费。二是被赔付的对象，严格规定为日常生活活动能力受限，即吃饭、穿衣、洗澡、上厕所、室内走动、上下床等基础性日常生活活动能力受限而需要他人提供护理服务所产生的财务损失作为制度的主要赔付内容。三是年龄在65岁及以上。

3. 资金来源渠道独立

独立的资金来源渠道是失能老人长期护理保险制度可持续性的保障，在制度的创建期通过医疗保险基金的支付来满足部分失能老人医疗护理的财务需要，而在制度的完善期就需要通过运用风险共担的机制来化解失能老人长期护理的财务风险，因而需要社会成员共同缴费来实现风险共担的目标。

通过现有社会保险缴费结构调整征收长期护理保险费。在这个时期全国总缴费率在1.33%~1.61%，如果实行个人自付10%的制度，雇员和雇主均等负担的最高费率为0.73%，就单个险种来看负担水平并不高，但是由于目前全国社会保险总体缴费率还处于较高水平，缴费率普遍高于40%，雇主和雇员负担较重。另外，全国失业保险基金、工伤保险基金和生育保险基金普遍存在大量资金结余，表明目前国家可以通过对失业保险费、工伤保险费、生育保险费的缴费率适度调整，通过结构调整来征收失能老人长期护理保险费。对于农村居民，政府还需要通过财政补贴的方式来承担农民的一部分缴费。

雇员和雇主缴纳一个较低的费率。由于这个时期雇员和雇主均等负担的最高费率为0.73%，通过社会保险缴费结构调整后，如果让雇员和雇主各自负担不超过 0.50% 的缴费率，不会产生较大的经济负担。

4. 赔付标准适度

在制度完善时期，长期护理保险制度已经相对独立，参保者已经开始缴纳护理保险费，已经为制度尽了义务，因而在制度完善时期，为了体现制度的优势，调动社会成员参保的积极性，吸引更多的社会成员参保，需要通过提高制度的赔付标准来引导，对被保险人因失能而产生的护理费用损失可以赔付80%，个人自付20%。

在制度的完善时期，独立的制度、独立的资金来源渠道、以缴费参保作为资格条件之一的赔付对象的规范是实现长期护理保险制度财务均衡的重要路径选择，也是长期护理保险制度财务可持续的保证。

（三）制度成熟期：财务从均衡状态逐步向非均衡状态过渡的时期（2026 年及以后）

经过制度完善期，长期护理保险已经成为一个独立的社会保险制度，资金的来源渠道更加稳定可靠，被保险对象护理的经济损失赔付的标准更加科学，因而长期护理保险制度将逐步进入成熟期。

由于人口老龄化越来越严重，加上劳动力总量在不断下降，在这个时期，全国总缴费率不断攀升，65 岁及以上的失能老人的长期护理保险制度缴费率从2025 年的1.61%上升到2050 年的4.71%。通过建立线性函数关系模型对城镇居民、农村居民长期护理保险制度财务负担能力进行了测算，发现两者缴费率的承受能力的最大限制值分别为33.7%、26%，这仅是一个理论上的推理。长期护理保险费率过高，无论是个人还是雇主都难以承担，特别是在中国社会保险总体缴费率已经较高的背景下，个人或雇主社会保险负担已经很重，因而长期护理保险制度下个人或雇主缴费负担要适度。从实践上看，目前国外一些发达国家的长期护理保险制度的个人或雇主总体缴费率基本上低于2%。因而，如果考虑个人或雇主的负担能力来设计缴费率，

2026 年后，中国长期护理保险制度处于一个从财务内在均衡的制度演变为一个财务非均衡的制度的时期，需要通过制度外在的财力来消除制度内在的财务不平衡。

如何应对 2026 年后长期护理保险制度的财务非均衡危机？通过制度的内在措施如提高缴费率、降低长期护理保险制度待遇给付水平等可以实现制度内在财务均衡，但是这些措施会受到多种因素的制约而难以实施，因而不是最优选择。在制度成熟期，长期护理保险制度的财务供需均衡的路径需要从以下三个方面着手。

1. 积极推进城乡居民参保缴费

在制度创建期和完善期，为了引导社会对制度的认同，也由于制度的财务负担并不重，没有强制城乡未就业的 65 岁及其以下居民缴费。这些城乡居民虽然没有缴费，但是一旦失能需要提供护理服务时，符合长期护理保险制度待遇支付的资格条件也享受与就业参保缴费人员同等的制度待遇。而在制度成熟期，制度已经被社会所认同，需要强化社会成员的社会保险权利和义务对等的观念。对于城乡居民，要享有长期护理保险制度的待遇，就要尽缴费参保的义务。可以采用城乡居民养老保险制度的定额缴费模式，按照当地上年城乡居民人均纯收入水平，确定当地定额缴费的额度，一年一定，坚持缴费贡献与待遇水平挂钩的原则。当失能风险发生时，只有具有缴费参保资格的居民才可以享受长期护理保险制度的待遇支付，以此来激励城乡居民参保缴费，弥补长期护理保险制度的财务缺口。

2. 政府财政经常性的补贴

失能造成的护理经济风险已经成为老龄化社会所面临的共同风险，而社会所面临的共同风险在社会成员自身经济能力无法化解时，需要政府财政给予经常性的补贴支持。而不同时期失能老人长期护理财务风险的分布有差别，因而政府财政补贴需要具有长期规划和事前预防的意识。一方面，2026 年后，需要政府在长期护理保险制度因失能老人负担重而出现收不抵支时给予财政补贴；另一方面，为了减轻2026 年后政府的财政负担，政府财政支持可以采取财政事前储蓄性补贴的手段，即在 2015～2026 年，长期护理保险制度还能够实现制度的内在财务均衡时，政府财政就要考虑未来制度的财务风险，每年直接列支一部分财政资金作为储蓄性基金，为 2026 年后长期护理保险制度财务非均衡储蓄一部分战略性基金，这样可以减轻 2026 年后政府财政的负担，使得政府财政负担平滑地分配到每个年度，保障政府财政负担不因为护理财务风险而加剧，也能够保障长期护理保险制度资金来源的稳定性。日本各级政府财政对失能人口长期护理保险投入的制度化，已经为中国应对人口老龄化所造成的失能老人长期护理财务风险、长期护理保险制度的财务均衡机制的设计提供了经验。

3. 划拨国有资产补充长期护理保险基金

单纯依靠政府财政投入来弥补长期护理保险制度的财务缺口会对公共财政的可持续性产生巨大的负面影响，如果深入思考就会发现，公共财政承担长期护理保险制度的财务缺口的实质就是全体纳税人承担，因为政府财政的资金完全来自纳税人，最终会加重纳税人的负担。在十八届三中全会上，中央提出要划拨部分国有资产来充实社会保障基金，是基于国有资产全民性和国有资产积累历史中的特殊性决定的，已经年老的一部分人口群体对国有资产的贡献不可忽视，而特殊时期的特殊制度并没有为这部分老人未来的风险做一个合理的安排，需要用这些老人所积累的国有资产来弥补这些人的风险损失。

二　私人护理保险推进的路径

公共长期护理保险财务供给水平有限，有些人可能需要获得更高的赔付标准，这可以通过市场来获得，即购买私人长期护理保险产品。

2005 年 1 月，国泰人寿保险公司推出第一款长期护理保险产品——康宁长期看护健康保险，2006 年专业的健康保险公司人保健康推出了第一个具有全面保障功能的长期护理保险——全无忧长期护理个人健康保险，2008 年瑞福康健康保险公司在上海推出仅包括长期护理保障和老年护理保障的第一款纯粹意义上的长期护理保险。目前中国私人保险市场已经有 10 多种长期护理保险险种。虽然，私人长期护理保险有了起步，但是私人长期护理保险产品供给存在着两个方面的问题。一方面，私人长期护理保险产品品种单一，同质化现象比较严重；同时由于长期护理费用的不断提高和平均护理周期的延长，长期护理保险产品的价格偏高，加上长期护理保险给付条件较为苛刻，制约了产品的市场需求。另一方面，由于信息不对称、道德风险、逆向选择等，私人长期护理保险市场供给受到制约。

中国人口老龄化，失能老人增加，私人长期护理保险产品应该具有广阔的市场，然而目前产品市场覆盖率还较低。政府可以从以下四个方面推进私人长期护理保险，引导社会成员通过购买私人长期护理保险来降低失能老人长期护理的风险损失。

（1）颁布长期护理保险的相关法律，对长期护理的赔付范围、标准、给付办法等审核程序给予明确规定，以此来规范长期护理保险的市场运作。

（2）制定长期护理服务标准、机构准入、人员培训等制度，以保证长期护理保险市场的健康发展。

（3）建立第三方失能等级评估机制，科学界定失能等级。

（4）政府税收扶持。一方面，对提供长期护理保险产品的公司的营业税和所得税予以减免，对开放的长期护理保险产品给予税收优惠，这样可以鼓励保险公司，同时也可以降低长期护理保险产品的价格，吸引人们购买私人长期护理保险。另一方面，对于购买私人长期护理保险产品的雇主，其保险费用可以在税前列支，对于个人购买私人长期护理保险的保险费可以免征个人所得税。通过税收扶持来刺激私人长期护理保险产品的供给和需求。

三　长期护理救助制度推进的路径

目前，中国失能老人长期护理的财务供给主要由个人或家庭承担，只有一些特殊群体，例如因工伤残的干部、职工，因战因公伤残的军队退休干部等可以享有护理补贴。一些地区试点建立低收入家庭失能老人的护理补贴制度，但是制度没有法律化、规范化。即使是2014 年国务院颁布的《社会救助暂行办法》，也没有把失能老人长期护理纳入社会救助的范围。因而，要建立失能老人长期护理财务供给体系，就需要针对既没有参加公共长期护理保险，也没有参加私人长期护理保险，个人或家庭也没有经济能力负担护理费用的失能老人，建立长期护理救助制度。

（1）制度的对象。救助制度的对象是已经达到 65 岁且处于失能状态的老人。

（2）资金来源。长期护理的救助资金来自地方政府财政收入。

（3）资格条件。要进行家计调查，申请人家庭收入低，家庭收入扣除当地最低生活保障线标准后，无力满足失能老人长期护理费用支付需要，即满足救助条件。

（4）失能评估。通过第三方失能程度评估机构的评估，根据评估的失能等级提供救助金。

（5）救助程序。由个人申请、政府审核、家计调查、失能程度评估等程序构成。

长期护理救助制度与最低生活保障、灾害救助制度、教育救助制度、医疗救助制度、住房救助制度等共同构成社会救助制度的内容，以适应人口老龄化社会失能老人的最低生存的需要。

第二节　失能老人长期护理保险制度
财务均衡的政策建议

一　建立多主体参与的政策引导机制

建立长期护理保险制度来化解失能老人的长期护理财务风险是政府的责任和义务，但是单一的政府长期护理保险制度的能力和保障范围是有限的，因而可以通过政府税收优惠、财政补贴等手段鼓励私人通过购买商业性护理保险或个人储蓄积累来共同防范未来失能护理的风险，即构建以强制性长期护理保险为基础，私人保险和个人储蓄为补充的多层次长期护理财务筹资体系来筹集资金，化解失能老人长期护理的财务风险。通过多层次财务筹资体系的建立，一方面可以避免个人或家庭对强制性长期护理保险制度的过度依赖，减轻公共长期护理保险制度的财务负担，减轻政府财政投入的负担。另一方面也可以通过政府引导和鼓励建立的多层次财务筹资体系，提高社会成员对未来长期护理财务风险的防范意识。

多元化筹资渠道的建立是一个漫长的过程，要实现这个目标，需要政府和社会的共同参与，政府要通过税收优惠和财政补贴政策来引导社会，而私人保险公司需要对长期护理保险的险种进行科学的精算、科学的规划，以实现保险人和被保险人互赢的目标。社会成员需要认识未来人口老龄化、高龄化所带来的老年人失能护理财务风险的不确定性，培养个人和家庭的风险意识，合理选择风险化解的手段。

二　建立政府财政储备基金以防范未来风险

如果依靠失能老人长期护理保险制度内在机制能够实现制度长期的财务均衡，无论是对保险人、被保险人以及投保人，还是对制度的可持续性来讲，都具有一定的意义。然而，由于中国人口结构的巨大变化，人口老龄化加剧，老年人数量相对增加，而经济活动人口的数量相对在减少，以及工资增长率、GDP 增长率等相关变量的变动，完全依靠失能老人长期护理保险制度内在机制来保持财务均衡已经难以实现。特别是在 2030 年以后，制度内在的财务非均衡将主导长期护理保险制度一个漫长的时期。而要实现制度的财务均衡就需要外部投入，其中政府财政投入是外部资金来源的一个重要的也是最稳定的部分。

政府财政对长期护理保险制度的投入有三个目的。一是通过财政补贴来引导社会成员参加长期护理保险制度；二是通过财政投入降低投保人缴费率水平，减轻社会成员的负担；三是通过财政投入弥补制度可能存在的缺口。

针对不同补贴人群和不同地区的失能老人，政府对失能老人长期护理保险制度的财政补贴、财政投入要区别对待。对于西部经济发展水平较低的地区和低收入家庭，政府应当加大财政转移支付的力度，加大财政补贴的力度。而对于有能力参保的居民，政府财政给予适度补贴，以降低居民参保的费用，通过政府财政补贴来刺激民众的参保热情，提高长期护理保险参保的比例。

为了防止未来中国经济增长的周期性而导致政府财政收入的波动，为了防止 2030 年后长期护理保险制度财务缺口扩大而增加政府财政的负担，需要建立政府储备基金，即在财政收入较稳定的年度划拨一部分财政资金作为储备基金。建议把全国社会保障基金理事会所管理的全国社会保障基金作为长期护理保险制度的财务储蓄基金的一部分，政府财政每年直接拨入一部分储备基金给全国社会保障基金理事会管理运作，未来一旦有支付风险时才可以使用这笔资金，因而这部分资金是防范未来长期护理保险制度财务风险的战略储备基金。

三　建立长期护理服务的输送机制

失能老人长期护理既需要有能够购买护理服务的资金，也需要提供长期护理服务资源，优质资源的提供有助于吸引社会成员参保。建议政府采取一些措施从以下三个方面提升长期护理服务资源供给的能力。

（1）增加医养结合型护理服务机构的数量供给。家庭、社区和养老护理服务机构是失能老人长期护理的主要场所，而养老护理服务机构是承担失能老人长期护理服务的主要载体。老年人护理服务分为三类。第一类是老年医疗，主要针对急性病或慢性病急性发作期的老年人，特征是治疗时间短、技术含量高，药品费和检查费用比例高。第二类是老年医疗护理，主要针对慢性病和危急病人急性治疗后病情不稳定、生活不能完全自理、需要持续治疗和医疗护理的病人，特征是治疗时间长，劳务费用比重大。第三类是老年照顾，主要针对生活完全或部分不能自理的非病人或疾病处于未定状态而不需要接受连续治疗的老年人。对于老年人护理服务而言，第二类、第三类老人护理需求就不仅仅是生活护理，还包含持续的医疗护理。如果以美国护理院的分类标准，可以按照医疗时间和专业水平划分为三类。第一类是技术性护理院，提供24小时医疗护理服务，不需要入住医院接受医疗服务。第二类是中级医疗护理院，提供24小时医疗护理服务，但是技术较第一类差。第三类是生活协助护理院，提供非24小时护理、简单医疗服务。而目前中国养老护理机构护理服务大多数还处于较低层次，机构养老模式还是一种医养分离式的护理模式，医养结合型护理服务机构和床位所占的比例少，护理服务机构存在结构不平衡、服务层次低等问题，护理服务机构覆盖的人群存在着结构性失衡，与老年人护理需求的结构存在较大的差距。因而需要借鉴美国等国家的经验，调整技术性护理机构和中级医疗护理院的数量和结构，以满足不同类别的人群对护理服务的需求。这需要政府首先开放长期护理服务的市场，允许不同的市场主体包括企业、社会组织和个人根据市场不同的需求共同参与不同类型的养老服务机构的建设，由市场根据老年人的需求结构确定护理机构的供给内容和供给模式。只有引入市场机制，才能通过市场竞争增加护理服务的供给数量，提升护理服务的质量。政府要通过对社会对养老服务机构需求的数量和结构的研究，加快对养老服务机构的结构、功能、地域分布等方面的总体规划，通过税收优惠、财政补贴和土地供给优惠等形式来鼓励和引导社会积极参与养老服务机构的建设，优化养老服务机构的结构，提高养老服务机构的服务层次。

（2）加大虚拟养老服务中心设施的投入，完善社区护理服务功能。虚拟养老服务中心是社会养老服务机构与居家养老的老人对接的信息平台，为非机构护理的失能老人提供护理服务。或由政府财政直接投资打造虚拟养老服务中心，构建养老服务中心与失能老人方便、快捷的联系渠道。由失能老人通过虚拟养老服务中心的信息平台来购买市场提供的护理服务，通过政府推动、市场化运作、信息化管理和专业化服务来提高虚拟养老服务中心的服务能力和服务层次，最大限度地满足居家养老的老年人的服务需求，也减轻机构养老的压力。

（3）政府加大护理服务人员培训的力度。目前养老护理服务机构的一线护理人员大部分是农村进城务工人员，这些人员平均年龄在50岁以上，文化水平低，大多数没有经过专业训练，更没有经过系统的专业培训，缺乏基本的医疗常识和护理技能，护理水平较低，不能满足现有养老护理服务业的基本需求。而大多数养老护理机构不愿意对人员进行培训，主要原因有三个方面。一是熟练的护理服务人员流动频率高。一些养老护理机构为了自身护理服务水平提高的需要也举办了一些专业护理培训，但是由于一些护理机构相互间人员流动频繁，导致培训的外部正效应较大，即养老服务机构专业培训的熟练人员流向一些未提供培训服务的养老机构。二是养老护理服务机构人员不稳定。养老护理服务机构护理人员的工资待遇普遍较低，社会地位低，社会认同程度低，导致一些有一定技能的熟练护理人员流失，这种局面不利于调动养老护理服务机构专业培训的积极性。三是培训一个专业的护理人员需要成本、代价，一些养老护理机构为了降低服务成本也不愿意提供专业培训。因此，建议政府采取措施加快养老护理服务机构护理人员专业培训体系的构建，首先，由政府与一些有培训能力和经验的高职院校建立合作关系，签订订单式专业人员培养的协议，并由政府提供部分成本补偿。其次，通过政府举办的养老护理服务机构对社会提供无偿的护理人员的专业培训。目前政府举办的养老机构人员素质、专业能力普遍较高，可以通过公办养老护理机构培训的辐射效应带动民办养老护理机构人员素质的提高。最后，政府提供公共培训服务，由人力资源和社会保障部门免费向社会开办护理人员培训班，为有从事护理服务意向的人员提供护理专业知识和能力的培训。

四 建立长期护理财务供给执行效果的评估机制

为了反映长期护理财务均衡执行效果、管理和服务的质量，评价、分析和比较制度的决策、执行、管理和监督所产生的效果，监测制度运行过程与制度设计的目标的差距，矫正长期护理财务供需政策，调整制度资源的配置，政府需要建立能够反映长期护理财务均衡的执行效果的指标体系。评估体系主要由评估目标、评估机构、评估指标体系、评估结果反馈以及政策改进等内容构成。而长期护理财务执行效果的评估指标体系主要包括反映长期护理财务效果总体状况（包含长期护理财务支出占 GDP 的比重、长期护理财务支出占财政支出的比重、失能率、资金结余率等）、财务支出的效果（包含待遇支付水平、长期护理财务供给覆盖率等）、财务收入的效果（包含资金征缴率、社会负担能力等）和社会满意度等指标构成。

本章小结

本章提出中国失能老人长期护理保险制度财务均衡的路径。针对中国公共长期护理保险制度安排提出了渐进式战略、"三步走"策略逐步推进制度。在制度创建期注重制度的诱导；在制度完善期注重制度的财务均衡；在制度成熟期财务向非均衡过渡时，既要注重制度内部财力，也要注重制度的外部财力组织。提出中国私人长期护理保险制度的推进需要政府法律的支撑，需要建立护理服务标准体系等，需要政府税收优惠以刺激供给和需求。而对于没有参加公共护理保险制度，也没有参加私人护理保险，个人或家庭也没有经济能力负担护理费用的失能老人，需要政府社会救助制度保证护理财务供给，而中国的社会救助制度需要对被救助的失能老人进行制度规范。

本章提出要优化失能老人长期护理保险财务均衡制度，需要政府政策的引导以鼓励社会各主体的共同参与，也需要政府建立财政储备基金以防范在人口老龄化程度加剧、失能老人长期护理的社会负担较重时财务供需失衡。失能老人长期护理保险制度财务均衡与否还取决于市场长期护理服务供给的数量、质量和供给成本。发展长期护理服务业有助于失能老人用较少的成本得到优质的护理服务。最后要通过建立长期护理保险制度财务供给执行效果评估机制，矫正长期护理财务供需政策，调整制度资源的配置，预防财务风险的发生。

第八章 基本结论和研究展望

第一节 基本结论

通过对中国失能老人长期护理财务均衡的研究，可以得出以下六个方面的基本结论。

（1）中国失能老人长期护理的财务需求总量大，且呈现线性上升的趋势，个人或家庭长期护理财务负担重。由于人口老龄化加剧，需要护理的失能老人增加，高龄老人比重上升需要提供的护理层次、护理方式发生变化，而社会人力成本的提高，失能老人长期护理财务需求不断增长。2015 年失能老人长期护理财务需求总量为 2256 亿元，2025 年为 6272 亿元，2035 年为 17441 亿元，2050 年将达到 60282 亿元，2050 年的财务需求总量是 2015 年的 26.7 倍。

（2）中国现有的失能老人长期护理财务风险的化解还处于个人或家庭为主、政府补缺的阶段，现有的制度设计一方面仅是针对社会特殊身份的人口提供特殊待遇，另一方面仅是对处于生活贫困阶段的困难家庭的失能老人提供财政救助型的补贴。即使青岛市开创了中国医疗护理保险制度的先河，但是制度还存在着目标群体与制度群体的差异、资金来源渠道窄、运作主体与管理体制等方面的缺陷。长期护理财务需求与财务供给之间存在着失衡问题，需要政府从更高的层面统筹设计失能老人长期护理财务供给制度，体现政府的责任。

（3）政府、市场、社区和志愿组织构成了中国失能老人长期护理的财务供给多元化主体，但是多元主体之间的融合和协调成为制约多

222

元主体功能发挥的瓶颈。通过对个人或家庭、私人护理保险、政府财政和公共长期护理保险等供给主体的功能和财务负担能力的分析，得出多主体的融合方式，以政府为主导，公共长期护理保险制度为载体，私人护理保险和个人储蓄为补充，政府护理救助为托底的制度供给体系可以充分发挥各主体的作用，融合和协调各主体之间的关系。公共长期护理保险制度风险共担机制，覆盖大多数人口，制度成本可以在集合体共担，责任和权利对等，能调动更多主体参与等，使得公共长期护理保险制度作为载体具有较多的优势。每个失能老人都应该通过参加公共长期护理保险制度来获得护理财务供给，也可以参加私人护理保险作为补充。对于既没有参加公共长期护理保险，也没有参加私人长期护理保险的失能老人，个人或家庭储蓄是其财务供给的来源渠道，政府护理救助是最后的防线。各主体具有功能互补的作用，也具有一定的层次性。

（4）建立公共长期护理保险制度具有必要性、紧迫性和可行性。公共长期护理保险制度在长期护理财务供给体系中处于核心和主导地位，是多元主体相互融合的纽带。随着失能老人长期护理财务需求越来越大，建立公共长期护理保险制度可以化解失能老人长期护理的财务风险。研究发现，随着人口老龄化的加剧，失能老人长期护理保险制度财务负担越来越重，2015～2025 年，公共长期护理保险缴费率在 1.11%～1.61%，总体缴费率并不高，但是 2030 年缴费率达到 2.03%，2050 年缴费率甚至达到 4.71%，投保人负担急剧增加，制度内部财务失衡。在雇主和雇员负担能力有限时，需要政府财政和政府用国有资产来补贴，以减轻社会负担。2035 年财政补贴占财政收入的 0.55%，2040 年占财政收入的 0.66%，2045 年占 0.72%，2050 年占 0.77%，政府财政的负担呈现上升趋势，但总体负担不重。因而，政府应该尽早建立长期护理保险制度，在 2030 年之前政府财政负担较轻时，逐步建立风险储备基金以应对 2030 年后长期护理保费用支付的沉重经济负担。

（5）在中国建立失能老人长期护理保险制度既有必要性，也有财务上的可行性，但是制度的财务均衡需要多元主体共同参与，形成功能互补，公共长期护理保险制度是多元主体的核心和主导。

（6）失能老人长期护理保险制度财务均衡的路径。通过渐进式的路径、"三步走"战略设计来推进中国失能老人长期护理保险制度的建立，在制度建立的不同阶段，长期护理保险制度财务均衡的路径不同。通过制度渐进式的设计来引导社会成员风险防范的意识，建立强制性公共长期护理保险制度。通过政府政策引导、税收优惠和法律规范来发展私人长期护理保险，为公共长期护理保险起补充作用。把护理救助纳入社会救助制度之中，成为社会救助制度的重要内容。因而需要建立政府的政策引导机制吸引多元主体共同参与，建立政府财政储备基金以防范未来风险，发展长期护理服务业有助于失能老人用较少的成本得到优质的护理服务，建立长期护理财务供给执行效果评估机制，矫正长期护理财务供需政策，调整制度资源的配置，预防财务风险的发生。

第二节　本书的创新点

通过理论分析和实证分析，本书在以下三个方面取得了突破。

（1）研究视角的突破。突破传统的单一供给主体分析法，采用多元主体比较分析法，从宏观视角将公共长期护理保险制度置于多元供给主体之中进行分析，分析在多元主体财务供给体系架构中，长期护理保险制度的功能定位，长期护理保险制度与其他制度之间的功能互补与融合，以此来说明公共长期护理保险制度在多元主体财务供给体系中的核心地位和主导作用，论证长期护理保险制度构建的必要性、紧迫性和可行性。突破传统的财务供给数量均衡分析法，而把数量均衡和制度供给均衡两者相结合，通过制度供给来实现长期护理财务供需数量均衡。

（2）分析发现，2015～2050 年中国失能老人长期护理的财务潜在需求随时间推移呈线性增长趋势。而在现行分配制度和社会保障制度条件下，中国失能老人长期护理的财务供给能力无法满足不断增长的财务潜在需求。首先，个人与家庭无法负担失能老人长期护理财务需求。2015～2050 年，城镇失能老人人均护理费用是城镇居民人均收入剩余的 2.077～2.197 倍；农村失能老人人均护理费用是农村居民人均收入剩余的 1.550～2.166 倍。其次，政府财政难以负担失能老人长期护理财务需求。2015～2050 年，中国失能老人长期护理的财务潜在需求占当年财政总收入的比重将从 1.53% 逐步上升到 6.73%。最后，经济活动人口相对减少而失能老人总量上升等原因使得财务供给能力呈现下降趋势，导致公共长期护理保险制度财务供给负担能力呈现阶段性特征，缴费率将从 2015 年的 1.11% 上升到 2050 年的 4.71%，财务供需从制度内在均衡过渡到制度内在非均衡，而 2030 年是拐点年，验证了人口老龄化将引发失能老人长期护理财务负担不断加重的命题。以个人或家庭、私人护理保险、公共长期护理保险和政府财政为单一主体的财务供给，无法满足失能老人长期护理财务需求，需要多主体共担风险。

（3）建议实施中国失能老人长期护理保险制度财务均衡的渐进式路径和"三步走"战略。即制度创建期的目标是制度诱导，长期护理保险与医疗保险融合，费用由医疗保险负担的阶段，制度非独立且财务非均衡。在制度完善期，长期护理保险制度独立，调整社会保险费率结构，建立长期护理保险独立的筹资渠道，制度独立且财务均衡。在制度成熟期，由于人口老龄化，制度缴费率水平高，制度从财务均衡向财务非均衡过渡，可以通过政府财政和国有资产补贴实现财务均衡。在现有文献中，一般认为要建立公共长期护理保险制度，但是没有发现通过渐进式路径和"三步走"战略来实施公共长期护理保险制度。

第三节　研究不足

本书研究还存在许多不足部分，有待在将来的研究中进一步改进。

（1）研究中的基础数据不足。在本书中，涉及大量的基础数据的测算，而这些数据是整个研究工作的基础，但是国内相关基础数据的缺失，使研究存在一些不足，主要有以下两个方面。

第一，目前中国国内有关老年人失能率的基础数据缺失，没有大量的、系统而连续的长期护理统计数据库，导致本书无法利用多状态马尔科夫模型在确定转移概率的基础上计算长期护理保险费和保险准备金，而只能假设不同年龄组老年人的失能率随着时间的变动而不变。待将来条件成熟时，可以通过对老年人失能率变动转移概率的研究，进一步验证中国失能老人长期护理财务均衡变动状况和长期趋势。

第二，目前中国还缺少不同等级的失能老人选择护理服务方式的基础数据，本书只能采用德国的相关数据，没有考虑中国文化传统等方面的影响，使得中国失能老人选择家庭护理、社区护理或护理院护理的比例不一定准确。但与中国台湾相比较，这个数据误差不大，可信程度高，需要在将来的研究中，通过大量深入的社会调查来研究中国失能老人长期护理服务方式选择的意愿，为研究长期护理保险制度财务均衡提供基础。

（2）数据来源时间不统一。从 2012 年年初就开始着手研究，到 2015 年 7 月底初步完成，本研究跨越时间较长，因而导致本研究中的数据来源并不统一，且很多数据特别是一些统计数据来源陈旧，有待进一步改进，但并不影响相关结论。

第四节　研究展望

失能老人长期护理财务均衡是制度的经济基础，建立失能老人长期护理财务均衡的制度体系是中国人口老龄化进程中的必然选择。但是，本书认为在未来的长期护理保险制度的研究中，需要继续对一些问题进行深入思考和研究，厘清思路，以利于构建中国失能老人长期护理保险制度。

（1）怎样科学合理地界定老年人失能？用哪些指标来衡量老年人的失能状态？界定老年人失能的概念直接影响到谁是制度的覆盖对象，影响到失能老年人的数量规模，影响到老年人最基本的体面生活的权利。

（2）一些变量对中国失能老人长期护理财务均衡的影响程度如何？这些变量包括人口老龄化率、老年人失能率、老年人护理使用率、经济活动人口比率、护理成本变动率、工资增长率和经济增长率等。它们对长期护理财务均衡状况的影响程度如何，是否可以做相关变量对制度财务均衡的敏感程度进行分析？

（3）针对农村劳动力长期护理保险财务均衡制度如何设计，主要是农村劳动力如何承担长期护理保险制度的缴费。农村劳动力个人缴费可以按照当地上年人均纯收入一定比例缴费，但是农村劳动力不能既承担个人缴费部分，也承担雇主缴费部分，双重缴费会导致农村劳动力缴费负担重，这不合理。那么谁是农村劳动力的雇主？政府承担农村劳动力雇主缴费部分的责任，财政负担能力如何？

（4）失能老人长期护理服务供给机制如何构建？服务产品由谁来提供，服务价格由谁来确定，服务质量如何得到保障？政府如何监督管理长期护理服务提供？

（5）失能老人对护理服务需求的结构如何？仅是老年生活护理，还是医疗护理，还是医养结合型护理？不同护理需求结构如何得到满足？政府提供和市场提供的边界如何界定？医养结合型养老护理机构的功能如何定位？市场如何提供医养结合型养老护理服务？政府在市场提供的过程中应该如何利用政府财政补贴、税收优惠等经济杠杆来引导市场，降低市场提供的产品的价格？

（6）失能老人长期护理财务供给中，志愿组织功能如何才能调动起来？

失能老人长期护理财务均衡研究中，还有许多相关问题需要进一步深入地研究，笔者在此抛砖引玉，希望学者和实际工作者关注失能老人长期护理财务均衡制度、关注老年人护理服务，呼吁建立一个制度化的财务供给体系，为我们每个人化解未来可能存在的护理财务风险提供保障。

参考文献

[1] Aber, J., "The Debate about Long-term Care in Germany", in Patrick Hennessy, *Caring for Frail Elderly People: Policies in Evolution*, Paris: OECD, 1996.

[2] Abrahamson, P., Boje, T. P., Greve, B., *Welfare and Families in Europe*, Aldershot: Ashgate, 2005: 20.

[3] Alan Madge, *Long Term Aged Care: Expenditure Trends and Projection*, Canberra: Productivity Commission, 2000.

[4] Amy Finkelstein, Kathleen Mcgarry, "Dynamic Inefficiencies in Insurance Markets: Evidence form Long-term Care Insurance", *The American Economic Review*, 2005.

[5] Barr, N., "Long-term Care : A Suitable Case for Social Insurance", *Social Policy & Administration*, 2010, 44 (4).

[6] Black, Kenneth, Jr., Harold, D. Skipper Jr., *Life Insurance*, Prentice-Hall, Inc., 1994.

[7] BMG, Bericht der Bundesregierungüber die Entwicklung der Pflegeversicherung und den Stand der pflegerischen Versorgung in der Bundesrepublik Deutschland, Berlin, 2010.

[8] Cha, H. B., *A Study Family Care Gives Preference and Its Determinants for the Long-term Care Service Use for the Impaired Elderly*, Chungang University, 1998.

[9] Congressional Budget Office (CBO), *Financing Long-term Care for the Elderly*, Washington, D. C.: Congressional Budget Office, 2004.

［10］ Coy, Jacquelyn S. and Pau, J. Winn, "Long-term Care: A Vital Product in an Evolving Environment," *Journal of the American Society of CLU & ChFC*, 2007, 51 (5).

［11］ Cambios. E. , *An International Comparison of Trends in Disability-free Life Expectancy*, Economic Issues and Policy Solutions, 1996.

［12］ Crimmins, E. M. , Saito, Y. , Reynolds, S. L. , "Further Evidence on Recent Trends in the Prevalence and Incidence of Disability among Older Americans from Two Sources: the LSOA and the NHIS", *The Journals of Gerontology*, Series B, *Psychological Sciences and Social Sciences*, 1997, 52 (2).

［13］ Denton, M. , "The Linkages between Informal and Formal Care of the Elderly", *Canadian Journal of Aging*, 1997, 16 (1).

［14］ Eric Stallard, "Estimate of the Incidence, Prevalence, Duration, Intensity and Cost of Chronic Disability among the U. S. Elderly", *Society of Actuaries*, 2008, 1.

［15］ European Commission, "Joint Report by the Commission and the Council on Supporting National Strategies for the Future of Health Care and Care for the Elderly", Brussels: Council of the European Union, 2003.

［16］ Feldstein, Martin, "Prefunding Medicare", *American Economic Review*, 1999, 89 (2).

［17］ Fries, James F. , "Aging, Natural Death, and the Compression of Morbidity", *The New England Journal of Medicine*, 1980, 3.

［18］ Fukui, Tadashi, Iwamoto, Yasushi, "Policy Options for Financing the Future Health and Long-term Care Costs in Japan", in Takatoshi Ito and Andrew Rose (eds.), *Fiscal Policy and Management in East Asia*, Chicago: University of Chicago Press, 2006.

[19] Gary V. Engelhardt and Nadia Greenhalgh-Stanley, "Public Long-term Care Insurance and the Housing and Living Arrangements of the Elderly", *Evidence from Medicare Home Health Benefits*, CRR WP, 2008.

[20] Gordon Murray, "A Guide to Understanding Long-term Care Insurance", *Employee Benefits Journal*, 2001, 26 (3).

[21] Gruenberg, Ernest, "The Failure of Success", *The Milbank Memorial Quarterly*, 1977, 55.

[22] Health Insurance Association of America, *Long-term Care: Knowing the Risk, Paying the Price*, 1997.

[23] Heinick, K. , Thomsen, L. S. , "The Social Long-term Care Insurance in Germany: Origin, Situation, Threats and Perspective", Discussion Paper, No. 10 – 12, Center of Economic Research, 2010.

[24] Holdenrieder, J. , "Equity and Efficiency in Funding Long-term Care from an EU Perspective", *Public Health*, 2006, 14.

[25] Jacobzone, S. , Cambois, E. and Robine, J. , "Is the Health of the Older Persons in OECD Countries Improving Fast Enough to Compensate for Population Ageing?", *OECD Economic Studies*, 2000, 30.

[26] Jones, Harriett E. and Dani, L. Long, *Principles of Insurance: Life, Health, and Annuities*, Life Office Management Association, Inc. , 1997.

[27] Kenney J. M. , "Home Care", *Encyclopedia of Gerontology*, Academic Press, 1996.

[28] Levande, D. I. , "Elder Care in the United States and South Koreas Balancing Family and Community Support", *Journal of Family Issues*, 2000.

[29] John Greighton Campbell, Naoki Ikegami, "Lessons from Public

Long-term Care Insurance in Germany and Japan", *Health Affairs*, 2010, 29 (1).

[30] Manton, K. G. , Gu, X. and Lamb, V. L. , "Change in Chronic Disability form 1982 to 2004/2005 as Measured by Long-term Changes in Function and Health in the U. S. Elderly Population", *Proceedings of the National Academy of Sciences*, 2006, 103 (48).

[31] Manton, K. G. , Corder, L. , and Stallard, E. , "Chronic Disability Trends in Elderly United States Populations: 1982 – 1994", *Proceedings of the National Academy of Sciences of the United States of America*, 1997, 94 (6).

[32] Manton, Kenneth G. , "Changing Concepts of Morbidity and Mortality in the Elderly Population", *The Milbank Quarterly*, 1982, 60 (2).

[33] Mark V. Pauly, "The Rational Nonpurchase of Long-term Care Insurance", *Journal of Political Economy*, 1990, 98 (1).

[34] Meier, V. , "Why the Young do not Buy Long-term Care Insurance", *Journal of Risk and Uncertainty*, 1999, 8.

[35] OECD, *Caring for Frail Elderly People: Policies in Evolution*, Paris: OECD, 1996.

[36] Peter Zweifel and Wolfram Struiwe, "Long-term Care Insurance in a Two Generation Model", *The Journal of Risk and Insurance*, 1998, 65 (1).

[37] Pickard, L. , Comas-Herrera, A. , Costa-Font, J. , Gori, C. , Maio, A. , Patzxot, C. , et al. , "Modelling an Entitlement to Long-Term Care Services for Older People in Europe: Projections for Long-Term Care Expenditures to 2050", *Journal of European Social Policy*, 2007, 17 (1).

[38] Rivlin, Alice M. , Winener, Joshua M. , "Who should Pay for Long-term Care for the Elderly?", *The Brookings Review*, 1998, 6 (3).

[39] Rothgang, Heinz, Arnold, Robert, "Financing Long-Term Care Insurance Reconciling a Pay-AS-You-GO System with a Partly Funded System", Paper presented at the 7th ESP Anet Conference 2009.

[40] Wittenberg, R. , Comas-Herrera, A. , King, D. , et al. , "Future Demand for Long-term Care, 2002 to 2041: Projections of Demand for Long-term Care for Older People in England", PSSRU Discussion Paper 2330, 2006.

[41] Schnepper, Jeff A, "Can you Afford Long-term Care?", *USA Today Magazine*; 2002, 130 (2678).

[42] Schulte, B. , "Social Long-term Care Insurance in Germany", in Eisen, R. A. and Sloan, F. A. (eds), *Long-term Care: Economic Issues and Policy Solutions*, Kluwer Academic Publishers, 1996.

[43] Shaman, E. , Healy, JLB, "Health System Review: Australian, Copenhagen: WHO Regional Office for Europe on Behalf of the European Observatory on Health Systems and Policies, 2006.

[44] Sinn, H. W. , "Why a Funded Pension System is Useful and Why it is not Useful?", NBER Working Papers No. 7592, 2000.

[45] Steven Haberman, "Decrement Tables and the Measurement of Morbidity", *Journal of the Institute of Actuaries*, 1983, 110.

[46] Sheila Rafferty Zedlewski, Timothy D. McBride, "The Changing Profile of the Elderly: Effects on Future Long-term Care Needs and Financing", *The Milbank Quarterly*, 1992, 2.

[47] The Health Insurance Association of America, *Long-Term Care: Knowing the Risk, Paying the Price*, 1997.

［48］Walack, S., "Recent Trends in Financing Long-term Care", *Health Care Financing Review Annual Supplement*, 1988.

［49］Wittenberg, R., Sandhu, B. and Knapp, M., "Funding Long-term Care: the Private and Public Options", in Mossialos, E., Figueras, J. and Dixon, A. (eds.), *Funding Health Care: Options in Europe*, Buckingham: Open University Press, 2002.

［50］陈雪萍：《以社区为基础的老年人长期照护体系构建——基于杭州市的实证分析》，浙江大学出版社，2011。

［51］〔英〕大卫·休谟：《人性论》，商务印书馆，1980。

［52］戴卫东：《中国长期护理保险制度构建研究》，人民出版社，2012。

［53］莫西洛斯等编《医疗保障筹资：欧洲的选择》，张晓、曹乾译，中国劳动社会保障出版社，2009。

［54］〔美〕埃米特·J. 沃恩、特丽莎·M. 沃恩：《危险原理与保险》，张洪涛等译，中国人民大学出版社，2002。

［55］刘子操、陶阳：《健康保险》，中国金融出版社，2001。

［56］Mark S. Dorfman：《当代风险管理与保险教程》，齐瑞宗等译，清华大学出版社，2002。

［57］施巍巍：《发达国家老年人长期照护制度研究》，知识产权出版社，2012。

［58］伍小兰、曲嘉瑶：《台湾老年人的长期照护》，中国社会出版社，2010。

［59］陶裕春：《失能老人长期照护研究》，江西人民出版社，2013。

［60］〔美〕斯蒂格利茨：《经济学》，中国人民大学出版社，2000。

［61］中国老龄科学研究中心编著《中国城乡老年人口状况一次性抽样调查数据分析》，中国标准出版社，2003。

［62］周福林：《我国留守家庭研究》，中国农业大学出版社，2006。

［63］ 陈晶莹：《老年人之长期照护》，《台湾医学会杂志》2003 年第
3 期。

［64］ 陈劲松：《传统中国社会的社会关联形式及其功能》，《中国人
民大学学报》1999 年第 3 期。

［65］ 戴卫东：《老年长期护理保险需求及其影响因素分析——基于
苏皖两省调查的比较研究》，《人口研究》2011 年第 4 期。

［66］ 杜鹏、武超：《中国老年人的生活自理能力状况与变化》，《人
口研究》2006 年第 1 期。

［67］ 董溯战：《论作为社会保障法基础的社会连带》，《现代法学》
2007 年第 1 期。

［68］ 杜鹏、武超：《中国老年人的主要经济来源分析》，《人口研究》
1998 年第 7 期。

［69］ 风笑天：《第一代独生子女婚后居住方式：一项 12 城市的调查
分析》，《人口研究》2006 年第 5 期。

［70］ 国峰、孙林岩：《健康保险中道德风险影响研究》，《经济科学》
2003 年第 6 期。

［71］ 顾大男、曾毅：《1992～2002 年中国老年人生活自理能力变化
研究》，《人口与经济》2006 年第 4 期。

［72］ 黄匡时、陆杰华：《中国老年人平均预期照料时间研究》，《中
国人口科学》2014 年第 4 期。

［73］ 黄修明：《论中国古代"孝治"施政的法律实践及其影响》，
《西南民族学院学报》（哲学社会科学版）2003 年第 1 期。

［74］ 蒋虹：《论发展我国长期护理保险》，《保险研究》2006 年第
10 期。

［75］ 荆涛：《长期护理保险研究》，对外经济贸易大学博士论文，
2005。

［76］ 荆涛、王靖韬、李莎：《影响我国长期护理保险需求的实证分

析》,《北京工商大学学报》(社会科学版) 2011 年第 6 期。

[77] 林志鸿:《德国长期照护保险照护需求性概念及其制度化意涵》,《小区发展季刊》2000 年第 92 期。

[78] 李世代:《日本、韩国长期照护保险内容与相关法令之研究》,台湾"行政院经济建设委员会",2009。

[79] 彭雅君等:《急诊病房分级护理服务项目成本研究》,《护理学杂志》2010 年第 2 期。

[80] 齐明珠:《我国 2010～2050 年劳动力供给与需求预测》,《人口研究》2010 年第 5 期。

[81] 史承明、陈玉红、熊小燕:《住院病人等级护理收费现状调查与分析》,《全科护理》2011 年第 11 期。

[82] 孙正成:《需求视角下的老年长期护理保险研究——基于浙江省 17 个县市的调查》,《中国软科学》2013 年第 11 期。

[83] 汤文巍:《上海市老年长期护理保险(LTCI)研究》,复旦大学博士论文,2005。

[84] 王杰、戴卫东:《长期护理保险在中国的选择》,《市场与人口分析》2007 年第 4 期。

[85] 王跃生:《中国城乡家庭结构变动分析——基于 2010 年人口普查数据》,《中国社会科学》2013 年第 12 期。

[86] 许纪霖:《两个美国与政治自由主义的困境》,《读书》2005 年第 6 期。

[87] 杨贞贞:《医养结合的社会养老服务筹资模式构建与实证研究》,浙江大学博士论文,2014。

[88] 殷立春:《日本护理保险制度制定的原因分析及启示》,《东北亚论坛》2009 年第 5 期。

[89] 于学军:《对第五次全国人口普查数据中总量和结构的估计》,《人口研究》2002 年第 3 期。

［90］张恺悌：《全国城乡失能老年人状况研究》，《残疾人研究》
2011 年第 6 期。

［91］张薇、刘锦丹、王志红：《上海市家庭护理服务项目成本核算
研究》，《护理研究》2010 年第 24 期。

［92］曾卓、李良军：《商业健康保险的定义及分类研究》，《保险研
究》2003 年第 4 期。

［93］郑清霞、郑文辉：《我国长期照顾制度的费用估算与财务处理
之探讨》，《台大社会工作学刊》2007 年第 15 期。

［94］郑文辉、郑清霞等：《我国未来长期照护费用之推估及相关因
素之影响分析——2001～2046》，台湾"国家卫生研究院"论
坛，2004。

［95］郑文辉：《长照保险法制财务机制及财源筹措之评估》，台湾
"行政院经济建设委员会"，2009。

［96］郑文辉：《推动长期照护保险可行性之研究》，台湾"行政院经
济建设委员会"，2004。

［97］朱铭来、贾清显：《我国老年人长期护理需求测算及保障模式
选择》，《中国卫生政策研究》2009 年第 7 期。

附录 1　关于长期护理保险的问卷调查

尊敬的先生/女士：

您好！我们是由南京财经大学和重庆大学共同组成的"失能老人长期护理保险需求"课题调研组的学生。随着社会的发展，人的寿命越来越长，老年人的数量逐渐增加，各种疾病尤其是慢性病的发病概率也越来越高，长时间的疾病治疗和护理所发生的潜在巨额费用成为他们的沉重的负担。为此我们组织了这次问卷调查，希望能对此问题进行研究并找到解决方法。希望您能根据实际情况真实填写，我们对您的个人资料绝对保密，衷心感谢您的合作！

调查员注意事项：1. 本调查数据直接影响课题研究的结论，因而调查员应客观地反映被调查对象的实际情况，不得提供虚假信息。2. 为了反映不同年龄段人员的不同需求，请调查员在被调查人员的选择上，尽可能使 60 岁以上的人员占总调查对象的 60%，60 岁以下的占总调查对象的 40%。3. 60 岁以上的老年人可以在居家和养老院（护理院）的老人中各选取 50% 进行调查。4. 调查人员可以根据自己的居住地选择在农村或城市进行调查。

被调查者住址：＿＿＿＿ 省（市）＿＿＿＿ 市 ＿＿＿＿ 县（区）＿＿＿＿ 镇（乡）

第一部分　基本情况

1. 您的性别：A 男　B 女
2. 您的年龄：A 30 岁以下　B 31 ~ 45 岁　C 46 ~ 59 岁　D 60 ~

69 岁　E 70 ~ 79 岁　F 80 岁以上

3. 您的文化程度：

A 小学及以下　B 初中　C 高中（中专）　D 大专　E 本科
F 硕士及以上

4. 您目前居住在：A 地级市市区　B 县城　C 乡镇　D 村组

5. 您的户籍类型：A 农业户口　B 非农户口

6. 婚姻状况：A 未婚　B 已婚　C 离异　D 丧偶

7. 您是否已经退休：A 是　B 否　C 退休后继续工作

8. 您现在或曾经从事的主要工作是：

A 党政机关工作人员　B 事业单位人员　C 城镇务工人员

D 务工农民　E 务农农民　F 个体工商户　G 家庭主妇

H 待业、失业人员　I 其他

9. 您工作单位的性质：

A 政府机关　B 事业单位　C 国有企业　D 外资三资企业

E 股份制企业　F 私营个体企业　G 自由职业

H 农村家庭生产经营　I 其他　J 无工作单位

10. 您目前的个人月收入是（单位：元）：

A 500 以下　B 501 ~ 1000　C 1001 ~ 3000　D 3001 ~ 5000

E 5001 ~ 8000　F 8000 以上

11. 您家庭年收入约为（单位：元）：

A 1 万以下　B 1 万 ~ 3 万　C 3 万 ~ 5 万　D 5 万 ~ 7 万

E 7 万 ~ 10 万　F 10 万以上

12. 您的收入来源是（可多选）：

A 工资　B（离）退休金　C 子女提供　D 配偶提供　E 亲友提
供　F 储蓄积蓄　G 经营性收入　H 种植业或养殖业收入　I 政府
（集体）救济　L 其他

第二部分　　生活型态

13. 您家里有几口人：＿＿＿＿＿＿＿＿

14. 您的子女状况：儿子＿＿＿＿＿个，女儿＿＿＿＿＿个

15. 您目前的居住方式是：

A 与配偶同住　B 与父母同住　C 与子女同住　D 与配偶及子女同住　E 三代及以上同堂　F 独居　G 养老院等养老机构　H 其他

16. 若您与父母或子女不在一起，那么你们的居住地（无子女或父母去世者可跳过该题）：

A 在同省同市　B 在同省不在同市　C 不在同一省份　D 不在同一个国家

17. 您认为理想的居住方式是：

A 与配偶同住家中　B 与父母同住　C 与子女同住　D 与配偶及子女同住　E 三代及以上同堂　F 独居家中　G 与配偶同住养老院等养老机构　H 独居在养老院等养老机构　I 其他

第三部分　　长期护理保险的需求

18. 您目前的健康状况：

A 很好　B 较好　C 一般　D 不好

19. 您目前的生活状况：

A 完全自理　B 半自理　C 完全不能自理

20. 您目前是否患有慢性病？

A 没有

B 有，请选择（可多选）：

①高血压　②心脏病　③中风　④糖尿病　⑤支气管哮喘　⑥帕金森氏症　⑦风湿性关节炎　⑧慢性肺病　⑨白内障　⑩恶性肿瘤　⑪精神障碍　⑫其他

21. 您的家人目前是否患有慢性病？

A 没有

B 有，请选择（可多选）：

①高血压　②心脏病　③中风　④糖尿病　⑤支气管哮喘　⑥帕金森氏症　⑦风湿性关节炎　⑧慢性肺病　⑨白内障　⑩恶性肿瘤　⑪精神障碍　⑫其他

22. （60 岁以下者可跳过本题）在下列日常生活活动中，请您根据自己的实际情况选择：

序号	项目	实际情况（打√）			
		自理	稍依赖	较大依赖	完全依赖
1	进食				
2	洗澡				
3	修饰（洗脸、刷牙、刮脸、梳头）				
4	穿衣（包括系鞋带等）				
5	控制大便				
6	控制小便				
7	用厕（包括拭净，整理衣裤，冲水）				
8	上下床或椅子				
9	平地行走 45 米				
10	上下楼梯				

23. （60 岁以下者可跳过本题）在下列工具性日常生活活动中，请您根据自己最近一个月的实际情况每项做出一个选择：

1. 上街购物【□ 不适用（60 岁以上者对此项活动没有忧虑的选择该项）】
　　□ 3. 独立完成所有购物需求
　　□ 2. 独立购买日常生活用品
　　□ 1. 每一次上街购物都需要有人陪
　　□ 0. 完全不会上街购物

2. 外出活动【□ 不适用（60 岁以上者对此项活动没有忧虑的选择该项）】
　　□ 4. 能够自己开车、骑车
　　□ 3. 能够自己搭乘大众运输工具
　　□ 2. 能够自己搭乘出租车但不会搭乘大众运输工具
　　□ 1. 当有人陪同可搭出租车或大众运输工具
　　□ 0. 完全不能出门

3. 食物烹调【□ 不适用（60 岁以上者对此项活动没有忧虑的选择该项）】

    □ 3. 能独立计划、烹煮和摆设一顿适当的饭菜

    □ 2. 如果准备好一切佐料，会做一顿适当的饭菜

    □ 1. 会将已做好的饭菜加热

    □ 0. 需要别人把饭菜煮好、摆好

4. 家务维持【□ 不适用（60 岁以上者对此项活动没有忧虑的选择该项）】

    □ 4. 能做较繁重的家事或需偶尔家事协助（如搬动沙发、擦地板、擦窗户）

    □ 3. 能做较简单的家事，如洗碗、铺床、叠被

    □ 2. 能做家事，但不能达到可被接受的整洁程度

    □ 1. 所有的家事都需要别人协助

    □ 0. 完全不会做家事

5. 洗衣服【□ 不适用（60 岁以上者对此项活动没有忧虑的选择该项）】

    □ 2. 自己清洗所有衣物

    □ 1. 只清洗小件衣物

    □ 0. 完全依赖他人

6. 使用电话的能力【□ 不适用（60 岁以上者对此项活动没有忧虑的选择该项）】

    □ 3. 独立使用电话，含查电话簿、拨号等

    □ 2. 仅可拨熟悉的电话号码

    □ 1. 仅会接电话，不会拨电话

    □ 0. 完全不会使用电话

7. 服用药物【□ 不适用（60 岁以上者对此项活动没有忧虑的选择该项）】

    □ 3. 能自己负责在正确的时间用正确的药物

    □ 2. 需要提醒或少许协助

    □ 1. 如果事先准备好服用的药物分量，可自行服用

    □ 0. 不能自己服用药物

8. 处理财务能力【□ 不适用（60 岁以上者对此项活动没有忧虑的选择该项）】

    □ 2. 可以独立处理财务

    □ 1. 可以处理日常的购买，但需要别人协助与银行往来或大宗买卖

    □ 0. 不能处理钱财

24. 您现在或将来年老时最担心的问题是（可多选）：

A 生病　B 生活不能自理　C 子女不孝　D 孤独　E 经济困难 F 其他

25. （60 岁以下者跳过本题）您生活不能自理的时候一般都由谁照料？（可多选）

A 无人　B 儿　C 媳　D 女儿　E 女婿　F 老伴　G 钟点工（保

姆）　H 养老院等养老机构　I 其他

26.（60 岁以下者跳过本题）如果您生活不能自理，希望由谁照料？（可多选）

A 儿　B 媳　C 女儿　D 女婿　E 老伴　F 钟点工（保姆）

G 养老院等养老机构　H 其他

27. 您或您的家人是否正在接受养老机构提供的护理？

A 没有

B 有，那么养老机构的性质是：

①公办或政府资助的养老机构　②民办非营利养老机构　③民办营利养老机构　④不清楚

28.（如家中无需护理者跳过本题）家中近一年来用于患者的护理费用的支出大概是多少？

A 家庭成员护理，无支出　B 2000 元以下　C 2000～5000 元

D 5000～10000 元　E 10000 元以上

29. 对家中患者的护理费用的来源（可多选，家中无护理支出者跳过本题）：

A 自家存款　B 向亲友借款　C 贷款　D 商业护理保险报销

E 其他

30. 如果您或您的家人接受过护理服务，对获得护理服务的满意度为（若没有，跳过本题）：

A 很满意　B 满意　C 不满意

31. 如果您家中有需护理者（若没有，跳过本题），您是否已经为患者安排了护理照料？

A 有

B 没有，请选择原因（可多选）：

①经济条件不允许　②附近养老护理机构不健全　③家人工作忙，没时间　④家人不在身边，不方便照顾　⑤其他

32. 如果您或您的家人有需护理者（若没有，跳过本题），那患者目前在哪里康复修养：

A 在家　B 社区　C 养老院或敬老院　D 专业医疗康复机构

33. 如果您或您的家人有需护理者（若没有，跳过本题），那患者目前希望接受以下哪种护理模式？

A 居家由亲人护理　B 居家请专人护理　C 短期护理　D 日间与夜间半机构式护理　E 有显著照护需求者（例如失智症）附加的看护服务　F 全机构式护理

34. 如果您的亲属因生活不能自理在家进行护理，您认为有哪些困难？（可多选）

序号	居家护理的困难	您的选择是（打√）
1	缺乏医疗护理的常识和方法	
2	精神负担很重	
3	经济负担很重	
4	饮食、排泄、洗浴等方面的照顾损耗很大	
5	照护者不能参加工作	
6	缺乏护理的时间	
7	照护者没有足够的睡眠时间	
8	不能在家留守	
9	缺乏护理房间	
10	缺乏护理相关的服务信息	
11	缺乏护理的助手	
12	缺乏相关的咨询服务	
13	紧急情况下不能急救或住院	
14	因被护理者的情况不稳定而感到不安	
15	没有特别的困难	
16	其他	

35. 您家附近有养老院或敬老院吗？

A 有　B 无　C 不清楚

36. 如果有养老院或敬老院等机构，您年老时愿意去养老机构养老或既养老又接受护理吗？

A 很愿意　B 愿意　C 不愿意　D 说不清楚

37. 如果36题您回答"不愿意"，原因是（可多选）：

A 经济条件不够　B 舍不得离开子女　C 子女不同意　D 怕人说子女不孝顺　E 养老院或敬老院条件差　F 养老院的护理人员服务水平不高　G 其他

38. 您认为您周围的老人接受的护理服务：

A 很好　B 较好　C 不好　D 不清楚

39. 您认为需要护理的老人选择在哪里护理更合适？

A 家庭　B 医院　C 护理院　D 社会福利院　E 养老院　F 居家并依靠社区护理　G 有护理服务的老人公寓　H 其他　I 说不清楚

40. 您参加了以下哪几类保险（可多选）：

A 养老保险　B 医疗保险　C 护理保险　D 没有参加任何保险 E 其他

41. 您了解护理保险吗？

A 了解　B 较了解　C 不了解

42. 您是否愿意为将来可能出现的护理问题提前缴纳护理保险费？

A 很愿意　B 愿意　C 不愿意　D 说不清楚

43. 如果42题您回答"不愿意"，原因是（可多选）：

A 经济不宽裕　B 指望子女照料　C 不相信他人

D 不了解护理保险　E 不相信护理保险　F 其他

44. 如果您缴纳护理保险费，同时政府财政给予适当补贴，您是否愿意参加护理保险？

A 很愿意　B 愿意　C 不愿意　D 说不清楚

45. 如果要为将来可能出现的护理问题提前缴纳护理保险费，那么您愿意每月缴纳多少护理保险费？

A 5 元以下　B 5 ~ 10 元　C 11 ~ 20 元　D 21 ~ 30 元

E 31 ~ 50 元　F 51 ~ 100 元　G 100 元以上

46. 您认为购买护理保险有怎样的意义?

A 减轻未来的护理经济负担, 提高生活质量　B 买一份心安

C 没什么意义　D 其他

您已经完成了本次问卷的调查, 再次对您的合作表示衷心的感谢!!!

祝您和您的家人身体健康!!!

附录 2　预期寿命、生育率、性别比、城镇化率参数设置

单位：岁，%

年份	0 岁组预期寿命		总和生育率	性别比	城镇化率
	男性	女性			
2010	72.10	75.60	1.56	117.94	50.85
2011	72.26	75.75	1.55	117.78	51.44
2012	72.42	75.89	1.55	117.21	52.02
2013	72.58	76.04	1.54	116.65	52.60
2014	72.74	76.19	1.54	116.08	53.18
2015	72.90	76.34	1.53	115.51	53.77
2016	73.06	76.48	1.52	114.94	54.35
2017	73.22	76.63	1.52	114.38	54.93
2018	73.38	76.78	1.51	113.81	55.52
2019	73.54	76.93	1.52	113.24	56.10
2020	73.70	77.07	1.54	112.67	56.68
2021	73.86	77.22	1.55	112.11	57.27
2022	74.02	77.37	1.56	111.54	57.85
2023	74.18	77.52	1.57	110.97	58.43
2024	74.34	77.66	1.59	110.40	59.01
2025	74.50	77.81	1.60	109.84	59.60
2026	74.66	77.96	1.61	109.27	60.18
2027	74.82	78.11	1.62	108.70	60.76

年份	0岁组预期寿命		总和生育率	性别比	城镇化率
	男性	女性			
2028	74.98	78.25	1.63	108.13	61.35
2029	75.14	78.40	1.64	107.57	61.93
2030	75.30	78.55	1.65	107.00	62.51
2031	75.46	78.70	1.67	107.00	63.09
2032	75.62	78.84	1.68	107.00	63.68
2033	75.78	78.99	1.69	107.00	64.26
2034	75.94	79.14	1.70	107.00	64.84
2035	76.10	79.29	1.71	107.00	65.43
2036	76.26	79.44	1.72	107.00	66.01
2037	76.42	79.58	1.73	107.00	66.59
2038	76.58	79.73	1.74	107.00	67.18
2039	76.74	79.88	1.74	107.00	67.76
2040	76.90	80.03	1.75	107.00	68.34
2041	77.06	80.17	1.76	107.00	68.92
2042	77.22	80.32	1.77	107.00	69.51
2043	77.38	80.47	1.78	107.00	70.09
2044	77.54	80.61	1.79	107.00	70.67
2045	77.70	80.76	1.79	107.00	71.26
2046	77.86	80.91	1.80	107.00	71.84
2047	78.02	81.06	1.81	107.00	72.42
2048	78.18	81.20	1.82	107.00	73.00
2049	78.34	81.35	1.83	107.00	73.59
2050	78.50	81.50	1.83	107.00	74.17
2051	78.69	81.71	1.84	107.00	74.75
2052	78.88	81.92	1.85	107.00	75.34
2053	79.07	82.13	1.85	107.00	75.92

续表

年份	0 岁组预期寿命		总和生育率	性别比	城镇化率
	男性	女性			
2054	79.26	82.34	1.86	107.00	76.50
2055	79.45	82.55	1.87	107.00	77.09
2056	79.64	82.76	1.87	107.00	77.67
2057	79.83	82.97	1.88	107.00	78.25
2058	80.02	83.18	1.89	107.00	78.83
2059	80.21	83.39	1.89	107.00	79.42
2060	80.40	83.60	1.90	107.00	80.00

数据来源：杨贞贞：《医养结合的社会养老服务筹资模式构建与实证研究》，浙江大学博士学位论文，2014，第 114 页。

附录3 2015～2050 年中国分城乡、分年龄人口构成

单位：岁，千人

年龄	2015 年			2020 年		
	城镇	农村	合计	城镇	农村	合计
0	9998	6735	16733	9222	5387	14609
1	9787	6813	16600	9270	5519	14789
2	9714	6965	16679	9521	5768	15290
3	9562	7042	16604	9715	5998	15713
4	9363	7100	16464	9873	6226	16098
5	6262	8921	15183	9980	6445	16426
6	6390	8859	15249	9958	6594	16552
7	6406	8668	15074	9917	6734	16651
8	6405	8481	14886	9779	6802	16581
9	6396	8301	14697	9586	6855	16441
10	6324	7984	14308	6492	8668	15160
11	6315	7815	14130	6625	8602	15227
12	6306	7649	13955	6646	8407	15053
13	6402	7708	14110	6655	8211	14866
14	6513	7754	14268	6670	8008	14678
15	6371	7875	14246	6636	7653	14290
16	6518	7885	14403	6687	7424	14111
17	6708	7853	14560	6777	7157	13934

年龄	2015 年			2020 年		
	城镇	农村	合计	城镇	农村	合计
18	7481	7874	15355	7003	7084	14087
19	8331	7887	16217	7253	6986	14240
20	9884	7845	17729	7248	6964	14212
21	10950	7865	18815	7528	6836	14364
22	12075	7926	20001	7816	6701	14517
23	12779	8212	20991	8654	6653	15307
24	13497	8538	22035	9547	6618	16164
25	14750	9615	24365	11124	6546	17670
26	15534	10050	25584	12191	6561	18752
27	16341	10527	26867	13296	6638	19934
28	15691	9954	25645	13961	6958	20919
29	15043	9436	24479	14618	7340	21959
30	13372	8186	21557	15785	8494	24279
31	12772	7806	20578	16470	9022	25492
32	12190	7455	19644	17175	9593	26768
33	12022	7466	19488	16431	9116	25547
34	11866	7467	19333	15700	8682	24382
35	11733	7361	19095	13967	7501	21468
36	11610	7332	18942	13315	7174	20489
37	11498	7292	18790	12690	6864	19554
38	11784	7741	19524	12482	6911	19393
39	12078	8211	20289	12282	6950	19232
40	12885	9171	22056	12103	6885	18988
41	13211	9712	22923	11933	6895	18829
42	13552	10273	23825	11779	6890	18668
43	13457	10604	24062	12023	7363	19387

年龄	2015 年			2020 年		
	城镇	农村	合计	城镇	农村	合计
44	13371	10934	24305	12283	7850	20132
45	13266	11540	24806	13057	8813	21870
46	13188	11881	25069	13353	9356	22709
47	13109	12228	25337	13662	9916	23578
48	12642	11833	24475	13540	10244	23784
49	12187	11451	23639	13423	10569	23992
50	11705	10812	22517	13287	11165	24451
51	11284	10457	21741	13179	11492	24671
52	10877	10112	20989	13070	11821	24891
53	10193	9559	19752	12574	11426	23999
54	9552	9034	18586	12092	11041	23133
55	8536	8052	16588	11583	10405	21988
56	7992	7609	15601	11132	10046	21178
57	7478	7190	14668	10691	9695	20386
58	7377	7326	14703	9986	9136	19123
59	7274	7462	14736	9323	8606	17929
60	7684	8344	16029	8305	7633	15937
61	7577	8486	16063	7744	7179	14924
62	7469	8626	16095	7215	6750	13965
63	6912	8084	14996	7080	6848	13928
64	6394	7573	13967	6942	6942	13884
65	5682	6769	12451	7284	7733	15017
66	5246	6334	11580	7129	7818	14947
67	4837	5920	10757	6968	7891	14859
68	4446	5477	9922	6390	7328	13718
69	4080	5062	9142	5851	6795	12646

续表

年龄	2015 年			2020 年		
	城镇	农村	合计	城镇	农村	合计
70	3663	4596	8259	5141	6004	11145
71	3355	4235	7590	4686	5545	10232
72	3068	3896	6964	4261	5109	9369
73	2902	3651	6553	3856	4651	8507
74	2742	3415	6157	3480	4224	7705
75	2690	3257	5947	3069	3763	6832
76	2531	3034	5564	2752	3393	6145
77	2374	2818	5192	2458	3046	5505
78	2158	2574	4732	2265	2779	5044
79	1956	2345	4301	2078	2524	4602
80	1782	2170	3952	1973	2331	4304
81	1603	1963	3566	1789	2092	3881
82	1435	1767	3201	1610	1862	3472
83	1213	1503	2716	1398	1623	3021
84	1020	1273	2293	1204	1404	2608
85	845	1066	1910	1038	1229	2266
86	703	893	1596	878	1044	1922
87	582	744	1326	735	878	1612
88	454	580	1034	579	693	1272
89	353	450	802	451	541	993
90	270	344	614	345	416	760
91	208	263	472	263	317	581
92	160	201	361	199	239	439
93	114	138	252	142	168	310
94	81	94	176	101	116	217
95	55	60	115	71	78	149

续表

年龄	2015 年			2020 年		
	城镇	农村	合计	城镇	农村	合计
96	40	40	80	50	52	103
97	29	27	56	36	35	71
98	21	16	37	24	20	44
99	15	10	25	17	11	28
100 +	19	7	27	20	8	28

年龄	2025 年			2030 年		
	城镇	农村	合计	城镇	农村	合计
0	8253	4382	12635	7796	3887	11682
1	8330	4481	12810	7745	3881	11625
2	8527	4634	13161	7821	3917	11738
3	8753	4793	13546	7943	3973	11916
4	8999	4963	13961	8104	4051	12154
5	9235	5132	14367	8293	4153	12446
6	9445	5306	14751	8507	4274	12781
7	9726	5541	15267	8731	4412	13143
8	9932	5761	15694	8970	4561	13531
9	10095	5983	16078	9220	4725	13945
10	10206	6198	16403	9459	4890	14349
11	10189	6342	16530	9675	5059	14734
12	10152	6477	16630	9960	5289	15249
13	10024	6536	16561	10176	5500	15676
14	9855	6566	16421	10362	5699	16061
15	6804	8338	15143	10511	5876	16386
16	6997	8212	15209	10552	5961	16513
17	7117	7916	15033	10614	5997	16610
18	7256	7588	14844	10613	5925	16538

续表

年龄	2025 年			2030 年		
	城镇	农村	合计	城镇	农村	合计
19	7410	7242	14652	10581	5814	16395
20	7514	6746	14259	7671	7443	15113
21	7697	6380	14077	7994	7181	15176
22	7885	6012	13897	8212	6785	14997
23	8177	5869	14047	8417	6389	14806
24	8473	5725	14198	8616	5997	14613
25	8497	5673	14170	8749	5472	14221
26	8781	5540	14320	8936	5102	14038
27	9051	5422	14472	9107	4751	13859
28	9851	5408	15259	9364	4644	14007
29	10683	5431	16113	9601	4556	14157
30	12174	5440	17614	9545	4584	14129
31	13142	5550	18691	9734	4545	14278
32	14144	5723	19867	9906	4523	14429
33	14711	6136	20847	10610	4602	15212
34	15281	6599	21880	11355	4706	16061
35	16375	7812	24188	12775	4780	17555
36	17003	8389	25391	13685	4939	18625
37	17659	8998	26657	14640	5152	19792
38	16875	8559	25434	15164	5600	20764
39	16103	8164	24267	15688	6099	21787
40	14331	7029	21360	16731	7347	24078
41	13635	6742	20378	17308	7959	25267
42	12970	6469	19439	17916	8599	26515
43	12724	6545	19268	17096	8190	25286
44	12493	6604	19097	16295	7818	24113

年龄	2025 年			2030 年		
	城镇	农村	合计	城镇	农村	合计
45	12290	6552	18842	14508	6703	21211
46	12097	6572	18669	13792	6429	20220
47	11918	6574	18492	13107	6165	19272
48	12134	7048	19182	12837	6247	19084
49	12362	7534	19896	12581	6312	18892
50	13096	8487	21583	12351	6266	18617
51	13358	9019	22378	12133	6286	18419
52	13632	9564	23196	11930	6287	18218
53	13475	9883	23358	12111	6757	18867
54	13324	10196	23519	12302	7234	19535
55	13152	10770	23922	12986	8166	21153
56	13003	11077	24080	13202	8682	21884
57	12849	11381	24230	13424	9204	22628
58	12320	10971	23291	13224	9497	22721
59	11804	10570	22374	13027	9778	22805
60	11264	9924	21187	12809	10304	23114
61	10780	9543	20323	12613	10565	23178
62	10308	9170	19478	12410	10817	23226
63	9586	8599	18185	11846	10382	22228
64	8907	8056	16963	11297	9956	21253
65	7898	7099	14997	10726	9299	20025
66	7317	6635	13952	10201	8891	19092
67	6765	6192	12957	9683	8486	18169
68	6578	6234	12812	8932	7893	16825
69	6384	6265	12649	8222	7328	15550
70	6620	6917	13537	7217	6389	13606

续表

年龄	2025 年			2030 年		
	城镇	农村	合计	城镇	农村	合计
71	6400	6911	13311	6610	5902	12512
72	6170	6886	13055	6035	5436	11471
73	5575	6299	11874	5784	5400	11184
74	5023	5745	10768	5527	5346	10873
75	4338	4983	9321	5634	5811	11445
76	3876	4509	8385	5343	5698	11041
77	3445	4059	7504	5041	5557	10598
78	3042	3601	6643	4448	4961	9408
79	2671	3179	5850	3904	4404	8308
80	2287	2745	5031	3276	3707	6983
81	1981	2387	4368	2831	3242	6073
82	1701	2057	3758	2423	2806	5230
83	1499	1793	3292	2051	2384	4435
84	1309	1549	2858	1719	2005	3723
85	1178	1353	2531	1399	1641	3039
86	1006	1142	2148	1145	1345	2491
87	849	951	1800	925	1087	2012
88	687	771	1459	762	884	1646
89	550	617	1167	620	708	1327
90	438	497	935	516	570	1085
91	340	386	727	406	441	847
92	261	295	556	314	334	649
93	188	210	398	233	246	478
94	133	147	280	170	177	347
95	93	100	193	123	128	250
96	65	68	133	87	88	176

年龄	2025 年			2030 年		
	城镇	农村	合计	城镇	农村	合计
97	45	45	90	62	60	121
98	30	27	57	41	37	79
99	21	16	36	28	22	50
100 +	24	12	37	31	19	49

年龄	2035 年			2040 年		
	城镇	农村	合计	城镇	农村	合计
0	8358	3594	11952	9432	3035	12467
1	8063	3630	11694	9159	3125	12284
2	7914	3665	11579	8981	3211	12192
3	7825	3684	11508	8787	3289	12076
4	7806	3685	11491	8594	3353	11947
5	7847	3677	11524	8392	3412	11803
6	7918	3683	11601	8215	3456	11671
7	8020	3704	11724	8089	3477	11566
8	8154	3750	11904	8011	3487	11498
9	8319	3822	12142	7997	3483	11481
10	8512	3920	12432	8041	3471	11512
11	8730	4037	12767	8116	3474	11590
12	8959	4171	13130	8222	3491	11713
13	9206	4311	13517	8364	3530	11893
14	9479	4453	13932	8548	3583	12131
15	9754	4582	14336	8771	3650	12421
16	10025	4695	14719	9037	3719	12756
17	10403	4830	15233	9348	3769	13117
18	10741	4916	15657	9702	3800	13502
19	11058	4979	16038	10090	3823	13914

年龄	2035 年			2040 年		
	城镇	农村	合计	城镇	农村	合计
20	11337	5020	16358	10481	3832	14313
21	11506	4974	16480	10865	3828	14693
22	11661	4913	16574	11327	3876	15203
23	11725	4775	16500	11722	3902	15624
24	11737	4618	16355	12078	3924	16002
25	8862	6214	15076	12382	3939	16321
26	9190	5948	15138	12555	3887	16442
27	9391	5568	14959	12697	3839	16536
28	9562	5205	14768	12732	3729	16461
29	9706	4869	14575	12696	3620	16316
30	9762	4421	14183	9761	5279	15040
31	9858	4142	14001	10008	5092	15101
32	9936	3884	13821	10127	4794	14922
33	10101	3867	13967	10217	4512	14729
34	10257	3858	14115	10289	4247	14536
35	10137	3949	14085	10287	3857	14144
36	10273	3959	14232	10337	3622	13959
37	10403	3976	14380	10377	3400	13777
38	11066	4091	15156	10507	3414	13921
39	11768	4231	15999	10627	3439	14066
40	13138	4344	17482	10469	3563	14032
41	14000	4541	18541	10566	3608	14174
42	14909	4788	19696	10660	3656	14316
43	15392	5262	20654	11286	3797	15083
44	15881	5779	21660	11959	3956	15914
45	16892	7033	23925	13299	4081	17380

年龄	2035 年			2040 年		
	城镇	农村	合计	城镇	农村	合计
46	17438	7650	25089	14135	4287	18422
47	18015	8292	26307	15015	4540	19555
48	17173	7892	25065	15470	5018	20488
49	16349	7527	23877	15929	5537	21466
50	14550	6428	20978	16901	6784	23685
51	13815	6159	19973	17414	7395	24809
52	13112	5899	19010	17953	8027	25981
53	12813	5983	18797	17088	7633	24721
54	12530	6049	18579	16242	7273	23514
55	12272	6005	18277	14438	6190	20628
56	12022	6025	18046	13678	5926	19604
57	11783	6024	17807	12949	5669	18619
58	11920	6474	18394	12619	5745	18365
59	12062	6926	18988	12301	5801	18102
60	12680	7813	20493	12008	5745	17753
61	12839	8287	21126	11722	5749	17471
62	12999	8761	21760	11447	5731	17179
63	12752	9009	21761	11532	6145	17677
64	12504	9241	21746	11619	6556	18175
65	12237	9702	21939	12155	7376	19532
66	11977	9899	21876	12238	7792	20030
67	11701	10076	21778	12308	8196	20504
68	11084	9600	20683	11984	8374	20359
69	10476	9130	19606	11653	8527	20180
70	9848	8448	18296	11297	8879	20176
71	9264	7992	17255	10942	8972	19915

年龄	2035 年			2040 年		
	城镇	农村	合计	城镇	农村	合计
72	8686	7537	16224	10568	9033	19601
73	7907	6917	14824	9885	8500	18385
74	7174	6328	13502	9215	7975	17190
75	6201	5426	11627	8534	7271	15806
76	5578	4921	10500	7892	6763	14655
77	4991	4440	9431	7259	6258	13517
78	4676	4312	8989	6468	5620	12088
79	4358	4165	8523	5732	5020	10752
80	4322	4409	8731	4829	4191	9020
81	3971	4189	8160	4216	3687	7903
82	3614	3940	7554	3646	3212	6857
83	3063	3375	6438	3287	3002	6289
84	2571	2862	5433	2936	2777	5713
85	2054	2289	4343	2779	2807	5585
86	1682	1893	3575	2424	2531	4955
87	1357	1541	2898	2085	2248	4332
88	1077	1225	2302	1661	1807	3469
89	843	958	1801	1305	1431	2736
90	638	726	1364	971	1063	2034
91	483	547	1031	737	812	1549
92	360	404	764	548	607	1156
93	272	299	571	400	441	841
94	202	216	418	287	313	600
95	153	156	309	198	214	412
96	110	108	218	137	145	283
97	78	73	151	94	97	191

续表

年龄	2035 年			2040 年		
	城镇	农村	合计	城镇	农村	合计
98	54	48	101	65	64	129
99	36	30	67	45	41	86
100 +	41	28	69	52	40	92

年龄	2045 年			2050 年		
	城镇	农村	合计	城镇	农村	合计
0	9846	2448	12294	9635	1966	11601
1	9754	2525	12279	9630	2024	11655
2	9708	2620	12327	9695	2096	11790
3	9647	2708	12356	9758	2169	11927
4	9564	2792	12356	9811	2242	12053
5	9443	2882	12325	9849	2318	12166
6	9286	2977	12263	9865	2394	12259
7	9129	3050	12180	9838	2477	12316
8	8945	3121	12065	9787	2559	12346
9	8757	3180	11937	9707	2639	12346
10	8556	3236	11792	9588	2726	12315
11	8383	3277	11661	9434	2818	12253
12	8262	3295	11556	9281	2889	12170
13	8190	3298	11488	9103	2953	12056
14	8192	3279	11471	8929	2999	11928
15	8262	3241	11503	8751	3032	11784
16	8377	3203	11580	8614	3038	11652
17	8553	3150	11703	8554	2993	11547
18	8786	3095	11881	8564	2914	11477
19	9069	3048	12116	8653	2806	11459
20	9391	3013	12403	8811	2677	11488

年龄	2045 年			2050 年		
	城镇	农村	合计	城镇	农村	合计
21	9754	2981	12735	9012	2551	11563
22	10136	2957	13093	9251	2432	11683
23	10539	2937	13476	9527	2334	11860
24	10959	2926	13886	9839	2255	12094
25	11371	2912	14284	10180	2200	12380
26	11759	2903	14662	10546	2165	12711
27	12209	2962	15171	10917	2151	13068
28	12579	3012	15591	11297	2152	13450
29	12894	3074	15968	11682	2177	13858
30	13140	3146	16285	12042	2213	14255
31	13244	3161	16406	12369	2264	14633
32	13316	3182	16498	12756	2383	15139
33	13283	3140	16422	13065	2492	15557
34	13185	3091	16277	13326	2607	15932
35	10208	4793	15002	13528	2720	16248
36	10416	4645	15060	13597	2768	16366
37	10503	4377	14880	13640	2815	16455
38	10563	4122	14685	13580	2797	16377
39	10603	3886	14489	13455	2774	16229
40	10568	3527	14095	10457	4497	14955
41	10585	3323	13908	10635	4375	15010
42	10594	3128	13722	10694	4131	14825
43	10696	3164	13860	10729	3898	14626
44	10793	3206	13998	10749	3677	14426
45	10617	3341	13958	10698	3329	14027
46	10697	3394	14091	10699	3134	13833

续表

年龄	2045 年			2050 年		
	城镇	农村	合计	城镇	农村	合计
47	10772	3450	14222	10693	2947	13640
48	11377	3596	14973	10778	2990	13768
49	12023	3761	15784	10856	3037	13893
50	13330	3891	17221	10664	3178	13841
51	14136	4097	18234	10726	3233	13959
52	14984	4349	19333	10784	3290	14074
53	15405	4825	20231	11361	3439	14800
54	15829	5339	21168	11978	3605	15583
55	16755	6568	23323	13243	3736	16979
56	17221	7168	24389	14008	3942	17950
57	17707	7785	25492	14807	4191	18998
58	16814	7387	24201	15185	4654	19839
59	15939	7024	22962	15558	5153	20711
60	14133	5954	20087	16418	6344	22762
61	13350	5682	19032	16823	6913	23737
62	12599	5418	18017	17242	7495	24737
63	12234	5476	17709	16321	7089	23411
64	11880	5511	17391	15420	6717	22137
65	11550	5438	16988	13628	5667	19295
66	11218	5420	16637	12815	5385	18200
67	10889	5376	16264	12029	5110	17139
68	10892	5733	16625	11606	5136	16742
69	10887	6077	16964	11188	5136	16325
70	11286	6789	18075	10787	5031	15818
71	11251	7108	18358	10382	4971	15353
72	11192	7401	18593	9976	4883	14859

年龄	2045 年			2050 年		
	城镇	农村	合计	城镇	农村	合计
73	10769	7476	18245	9868	5155	15022
74	10336	7519	17855	9743	5402	15145
75	9880	7724	17605	9966	5961	15927
76	9417	7684	17100	9785	6151	15936
77	8930	7599	16530	9568	6299	15867
78	8186	7008	15194	9033	6245	15278
79	7463	6431	13893	8489	6152	14641
80	6744	5722	12466	7930	6178	14108
81	6060	5173	11233	7357	5984	13341
82	5395	4633	10028	6765	5741	12506
83	4635	4010	8644	5990	5114	11104
84	3944	3437	7381	5254	4515	9769
85	3178	2740	5918	4550	3851	8401
86	2641	2292	4933	3900	3321	7222
87	2162	1889	4051	3297	2824	6121
88	1838	1663	3501	2677	2309	4986
89	1540	1443	2983	2143	1861	4004
90	1362	1362	2724	1618	1386	3004
91	1104	1139	2244	1253	1079	2332
92	879	934	1813	952	823	1775
93	645	689	1334	747	668	1416
94	464	498	962	576	532	1108
95	315	336	651	466	459	925
96	219	233	451	347	351	697
97	149	158	307	253	263	516
98	100	104	204	171	177	348

续表

年龄	2045 年			2050 年		
	城镇	农村	合计	城镇	农村	合计
99	67	66	133	114	116	230
100 +	68	61	129	111	109	220

数据来源：运用中国人口与发展研究中心研制开发的人口宏观管理与决策信息系统（PADIS），考虑了附录 2 的相关参数，对中国未来分年龄、分城乡的人口数据进行预测。

后 记

经过三年多时间的努力，我主持的国家社会科学基金项目"长期护理保险制度的财务规划理论与方法研究"（项目编号：12BGL086）顺利结项，在此基础上凝练而形成的博士论文几经修改，终于付梓，并以《中国失能老人长期护理保险制度研究——基于财务均衡的视角》为书名在社会科学文献出版社出版。落笔之际，思绪万千。

知命之年应是收获之年，而我还在为博士学位在南京与西安之间奔波，承受着精神的压力和身体的劳累，所幸的是长期的学术沉淀使我的博士论文从选题到完稿还比较顺利。在此，我要感谢我的导师张思锋教授，张老师学识渊博，治学严谨，平易近人，从论文选题、论文基本框架到论文完善，张老师都给予了很细致的指导，并将论文中存在的一些细小的问题一一指出来，倾注了大量的时间和精力，使我难以忘怀，也使我从中学会了很多研究问题的方法。同时，我也要感谢西安交通大学的李树茁教授、朱正威教授、高山行教授、杜海峰教授、毛瑛教授、靳小怡教授、封铁英副教授，西北工业大学的杨乃定教授，陕西省社会科学院的石英研究员等对我论文开题、中期考核、预答辩、答辩等环节给予的指导和建议，使我在写作中少走弯路、少犯错误。也要感谢王立剑副教授为我所提供的很多帮助。

中国是一个人口大国，随着人口结构的变化，失能老人规模将呈现不断扩大的趋势。失能老人长期护理财务风险是以家庭供给、市场供给、政府普惠制供给还是以长期护理保险制度供给，不同风险化解措施的选择直接影响着每一个失能老人的生活品质，影响中国养老服务的供给总量和供给结构。长期护理服务购买能力不足是养老服务市场供给不足的根源。正是这个原因促使我去研究中国失能老人长期护理保险制度。寄希望于通过长期护理保险制度让每一个失能老人有财务能力购买长期护理服务，刺激养老服务市场供给总量和结构的调整，实现长期护理服务供需均衡。本书的研究结论对失能老人生活品质的保证、养老服务市场供需均衡的实现这两个目标的作用显而易见。希望有识之士同心协力，通过对失能老人长期护理保险制度的不断呼吁，谋求天下老人能过上一个体面、祥和的晚年。

图书在版编目（CIP）数据

中国失能老人长期护理保险制度研究：基于财务均
衡的视角／曹信邦著． -- 北京：社会科学文献出版社，
2016.8

ISBN 978 - 7 - 5097 - 9459 - 3

Ⅰ．①中… Ⅱ．①曹… Ⅲ．①老年人 - 护理 - 社会保
障 - 财政政策 - 研究 - 中国 Ⅳ．①D669.6②F812.0

中国版本图书馆 CIP 数据核字（2016）第 163092 号

中国失能老人长期护理保险制度研究

—— 基于财务均衡的视角

著　　者／曹信邦

出 版 人／谢寿光
项目统筹／祝得彬　仇　扬
责任编辑／仇　扬　崔红霞

出　　版／社会科学文献出版社·当代世界出版分社（010）59367004
　　　　　　地址：北京市北三环中路甲 29 号院华龙大厦　邮编：100029
　　　　　　网址：www. ssap. com. cn
发　　行／市场营销中心（010）59367081　59367018
印　　装／北京季蜂印刷有限公司

规　　格／开　本：787mm×1092mm　1/16
　　　　　　印　张：17.5　字　数：234 千字
版　　次／2016 年 8 月第 1 版　2016 年 8 月第 1 次印刷
书　　号／ISBN 978 - 7 - 5097 - 9459 - 3
定　　价／68.00 元